**KREUTZER /
GARDEIN (Hrsg.)**
Die gruseligsten Orte
in Hamburg

GRUSEL UND SCHAUER IN HAMBURG Zwölf schaurige Geschichten von zwölf Autoren über zwölf reale Orte in Hamburg, angelehnt an Legenden und Ereignisse vom frühen Mittelalter bis in die Gegenwart: Wie die Wikinger die Hammaburg überfallen, brandschatzen und das Kloster Ansgars vernichten. Was das Sterben vieler Männer in Harvestehude mit einem mittelalterlichen Kloster verbindet. Mit welcher List der Teufel in Klein Flottbek seine zweite Niederlage verhindern will. Wie zwei Seemänner an Störtebekers Richtplatz einen Spuk erleben. Als ein Reepschläger am Nikolaifleet nachts vom Feuer überrascht wird. Auf welche Weise sich der Axtmörder vom Bahnhof Altona sein Opfer aussucht. Wie die Polizei beim Hafenstreik in der Speicherstadt den Mörder eines Kaufmanns jagt. Als während einer Theaterpremiere im ehemaligen Zirkusbau ein Mord geschieht. Was eine junge Hausangestellte in den Eiskellern unter St. Pauli entdeckt. Wie ein Arzt auf skrupellose Machenschaften beim Bau des Elbtunnels stößt. Warum man im »Goldenen Handschuh« seinen Augen nicht trauen darf. Welche Schauer eine Schriftstellerin im ehemaligen Atombunker am Hauptbahnhof heimsuchen.

Lutz Kreutzer lebt in München. Er ist Autor von Thrillern, Kriminalromanen und Sachbüchern. Seine Arbeit wurde mit mehreren Stipendien gefördert.

Uwe Gardein lebt in der Nähe von München. Er ist Autor von Kriminalromanen sowie historischen Romanen und erhielt das Förderstipendium für Literatur der Stadt München.

Veröffentlichungen im Gmeiner-Verlag:
Die gruseligsten Orte in Hamburg
Düstere Orte in Nürnberg
Die gruseligsten Orte von Köln
Die gruseligsten Orte von München

Lutz Kreutzer:
Die Akte Hürtgenwald
Schaurige Orte in der Schweiz
Schaurige Orte in Südtirol

Uwe Gardein:
Das Mysterium des Himmels
Die Stunde des Königs
Die letzte Hexe

**KREUTZER /
GARDEIN (Hrsg.)**

Die gruseligsten Orte in Hamburg

Schauergeschichten

GMEINER

Personen und Handlung sind frei erfunden.
Ähnlichkeiten mit lebenden oder toten Personen
sind rein zufällig und nicht beabsichtigt.

Immer informiert

Spannung pur – mit unserem Newsletter informieren wir Sie
regelmäßig über Wissenswertes aus unserer Bücherwelt.

Gefällt mir!

Facebook: @Gmeiner.Verlag
Instagram: @gmeinerverlag
Twitter: @GmeinerVerlag

Besuchen Sie uns im Internet:
www.gmeiner-verlag.de

© 2020 – Gmeiner-Verlag GmbH
Im Ehnried 5, 88605 Meßkirch
Telefon 07575/2095-0
info@gmeiner-verlag.de
Alle Rechte vorbehalten
5. Auflage 2022

Lektorat: Daniel Abt
Herstellung: Mirjam Hecht
Umschlaggestaltung: U.O.R.G. Lutz Eberle, Stuttgart
unter Verwendung eines Fotos von: © AmurL / stock.adobe.com
Karte auf S. 6: Mirjam Hecht
Druck: CPI books GmbH, Leck
Printed in Germany
ISBN 978-3-8392-2703-9

INHALT

1 | Der Untergang der Hammaburg
von *Lutz Kreutzer* 7

2 | Die Nonnen von Harvestehude
von *Christoph Ernst* 42

3 | Teuflische List
von *Alexa Stein* 70

4 | Totenkopf, was glotzt du? oder Sühne für Störtebeker
von *Reimer Boy Eilers* 93

5 | Der Feuersturm
von *Uwe Gardein* 115

6 | Der Axtmörder von Altona
von *Carola Christiansen* 133

7 | Der Tote im Speicher
von *Anja Marschall* 154

8 | Der tote Tell
von *Roman Voosen* 172

9 | Büfett mit Sülze
von *Kirsten Püttjer & Volker Bleeck* 193

10 | Ein Ehrentag
von *Jürgen Ehlers* 219

11 | Eine Nacht mit Maria
von *René Junge* 242

12 | Marthe Underground
von *Regula Venske* 258

Die Autoren 281

KARTE

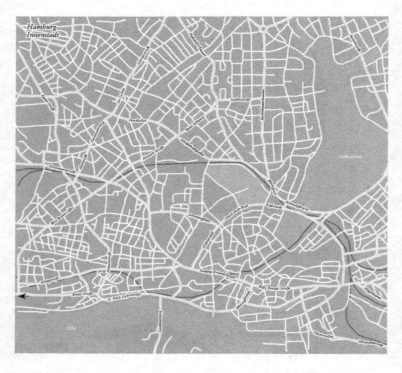

Der Untergang der Hammaburg

Die Nonnen von Harvestehude

Teuflische List

Totenkopf, was glotzt du? oder
Sühne für Störtebeker

Der Feuersturm

Der Axtmörder von Altona

Der Tote im Speicher

Der tote Tell

Büfett mit Sülze

Ein Ehrentag

Eine Nacht mit Maria

Marthe Underground

http://grusel-hamburg.lutzkreutzer.de

1 | DER UNTERGANG DER HAMMABURG

VON LUTZ KREUTZER

Inmitten der Niederungen von Alster, Bille und Elbe, also am heutigen Domplatz zu Hamburg, befand sich einst ein Geestrücken, auf dem sich seit dem frühen achten Jahrhundert, so vermutet man, Menschen in einfachen Hütten ansiedelten. Hundert Jahre später schickte Kaiser Ludwig der Fromme den Benediktinermönch und Missionar Ansgar in das Dorf, um von hier aus die germanischen Gebiete nördlich der Elbe zu missionieren, mit dem Ziel, ein eigenes Bistum zu gründen. Ansgar ließ an dieser Stelle die erste Kirche Hamburgs bauen, den Dom St. Marien.
  Im Jahr 845 aber wurde dieser friedliche Ort, den man Hammaburg nannte, von großem Unheil heimgesucht.

*

Ein kalter Morgen

Ingbert von Eschweiler hatte das Gesicht tief in der Kapuze vergraben. Eine leichte Brise, die über den Geestrücken zwischen Alster und Bille wehte, trieb den Nebel in die nahen Elbniederungen zurück, doch auch an Land war die Luft so feucht und schneidend, dass Ingbert zitterte. Jeder seiner Atemzüge verwandelte sich in eine weiße Wolke, während er mit den Armen immer wieder seinen Oberkörper klopfend umschlang, um das Frösteln zu vertreiben.

Schon am frühen Morgen hatte er mit dem Herrn Ansgar den weiteren Ausbau der Klosterschule besprochen, weshalb er sich bereits gestern Abend in den Ring der Burg begeben hatte. Später wollte er nach dem Gebet unter den Mönchen und Handwerkern die Aufgaben für den Tag verteilen.

Seit drei Jahren stand er im Dienst des Herren Ansgar, der elf Jahre zuvor das bescheidene Kloster, die Schule und die prächtige Kirche hatte erbauen lassen, die er der heiligen Gottesmutter geweiht hatte. Dieses neue geistliche Zentrum des Nordens lag außerhalb des Palisadenringes, gute hundertfünfzig Schritte vom Nordtor der eigentlichen Burg entfernt, am Rande des Waldes, der die Siedlung auf dem offenen Plateau nach Nordosten hin begrenzte. Ansgars Auftrag vom Kaiser Ludwig lautete, das Land nördlich der Elbe für die Missionierung vorzubereiten, und da drängte sich der Platz auf der sandigen Landzunge als Stützpunkt für weitere Vorstöße in die unbekannten Gebiete geradezu auf. Hier hatten bereits vor über hundert Jahren sächsische Bauern, Fischer und Handwerker mit ihren Familien gesiedelt, die ersten Hütten erbaut und eine Befestigung errichtet. Und so hatte Ansgar bereits vieles vorgefunden, was nötig war, um seine Aufgabe zu erfüllen.

Die Siedlung wurde von den alten Sachsen Hammaburg* genannt. Was dieses Wort in der fränkischen Sprache bedeu-

---

* Hamm oder Ham bedeutet ›Land in einer Flussbiegung‹ oder ›Landzunge‹. Ham ist heute noch Bestandteil von Ortsnamen, die an Flüssen liegen.

tete, spürte Ingbert in diesem Augenblick schmerzlich beim Anblick seiner schwarzen Bundschuhe, die bereits nach wenigen Schritten auf seinem kurzen Weg durchfeuchtet waren. Hammaburg, die ›Burg auf der feuchten Wiese‹.

Ansgar hatte ihn, Ingbert von Eschweiler, auf Empfehlung der kaiserlichen Hofschule zu Aachen hierhergeholt, um seine Einrichtungen in zuverlässige Hände zu übergeben. Mit dreiundzwanzig Jahren war Ingbert auf diese Weise nicht nur als Schriftgelehrter, sondern auch als Verwalter nach Hammaburg gekommen, obwohl er kein Geistlicher war. Ähnlich wie sein Lehrer, der große Einhard, der als Laienabt und Klosterverwalter auch nicht die heiligen Weihen empfangen hatte.

Ingbert hatte seinem Mentor Einhard alles zu verdanken, der noch den großartigen Kaiser Karl persönlich gekannt und dessen Lebensgeschichte aufgeschrieben hatte. Einhard hatte den dreizehnjährigen Ingbert eines Tages beobachtet, als er am Königsgut *Ascvilare* – von den Einheimischen Eschweiler genannt – geschickt mit einem Stock Häuser und eine Kirche in den Morast zeichnete. Von seinem Talent überzeugt, hatte Einhard ihn an die kaiserliche Hofschule gebracht, wo er das Malen der neuen Einheitsschrift erlernte. Ingberts Vater jedoch, der Gutsverwalter von *Ascvilare*, hatte ihn an der Waffe so weit ausgebildet, dass er in der Gegend um Aachen und am gesamten Flusslauf der Inde zu den besten Schwertkämpfern seines Alters gehörte. Und deshalb hatte Ingbert die priesterlichen Weihen nicht empfangen dürfen.

Es machte ihm nichts aus, nicht geweiht zu sein. Er trug die Kutte der Mönche, bewegte sich unter ihnen wie ihresgleichen und wurde in seinen Ämtern als gottesfürchtiger Mensch geachtet. Der fromme Ansgar schätzte es sogar, dass Ingbert über seine geistigen Fähigkeiten hinaus ein wackerer und erprobter Kampfrecke war. Aufgrund der ausgesetzten Lage des göttlichen Vorpostens Hammaburg konnte man nie wissen, ob der Herrgott im Augenblicke eines hereinbrechenden Ungemachs seine schützende Hand über die heilige Stätte zu halten imstande war.

Ingbert hatte gegenüber den geweihten Brüdern noch ein paar andere Vorteile. Dadurch, dass er kein Gelübde abgelegt hatte, durfte er, ohne die Beichte ablegen zu müssen und ohne dass ihn sein Gewissen geplagt hätte, den Röcken der Mägde nicht nur still und heimlich hinterherschauen, sondern er durfte sich auch, wann immer sich die Gelegenheit bot, neben sie legen und sich auf mehr als nur einen frommen Plausch einlassen.

Trotz der Kälte wurde Ingbert warm ums Herz bei dem Gedanken an die letzte Nacht, als ihm eine der jungen Küchenfrauen des Herrn Ansgar den Leib gewärmt hatte. Ihren Namen hatte er zwar vergessen, aber ihr Duft hatte sich ihm derart eingeprägt, dass er bei jedem kalten Atemzug, den er tief durch die Nase einsog, ihre Pfirsichhaut immer noch zu riechen glaubte.

Sein Leben am Hofe Ansgars war ein Geschenk. Wie so viele verehrte er seinen Herren geradezu gottgleich. Ansgar war von einfacher Herkunft, doch erzogen worden war er im Königskloster Corbie an der Somme. Dort, von wo aus die neue Schrift ihren Siegeszug durch das gesamte Reich angetreten hatte, die jetzt alle Welt, ja sogar den Kaiser, ob ihrer Klarheit und Schönheit so sehr begeistert hatte. Und trotz dieser ehrenvollen Erziehung war Ansgar bodenständig und liebenswert geblieben. Ihm wurde hier auf dem Geestsporn wie einem Heiligen gehuldigt, mit Recht, wie Ingbert fand. Und so nannten ihn alle

Bischof Ansgar, obwohl er offiziell noch gar kein Bischof war. Immerhin ging das Gerücht um, dass Kaiser Ludwig und Papst Gregor im hohen Norden genau das vorhätten, nämlich ein Bistum zu errichten. Und die prächtige dreischiffige Holzkirche verlieh dem Platz zwischen den Flüssen jetzt schon die nötige Würde eines Bischofssitzes.

Unter den Mönchen im Kloster verhielt er sich gütig und ließ so manchen Scherz gerne zu, aber er besaß auch die nötige Strenge, seine Brüder davon abzuhalten, sich der Völlerei hinzugeben, obwohl er es ihnen oft selbst überließ zu entscheiden, wann sie genug von dem starken mit Gagel* gewürzten Grut** gesoffen hatten und wie viele Fische und Biber sie an den Fastentagen zu verspeisen gedachten. Beobachtete er aber, dass einer der Brüder seine Großmut ausnutzte, dann half Ansgar ihm in seltenen Fällen mit den geeigneten Mitteln der Züchtigung, den rechten Ausgleich zwischen leiblichen Freuden und geistlicher Einkehr wiederzufinden.

Ansgars Anwesenheit wurde nicht nur von seinen Klosterbrüdern, sondern auch von den anderen Menschen auf dem Geestsporn sehr geschätzt. Er war so etwas wie ihre Wonne, die jedes Herz am Tage brauchte, um die harte Arbeit und die Unbilden des Daseins klaglos hinzunehmen, und in der Nacht, um die Dämonen zu verscheuchen, die jedes frommen Christenmenschen Seelenheil bedrohten. Allein Ansgars Lächeln genügte vielen Menschen in Hammaburg, um das Leben nicht nur mit Frömmigkeit, sondern auch mit einem bescheidenen Quantum Freude verbringen zu können. Denn Ansgar wollte die

---

* Gewürzkraut, das im Mittelalter zum Bierbrauen verwendet wurde.
** Mittelalterliches Kräuterbier. Als Grut wurde sowohl das Getränk wie auch die Kräutermischung bezeichnet, die zum Brauen verwendet wurde.

Menschen nicht wegen ihrer kleinen Verfehlungen strafen, er wollte ihnen durch Einsicht zu einem guten Leben verhelfen. Missionieren könne man nicht mit Feuer und Schwert, so sah er es, es reiche schon, wenn der Teufel in der Hölle sich dieser Instrumente bediene.

Ansgar, der bereits reichliche Erfahrung mit den nördlichen Völkern gesammelt hatte, berichtete immer wieder von verrohten Nordmännern, die sich in Horden zusammenrauften, um mit ihren wendigen Booten in die Flüsse hineinzufahren, bis sie wie aus dem Nichts in den Häfen der christlichen Städte erschienen und sie rücksichtslos plünderten. Oder sie landeten mit ihren flachen Schiffen an den Küsten, um von dort aus ihre Beutezüge zu unternehmen und Angst und Schrecken zu verbreiten.

Vor mehr als fünfzig Jahren hatte das Unheil begonnen, da waren sie zum ersten Mal auf der britannischen Insel gelandet. Ingbert erinnerte sich, dass Einhard ihm und den anderen Schülern eines Abends bei Kerzenlicht und nach einigen Krügen erzählt hatte, wie fassungslos Alcuin von York, der große Berater und Freund des Kaisers Karl, den Überfall auf die Klosterinsel Lindisfarne in seiner Heimat Northumbrien im Land der Angeln und Sachsen beklagt hatte. Wie die Horden das Kloster brandschatzten, die wehrlosen Mönche nackt vor sich hertrieben, schlachteten oder im Meer ersäuften. Wie sie heilige Stätten mit dem Blut der Geschändeten besudelten und alles raubten, was sie finden konnten. Aus England, aus Frankreich und aus Flandern gab es mittlerweile zahlreiche solcher grausamen Geschichten. Nur flüsternd erzählte man sich von größten Gräueltaten, die bei den Nordmännern üblich waren. Dass sie die Anführer ihrer Feinde fingen, ihnen bei lebendigem Leibe die Wirbelsäule freilegten, ihre Rippen durchtrennten und diese wie zu einem Flügel auseinanderbogen, um sie unter größten Schmerzen zum Blutaar, zum Blutadler, werden zu lassen, nur um sie anschließend als Zielscheibe zu benutzen und noch im grausamen Todeskampfe zu verhöhnen.

»Wohin soll das alles noch führen?«, hatte Ingbert den Herrn Ansgar oft gefragt. Doch Ansgar, der gute Ansgar, redete immer wieder davon, dass es seine und der Seinen heilige Aufgabe sei, diese erbarmungslosen Räuberbanden in ihrer Heimat, im Norden also, mit dem Christentum zu beschenken, um ihre Raubzüge, diese Geißel der Christenheit, endgültig zu stoppen. Vor mehr als zehn Jahren sei er auf Einladung des Königs Björn* im Land der Nordmänner gewesen, und er, Ansgar, habe damals die erste christliche Kirche in der großen Handelsstadt Birka** in der Nähe des Ostmeeres bauen lassen. Auch wenn sich nur wenige der Nordmänner hätten taufen lassen und alle weiteren Versuche bisher gescheitert waren, die Hoffnung, das Christentum dennoch im Norden zu verbreiten, sei damit begründet.

Hier in der Hammaburg-Mission gab es jedoch einige Brüder, die hinter vorgehaltener Hand davon redeten, lieber in die Hölle fahren zu wollen, als sich in den Norden zu begeben und das grauenhafte Schicksal so vieler von den Nordleuten Geschändeter zu teilen.

Als sich Ingbert nun dem heiligen Dom St. Marien näherte, immer noch mit der Kälte kämpfend, sah er, wie der kräftige Glöckner aus der Kirche stürmte und mit wehender Kutte auf den mächtigen Glockenpfahl zuhas-

---
* Björn på Håga war König aus dem Wikinger-Geschlecht der Munsö im heutigen Schweden.
** Birka, auf einer Insel im Mälaren-See gelegen, galt damals als wichtigster Handelsplatz Skandinaviens.

tete, der vor der Kirche stand. Rui von St. Bavo* sprang in die Luft, schnappte das Seil und ließ die helle Glocke erklingen.

Nanu, um diese Zeit?, fragte sich Ingbert. Es war außerhalb der Regel. Der Glöckner hatte wohl am Abend dem Grut zu sehr zugesprochen, sodass ihm das Gefühl für die rechte Stunde abhandengekommen war. Zu gern hockte Rui von St. Bavo, ein massiger Kerl mit einem von Striemen übersäten Körper, abends bei den philosophierenden Brüdern, obwohl er die disputierten Probleme kaum verstand, denn er sprach lediglich den flämischen Dialekt und war des Lateinischen kaum mächtig. Jeder wusste, dass Bruder Rui unter Ansgars besonderem Schutz stand, und man ließ ihn daher gerne dabei sein. Ansgar hatte den armen Teufel, der aufgrund seines einfachen Gemüts und seiner Tollpatschigkeit dem Hohn und der Züchtigung seines Novizenmeisters in St. Bavo rettungslos ausgesetzt gewesen war, aus den Fängen des Peinigers befreit und von seinem Heimatkloster in Flandern hierhergeholt. Ruis rotfleischige Narben und Striemen sowie sein demütiger Blick zeugten heute noch von seiner peinvollen Vergangenheit. Bischof Ansgar aber war der Überzeugung, dass jeder Mensch, egal wie beschaffen, seinen Beitrag zur Gemeinschaft leisten könne, und hatte Bruder Rui kurzerhand zum Glöckner der Domkirche zu Hammaburg ernannt. Ein Amt, das Rui bisweilen mit Übereifer ausübte.

Doch heute, so dachte Ingbert, heute klang Ruis Läuten irgendwie anders. Ingbert blieb verdutzt stehen, stemmte die Hände in die Hüften und sah hinüber zum Glockenpfahl. Der Glöckner schaukelte aufgeregt hin und her,

---
* Abtei im heutigen Gent in Flandern.

ja, hektisch wirkte er. Rui zappelte mit seinem massigen Körper so heftig am Seil und versetzte die Glocke in derart unregelmäßiger Art und Weise in Bewegung, wie Ingbert es nie zuvor von ihm gesehen hatte. Sooft sich Ingbert über Ruis Nachlässigkeiten geärgert hatte, so spürte er doch, dass etwas nicht stimmte.

Als Rui ihn bemerkte, winkte er, mit dem anderen Arm immer noch am Glockenseil hängend. »Ingbert!«, rief er laut, »Meister Ingbert! Seht zum Fluss, seht nur, dort, im Nebel!« Hektisch drehte er sich um die eigene Achse, und Ingbert glaubte sogar, ein gewisses Zittern in seiner Stimme zu vernehmen.

Ingbert wandte sich um und richtete seinen Blick gegen den sanften Windhauch, hielt sich die Hand zum Schutz über die Brauen und konnte kaum glauben, was sich dort tat. Von der Elbe her kamen aus dem Nebel Schiffe auf sie zu. Viele Schiffe. Ingbert stand wie angewurzelt. Es dauerte nicht lange, da liefen, von Ruis Glocken aufgescheucht, Männer herbei, Bauern und Fischer aus den umliegenden Hütten, die wie auch die Kirche außerhalb der Palisaden auf dem Geestrücken verstreut waren. Schutzlos.

Das erste Schiff, das Ingbert deutlich erkennen konnte, schien seltsam ruhig über den breiten Fluss zu schweben und wurde allmählich größer, wodurch das mächtige Segel und der hochgezogene, mit einem Drachenkopf besetzte Steven wie eine Gottesbotschaft immer mehr sein Blickfeld dominierten. Wohin fuhren diese Schiffe? Und woher kamen sie? Schiffe dieser Bauart stammten aus dem Norden. Aber sie kamen nicht von Norden, sondern vom Oberlauf der Elbe her, aus dem Land der äußerst kampferprobten und gut bewaffneten Sachsenstämme weiter im Süden.

Ingbert war völlig verwirrt. Wie konnte das sein?, fragte er sich, und ihm wurde mulmig. »Seegauten*«, flüsterte er und spürte, wie sich seine Eingeweide unangenehm zu regen begannen.

Ingbert stieß erleichtert die Luft aus, als er sah, dass die ersten Schiffe die Einfahrt zum Anlegepatz an der Hafenlende unterhalb der Palisadenbefestigung passierten. Gott sei Dank, dachte Ingbert, sie fahren weiter. Aber wohin? Sein Blick folgte dem Segel des ersten Schiffes inzwischen von hinten, als es an der lang gestreckten Insel vorbeiglitt, die der Hafenlende vorgelagert war. Dann, recht bald, war das Schiff an der Spitze des Geestsporns angelangt, wo sich die Wasser der Alster und der Elbniederung trafen. Das Segel wurde eingeholt und zahlreiche Ruder abgesenkt. Das Schiff bog zu Ingberts Entsetzen nach rechts in die Alster ein, gefolgt von weiteren Schiffen.

»Seegauten«, sagte Ingbert erneut mit zitternder Stimme. Zwei Bauern sahen ihn unsicher an, die Furcht stand ihnen ins Gesicht geschrieben. Beim Anblick dieser hilflosen Männer erinnerte sich Ingbert der Worte seines Vaters, der ihn gelehrt hatte, das Schwert niemals zu früh einzusetzen, denn vor dem Schwert komme das Wort. »Doch wenn du siehst, mein Sohn«, hatte er ihn unterwiesen, »dass dein Gegenüber das Schwert dem Worte vorzieht, wisse deines besser zu gebrauchen als er.«

Ingberts Blick war nun hellwach. Er richtete sich auf und warf die Kapuze in den Nacken. »Seegauten aus dem Norden!«, schrie er die Umstehenden an.

»Aber«, rief Woden, der grobschlächtige Schmied,

---

* Marodierende Wikinger, wie sie damals von den Franken im Norden genannt wurden. Das Wort »Wikinger« wurde damals noch nicht verwendet.

mit rauer Stimme, »sie kommen von der falschen Seite, wieso ...« Weiter kam er nicht.

»Holt eure Frauen und Kinder, lauft!«, brüllte Ingbert. »Lauft in den Wald! Kommt nicht zurück, wenn ihr leben wollt! Los, rennt, rennt um euer Leben! Im Wald seid ihr sicher!«

Der Schmied hatte recht, sie kamen aus der falschen Richtung. Ingbert erinnerte sich an den Boten, der vor ein paar Tagen aus dem Land der Sachsen gekommen war und berichtet hatte, dass Schiffe den großen Fluss hinauffuhren, mit gewaltigen Rahsegeln und vielen Ruderern. Sie mussten unmerklich an der Hammaburg vorbei nach Süden gefahren sein, ohne von hier aus entdeckt worden zu sein. Kein Wunder, denn in den frühen Morgenstunden war die Elbe oft von dichtem Nebel verhangen, und der Fluss war breit. Nebel schützte nicht nur vor Sicht, er dämpfte auch jedes Geräusch, und die Seegauten, so sagte man, seien geschickt darin, unbemerkt und leise mit ihren Schiffen zu manövrieren. Sie mussten tief ins Land der Sachsen gefahren sein. Aber was wollten sie hier an der Hammaburg, wenn sie doch bereits reiche Beute an Bord hatten, die sie auf dem schnellsten Weg nach Hause in den Norden bringen wollten? Waren sie etwa von den Sachsen zurückgeschlagen worden, hatten sie noch keine Reichtümer eingeheimst und auf ihre Schiffe verladen? Dann gnade uns Gott!, dachte Ingbert.

Einige Männer rannten zu ihren Hütten, holten ihre Frauen und Kinder, rannten an der Marienkirche vorbei in den Wald, andere Männer wiederum halfen ihren Familien, sich hinter die starken Palisaden der Hammaburg zu retten. Kinder weinten, Frauen kreischten, und die Männer riefen wild durcheinander.

Ingbert lief so schnell er konnte ins Kloster. Atemlos polterte er den schmalen Bohlenflur entlang und schrie, sodass die Mönche und die Bediensteten auf ihn aufmerksam wurden. »Seegauten überfallen die Siedlung! Flieht!«

Aufgeschreckt liefen Mönche aus ihren Zellen, ließen fallen, was sie gerade in Händen hatten, und drängten auf das Freigelände, bleich vor Schreck.

»Rettet, was ihr könnt, und holt die Menschen aus ihren Hütten!«, rief Ingbert den Fliehenden hinterher. Dann lief er in seine Zelle, wo er auf seine bescheidene Schlafstatt zusteuerte. Er riss sein Schwert unter dem Strohsack hervor und stürmte wieder hinaus.

Nur wenige Mönche waren zu den Hütten gelaufen und halfen den Schwachen, sich in die Wälder zu retten. Wie Ingbert vermutet hatte, rannten die meisten der Gottesmänner zeternd und jammernd auf die Palisaden der Burg zu, um sich selbst in Sicherheit zu bringen, denn eine geweihte Seele, so vertrat es der einflussreiche Bruder Balduin, von den Mitbrüdern ›Der Zänker‹ genannt, wäre in der Waagschale des Herrn mehr wert als eine Seele aus dem einfachen Volke.

Immer mehr Segel quollen aus dem Nebel hervor. Das erste Schiff war nun tief in die Alster vorgedrungen und wurde von einer Schar furchterregender Gestalten unter rhythmischen Rufen vor dem Waldrand an Land gezogen. Bald war das keilförmige Geestplateau der Hammaburg von Schiffen umzingelt.

Eine Gruppe von Booten fuhr in die Hafenlende ein. Weitere folgten, sodass auch der Seitenkanal zwischen der Insel und dem Geestsporn, kaum zweihundert Schritte von Ingbert entfernt, bald belagert war. Sie waren so nah, dass er die Schoten des vorderen Schiffs erkennen konnte, die das breite Segel an den unteren Ecken von der Rah abwärts steif aufgespannt hielten. Ja, er glaubte sogar, ein Flattern und Schlagen des grob gewebten Stoffs zu hören, als das Segel eingezogen wurde. Dann sah er, wie die ersten Männer an Land gingen. Bogenschützen stellten sich auf und ließen eine Salve auf die Fliehenden herabregnen. Eine Frau wurde im Laufen in die Wade getroffen. Ihr Mann hob die schreiende Frau hoch und rannte, so schnell er konnte, auf das Westtor der Burg zu.

Nun kamen die Angreifer von beiden Seiten. Von der Alster näherten sie sich schnellen Schrittes dem Dom, vor dem Rui von St. Bavo immer noch unbeirrt die Glocke läutete, als ob es die letzte Aufgabe in seinem Leben wäre. Die ersten Seegauten passierten ihn und schienen ihn zu ignorieren. Vielmehr kamen sie direkt auf Ingbert zu, der sein Schwert mit beiden Händen schräg in die Höhe hielt, zum Schlag bereit.

Ingbert wusste, dass die Seegauten nicht den Ruf guter Schwertkämpfer genossen. Sie waren dafür verschrien, dass sie eher das Überraschungsmoment nutzten, als sich mutig zum Kampfe Recke gegen Recke zu stellen. Würde er einen oder zwei von ihnen besiegen, würden die anderen wohl von ihm ablassen.

Die bärtigen Männer trugen Äxte, Speere, lange Keulen und Messer. Einer schleuderte seinen Speer in Ingberts Richtung, doch Ingbert wich dem Wurf geschickt aus, sodass der Spieß neben ihm im Boden landete. Die Bogenschützen waren zurückgeblieben und schossen erneut eine Salve ab. Einer der Mönche, der das Kloster zu spät verlassen hatte, wurde in den Rücken getroffen und fiel vornüber mit dem Gesicht auf die Erde.

Ingbert versuchte, die Nordmänner aufzuhalten, die auf ihn zurannten. Zweien konnte er den Kopf abschlagen, einem den Arm. Die anderen drehten schnell ab und liefen auf eine Gruppe von Hütten zu, andere folgten ihnen. Kurz vor den Hütten ließen sie markerschütternde Schreie ertönen. Nur aus wenigen der Behausungen kamen noch Menschen voller Angst herausgelaufen. Die Glücklicheren waren bereits geflohen und mussten, kurz bevor sie den Wald erreichten, im Blick zurück mit Schrecken zusehen, wie ihre Nachbarn, die zu langsam gewesen waren, auf der Stelle erschlagen wurden.

Im Süden an der Hafenlende waren unterdessen etwa zehn Langschiffe angelandet. Jedes spuckte mehr als dreißig Männer aus. Die meisten trugen einfache Kopfbedeckungen aus Leder, einige halbrunde Helme mit Nasenschutz, nur einer, anscheinend der Anführer, verfügte über einen furchterregenden Brillenhelm und ein Schwert.

Ein paar der Eroberer machten sich daran, in der Nähe des Wassers ein Feuer zu entfachen. Andere trugen Fackeln von den Schiffen herbei und legten sie rund um die Feuerstelle.

Die Hütten der Siedlung waren jetzt verlassen, die Familien rannten um ihr nacktes Leben. Sie versuchten, in den Palisadenring zu gelangen, doch die Tore waren von den Wachen bereits geschlossen worden. Andere flohen, wie Ingbert geraten hatte, in die Wälder.

Ingbert rannte zum Palisadenwall und schrie zu einer der Wachen hinauf: »Wo ist der Herr Ansgar? Der … Herr … Ansgar, wo ist er?«

»Er holt Männer zusammen, um die Burg zu halten«, rief der Wachsoldat von der Palisadenkrone herab.

»Das ist sinnlos! Es sind zu viele. Zu viele Seegauten!«,

schrie Ingbert. Er deutete hinunter zur Hafenlende, wo einige Nordmänner nun ihre Fackeln entzündeten und sich langsam den Hügel hinauf auf die Hütten zubewegten.

Mit Entsetzen beobachtete Ingbert, wie die ersten Rauchschwaden von den brennenden Strohdächern auf den Dom zutrieben. Unterdessen tönte die Glocke immer noch. Ingbert schwenkte seinen Blick zum Glockenturm hinüber, wo Rui von St. Bavo, mittlerweile von beißendem Qualm eingehüllt, immer noch an seinem Seil hing und sich wie im Rausche auf und ab bewegte, als würde ihn das alles nichts angehen.

Drei mit Fackeln und Keulen bewaffnete Nordmänner hatten die Palisade beinahe erreicht. Mit entschlossenem Blick steuerten sie auf Ingbert und die wehrlosen Menschen zu, die neben ihm standen und darauf warteten, dass das Tor geöffnet würde. Panisch begann eine Frau zu schreien und versteckte ihr Kind hinter ihrem Rock. Ein Bauer, von dem Ingbert regelmäßig Ziegenmilch bezog, stellte sich neben ihn und schwenkte seinen Dreschflegel hin und her. Gemeinsam warteten sie.

Die Menschen, die vom Waldrand her noch einmal zurückblickten und zusahen, wie ihre Hütten und ihr Hab und Gut in Flammen aufgingen, reagierten völlig unterschiedlich. Einige schrien laut, andere schlugen stumm die Hände vor den Mund, ein paar Männer versuchten, ihre Frauen in den Wald zu zerren, andere wiederum zogen ihre Schwerter, ein paar schwangen ihre Keulen, wieder andere schienen vor Schreck erstarrt. Die Kinder waren ebenfalls teils erschrocken, teils ohne Regung, andere weinten laut. Manche Mütter hielten ihnen den Mund und die Augen zu.

Drei Seegauten verfolgten einen Fischer, der sein Netz hinter sich herschleppte, um es vor dem Feuer der Eindringlinge zu retten. Eine Keule sauste auf die Schulter des Fischers nieder, der vor Schmerz schreiend zusammenbrach. Sogleich war der zweite Seegaute zur Stelle und stach mit einem langen Messer auf den Hals des Fischers ein, sodass sein Blut die Erde tränkte, während ein Dritter ihm das Netz aus den Händen riss und unverständliche, hasstriefende Worte ausstieß.

Woden, der Schmied, der sich eben noch gefragt hatte, warum die Schiffe von Süden her kamen, stand mit Frau und Sohn am Waldrand. Er konnte seine Wut nicht mehr im Zaume halten. »Mördergesindel!«, brüllte er und schwang den schweren Hammer mit dem beinlangen Stil über seinem Kopf. »Unser Herrgott hat mir diesen Hammer geschenkt, damit ich Stahl und Eisen damit schlage und falte, aber wohl auch, um den braven Nachbarn zu sühnen, der unsere Fische fängt!« Mit Riesenschritten hielt er auf die Gruppe der Eindringlinge zu.

Der sehnige Kerl, der das Fischernetz erbeutet hatte, sah den Schmied zu spät. Erschrocken wich er zurück und wollte gerade das Netz nach dem Angreifer werfen, da knallte dessen Hammer bereits mit voller Wucht auf seinen Schädel.

»Da, nimm!«, schrie der Schmied. »Nicht nur du sollst Amboss sein!« Er wirbelte herum und traf in der Drehung den Mörder des Fischers auf die Brust. Der fiel um, röchelte und wälzte sich am Boden, während derjenige, der die Keule geführt hatte, die Flucht ergriff. Doch der Schmied war nicht nur größer, er war auch schneller und warf ihm seinen Hammer ins Kreuz.

Der Feigling brach zusammen. Als der Schmied auf ihn

zustampfte, um ihn zu erschlagen, surrte aus Richtung der Hafenlende ein Pfeil durch die Luft und traf Woden mitten in die Brust. Er legte die Hände um den Pfeil, der seinen Oberkörper durchbohrt hatte, verzog sein Gesicht und drehte den Kopf zu Frau und Sohn, die klagend zusahen, wie er auf die Knie sank. Ihre Augen trafen sich ein letztes Mal. Dann nickte Woden kaum merklich, und zwei Tränen lösten sich. »Geht«, war das Einzige, was er noch hervorbrachte, unhörbar für Frau und Sohn. Noch einmal atmete er tief ein, bevor er hintenüberstürzte und reglos liegenblieb.

Ingbert holte zum Schlag aus, als die drei Seegauten nun vor ihnen standen. Der Bauer neben ihm schwang seinen Flegel derart geschickt, dass er einem der Nordmänner die Keule aus der Hand schlug und den zweiten am Kopf traf. Erstaunt bückte sich der erste, um seine Keule aufzuheben, da krachte der Dreschflegel auf seinen Rücken. Sogleich waren weitere Siedler zur Stelle und schlugen die beiden in die Flucht.

Aus dem Augenwinkel sah Ingbert, der mit dem dritten Wilden kämpfte, wie die Frau des Schmieds auf Woden zulaufen wollte und nur mit Mühe von einem der umstehenden Männer zurückgehalten wurde. Dann passierte etwas Unerwartetes. Der Sohn, neun oder vielleicht zehn Jahre alt, blond gelockt und mit einem einfachen grauen Kittel und Holzschuhen bekleidet, ging ganz ruhig mitten ins Geschehen hinein, und erst, als er bereits mehr als die Hälfte der Strecke zu seinem Vater zurückgelegt hatte, bemerkte die Mutter, was er tat. Sie schrie, rief ihn zurück. Doch der Junge wandte sich nicht einmal um.

Ingbert schlug zu und traf den dritten Nordmann so hart am Arm, dass dieser aufschrie, sich umdrehte und davonlief, den Arm halb abgeschlagen mit der Hand stützend, während die Menschen um Ingbert herum den Bauern mit dem Dreschflegel als Held feierten.

Als Ingbert außer Atem zu dem Jungen hinüberblickte, erkannte er ihn sofort. Es war Heimo, der Junge, der sich in Ingberts Schule so sehr für die heilige Bibel und ihre Geschichten interessierte, der so geschickt darin war, die neue Schrift zu erlernen, den Ingbert so gern in diesen Dingen unterwies.

Heimo hielt auf den Vater zu, setzte sich neben ihn ins blutdurchtränkte Gras, hob dessen Kopf und streichelte ihn, ohne Worte und mit regloser Miene. Der Schmied sah ihn ein letztes Mal an, lächelte und starb.

Ingbert setzte zum Lauf an, doch da war bereits einer der Eindringlinge bei dem Jungen, schnappte ihn, hob den Zappelnden in die Höhe und brachte ihn zu einem der Schiffe, das an der Hafenlende angelegt hatte. Ingbert konnte nur noch sehen, wie der Junge auf dem Schiff festgebunden wurde.

Panisch kreischte die Mutter, wollte hinterher. Doch Ingbert rannte zu ihr, hielt sie auf und versuchte, sie zu beruhigen.

»Mein Junge, holt mir den Jungen zurück! Heimo!«, brüllte sie mit sich überschlagender Stimme.

»Es hat keinen Sinn«, beschwor Ingbert.

»Tut etwas, Meister Ingbert!«, schrie sie herzzerreißend und hämmerte auf seine Brust.

»Ich ... ich verspreche dir, dass ich ... mich um ihn kümmern werde, irgendwie, ich werde es tun«, sagte Ingbert, und ihm war klar, dass er in diesem Moment so etwas wie einen heiligen Schwur getan hatte. Er sah ihr in die Augen und wandte sich an den Bauern, der neben ihr stand. In dem Wissen, dass die Seegauten den Wald fürchteten und nur im offenen Gelände wagten, den Feind anzugreifen, befahl er eilig: »Versteckt euch im Wald. Nehmt sie mit. Geht nicht zu weit, lauft zu den anderen. Hier ist nichts mehr für euch zu tun.«

Die Frau des Schmieds schluchzte immer noch verzweifelt und legte Ingbert die Hand auf den Unterarm, drückte kurz zu und folgte dann dem Bauern, der sie hinter sich herzog.

Unterdessen hatten immer mehr der Eindringlinge ihre Schiffe verlassen. Sie bewegten sich auf die abgelegeneren Hütten zu, in denen Ingbert immer noch Bewohner vermutete. Was dann folgte, würde Ingbert nie wieder vergessen. Gnadenlos und ohne Unterlass töteten die Seegauten alle, die ihnen vor die Speere und Keulen liefen. Frauen, Kinder, Bauern und sogar die Bewaffneten Siedler hatten kaum eine Chance. Einige wehrten sich und versuchten verzweifelt, ihre Familie zu verteidigen. Junge Frauen und Kinder wurden gefangen genommen und grob auf die Schiffe verschleppt. Doch auch von ihnen wurden viele getötet.

Andere Seegauten plünderten die letzten Hütten und steckten diese in Brand. Sie schienen nicht daran interessiert, die eigentliche Burg hinter den Palisaden zu erstürmen oder anzugreifen. Nach ihrem Marodieren in der vorgelagerten Siedlung machten sie sich vielmehr daran, sich an den Vorräten der Siedler gütlich zu tun.

*

In der Burg

Ingbert lief erneut auf die Palisaden zu. »Öffnet das Tor, lasst uns ein, bevor die Eindringlinge herkommen!«, schrie er, von ungefähr hundert Männern, Frauen und Kindern umgeben, die mit Fäusten an die mächtigen Holzpfähle klopften.

»Der Hauptmann hat das Tor schließen lassen! Niemand kommt mehr herein!«, rief ein junger Soldat auf dem Wehrgang, den Ingbert noch nie hier gesehen hatte.

»Im Namen Ansgars! Ich bin Ingbert, der Verwalter. Öffnet das Tor, sonst wird es Euch schlecht ergehen, Soldat!«

Der Mann zögerte, sah den Hauptmann fragend an, der nun nach vorn getreten war und Ingbert mürrisch zunickte. Gerade, als der Hauptmann etwas sagen wollte, hörte Ingbert, wie innen jemand rief: »Öffnet das Tor, im Namen des Herren, öffnet das Tor!«

Ingbert glaubte, die Stimme Ansgars erkannt zu haben. Er sah zurück zum Mariendom, wo Rui von St. Bavo unverdrossen an seinem Glockenseil hing. Sein Läuten drang immer noch durch die Geräusche des Todes und das Prasseln der Flammen.

»Rui!«, schrie Ingbert. »Rui! Komm zu uns! Komm!«, schrie er und winkte ihm zu. Doch Rui sah nicht einmal zu ihm herüber. Ingbert setzte als Letzter seinen Fuß hinter den Palisadenring, bevor sich das Tor hinter ihm schloss.

»Herr Ansgar«, rief er und ging auf ihn zu. »Gott beschütze Euch!«

Ansgar, wie die anderen Mönche nur mit einer einfachen Kutte bekleidet, legte ihm die Hände auf die Schultern. »Gott sei gedankt, Ihr lebt, Ingbert. Ich sehe, der

Herr gab Euch nicht ohne Gedanken ein Schwert. Wir müssen die heilige Bibel retten, die der Kaiser Ludwig mir geschenkt hat. Und die heiligen Reliquien.«

»Sie ist neben den anderen Heiligtümern draußen im Dom«, gab Ingbert zu bedenken. »Dort können wir nicht mehr hin. Nur Rui von St. Bavo ist noch dort.«

»Rui?«, fragte Ansgar beunruhigt. »Alleine?«

»Ja, alleine. Er hat tapfer und unerschütterlich die Glocke geläutet.«

»Rui, der Gute, das hat er getan, um die Kraft des Herren zu erbitten und die Eindringlinge abzuhalten, den heiligen Dom anzugreifen. Es ist ihm gelungen.«

»Er hat es getan, um die Menschen in ihren Häusern und die Brüder im Kloster zu alarmieren. Ich glaube, es ist vielmehr der Plan der Seegauten, sich mit dem Dom und dem Kloster erst später zu beschäftigen, wenn alles andere erbeutet und gebrandschatzt ist.«

»Und die anderen?«, fragte Ansgar besorgt. »Bewachen sie die Heiligtümer?«

»Die Brüder?«, fragte Ingbert. »Die Mönche mussten fliehen, wie auch die Dörfler. Viele der Leute aus der Siedlung sind tot, andere gefangen. Sie flohen in den Wald oder hierher in die Burg.«

»Aber die Mönche, meine Mönche, sie bewachen nicht den heiligen Dom?«

Ingberts Blick ging zu Boden. »Seht selbst, Herr Ansgar. Die Brüder verteilen sich gerade auf die Häuser hier im Burgring. Niemand ist im Dom geblieben. Bis auf den wackeren Rui. Gott allein kann ihn beschützen.«

Ansgar drehte sich und sah sich mit trauriger Miene um. Mönche stellten sich nach vorn, um in die Häuser zu gelangen, die innerhalb des Palisadenrings standen.

»Sie beanspruchen wohl für sich, vom Herrn im Himmel bevorzugt zu sein und über dem einfachen Volk zu stehen«, bemerkte Ingbert bissig.

Ansgar stampfte aufgebracht auf einen der Mönche zu und stellte ihn zur Rede. »Habt Ihr Ludwigs Bibel gerettet, Bruder Balduin?«

Der Zänker verneigte sich. »Gnade sei mit Euch, Herr Ansgar, unser künftiger Bischof und umsichtiger Prior. Auch der Herr war nicht mehr imstande, die Teufelsbrut dieser Missgeschöpfe aufzuhalten. Wir konnten nichts mehr retten, als der Herr Ingbert uns zur Flucht aufforderte.«

Ingbert sah ihn grimmig an. »Ich sagte Euch, Balduin, dass Ihr fliehen, nicht, dass Ihr alles stehen und liegen lassen solltet. Ein Buch hätten Eure Hände tragen können, und andere hätten ebenfalls gut daran getan. Wie viele der wehrlosen Menschen habt ihr auf dem Weg hierher aus ihren Hütten geholt und mitgenommen?«, fragte er streng.

Balduins tief liegende Augen krallten sich kalt an Ingberts Blick fest, und seine hagere Gestalt verneigte sich nur scheinbar ehrerbietig vor ihm.

»Ingbert, die Reliquien und die Bücher«, mahnte Ansgar. »Wir müssen mit dem Herrn Hauptmann einen Ausfall organisieren.«

»Ich habe nicht viele Bewaffnete«, gab der Hauptmann zu bedenken, der mittlerweile zu ihnen getreten war. »Nur zwanzig Männer sind hier, aber wir haben scharfe Klingen und mehrere Bögen mit je hundert Pfeilen. Die Eindringlinge, wenn ich es richtig gesehen habe, sind an die vierhundert Ungeheuer.«

»Wartet die Dämmerung ab«, sagte Ingbert. »Es sieht

nicht so aus, als würden diese Gottlosen heute noch Dom und Kloster angreifen. Sie wissen, dass christliche Klöster in der Regel wehrlos sind, dass dort kaum Widerstand geleistet wird. Sie heben sich den Spaß für morgen auf. Dann können sie alles in Ruhe durchsuchen und plündern. Das ist unsere Chance. Wenn ein paar tapfere Soldaten mitmachen, können wir einiges retten, sobald es dunkel geworden ist.«

»Wir müssen Hilfe holen. Wir schicken einen Boten aus«, sagte Ansgar.

»Lasst uns die Lage von oben betrachten«, schlug Ingbert vor und bat Ansgar und den Hauptmann auf den Palisadenring.

Wortlos standen sie hinter den dicken Holzbohlen, die senkrecht zu Tausenden, eine neben der anderen, zu einem Ring in den Boden gerammt worden waren, der von Wand zu Wand mehr als 130 Meter maß. Ihre Blicke schweiften über die verbrannte Siedlung, die heute Morgen noch der Menschen friedliche Heimat gewesen war. Aus den verkohlten Hütten stieg nur noch Rauch auf.

Als Ingbert nach unten in die Burganlage sah, bemerkte er, dass sich die Mönche versammelten. Er machte Ansgar darauf aufmerksam. Ansgar sah ihn kurz an und ging hinunter, um mit ihnen zu reden.

»Bruder Ansgar, wir glauben«, sagte Balduin und verneigte sich vor Ansgar, ohne dabei seinen Blick von ihm zu wenden, »dass wir hier nichts mehr leisten können und dass unsere Gebete besser erhört werden, wenn wir Schutz bei unseren Brüdern im Osten fänden.« Der Zänker richtete sich auf, und seine herben Züge und kalten Augen zeigten beinahe offen, wie sehr er Ansgar verachtete.

»Ihr wollt uns verlassen?«, fragte Ingbert. »Jetzt, in dieser Situation, wo Euch die Menschen hier am meisten brauchen?«

»Der Herr hat bereits sein Urteil gefällt, Herr Ingbert«, erwiderte der Zänker und ließ seine offene Hand jovial kreisen. »Ihr seht, dass er die Menschen geißeln will für ihre sündigen Taten ...«

»... während Ihr, Bruder Balduin, den Herrn damit ehrtet, dass Ihr und Eure Gesellen Völlerei und Besäufnis als Ersatz für Gebete eingeführt habt in Eurem sündigen Teil des Klosters, den Ihr Refektorium nennt, und wer weiß, was Ihr noch im Hinterraum desselben treibt ...«, zischte Ingbert.

»... während wir«, schrie der Zänker voller Angriffslust, »alle, die hier sind, in unsere täglichen Gebete einschließen, auch Euch, Herr Ingbert, was tut Ihr derweil? Ihr schweigt besser, denn gerade Ihr seid es, der lüstern und zügellos des Nachts bei den Weibern liegt und unser heiliges Kloster entehrt. Bringt sie her!«, schrie er und klatschte in die Hände.

Ein anderer Mönch zog ein Mädchen bei den Haaren und brachte sie nach vorn. »Seht, diese Hure, Bruder Ansgar, aus Eurer Küche, sie lag in der letzten Nacht auf dem Lager des Herrn Ingbert, Eurem so hoch geschätzten Verwalter und Vertrauten. Schande bringt er über das Kloster und die Hammaburg!« Balduin drehte sich zu den anderen Mönchen, die hinter ihm standen. »Lasst uns für diese arme Sünderin und für den Herrn Ingbert beten, dass der Herr ihnen eines Tages vergeben solle!«

»Ihr vergesst«, sagte Ingbert, »dass ich kein Geistlicher bin. Und wie ich meine Not in der Nacht verrichte, das ist allein meine Sache und die dieses schönen Mädchens.

Und, mit Verlaub, Bruder Balduin, sollte noch jemand sie anrühren, so schlage ich ihm den Arm ab.«

Auf der Stelle ließ der Mönch, der das Mädchen bei den Haaren hielt, sie los und zog sich demütig in die Reihen der anderen zurück.

»Ruhig, ruhig, meine Brüder. Damit kommen wir nicht weiter«, sagte Ansgar und hob die Hände. »Wir brauchen eine Lösung, denn oft prüft uns der Herr, indem er uns keine Zeichen gibt, weil er von uns fordert, dass wir uns selbst helfen.« Er wandte sich direkt an Balduin. »Wollt ihr wirklich jetzt fliehen?«

»Wir werden im Schutz der Dunkelheit in die Wälder gehen«, sagte Balduin, wobei seine Stimme nahezu bedrohlich klang. »Denn dort werden unsere Gebete erhört werden. Hier, wie Ihr schon sagtet, hat der Herr das Schicksal in Eure erlauchten Hände gelegt, oh Bruder Ansgar, und wir unbedeutenden Mönchlein können nichts mehr tun.« Der Zänker tauchte seine Stimme in heuchlerische Doppelzüngigkeit. »Unsere Gebete aber, da draußen, werden Euch heiligen Beistand leisten.«

»Ja sind wir denn hier von lauter Feiglingen umgeben?«, schrie der Hauptmann aufgebracht.

»Was sollen wir tun, ehrwürdiger Hauptmann?«, fragte Balduin. »Unsere Waffen sind die Worte, die der Herr uns gelehrt hat. Weder Schwert noch Bogen wissen wir zu führen. Unsere Lanze ist das Gebet, die Bibel ist unsere Rüstung – doch nur, wenn wir frei sind und zum Himmel sprechen dürfen.« Erneut verbeugte er sich leicht. Ingbert erkannte seine Absicht. Er wusste, dass der Zänker die Mönche in ihrer endlosen Angst gefangen hielt und sich zu ihrem neuen Anführer emporheben wollte.

Ingbert schritt die Reihe der Mönche ab, die sich hinter Balduin versammelt hatten, und sah jedem einzelnen in die Augen. »Wollt ihr euren Anführer, den zum Bischof auserkorenen Bruder Ansgar, der euch hier aufgenommen, für euch gesorgt hat, euch seine Liebe geschenkt und für euch ein Heim, das schönste Kloster im Norden, hat erbauen lassen, wollt ihr diesen gütigen Mann alleine zurücklassen, all die heiligen Pflichten allein auf seinen Schultern belassen, ohne ihm eure Hilfe zu gewähren? Wollt ihr das wirklich? Ihr wollt in der Stunde der höchsten Not einfach weglaufen?«

Ansgar ging dazwischen. »Lass gut sein, Ingbert. Sie haben recht. Was könnten sie tun?«

»Kämpfen!«, schrie der Hauptmann die Mönche an. »Holt euch Mistgabeln, Dreschflegel, unsere Waffenkammer steht euch offen. Wir brauchen jeden Mann, oder seid ihr Weiber, unter euren Kutten? Ich dachte, dort trüget ihr ein Gemächt, doch anscheinend haben Hurerei und Säufertum es bei euch abfaulen lassen.«

Balduin machte eine Verbeugung, woraufhin der Hauptmann sein Schwert zog.

»Lasst ihn«, riet Ingbert. »Es ist sinnlos, im Augenblick der Not mit den eigenen Leuten zu streiten.«

»Dann verschwindet aus meiner Burg!«, tobte der Hauptmann. »Ich will euch hier nicht mehr sehen. Nach Anbruch der Dunkelheit müsst ihr gehen.«

Ein Raunen ging durch die Reihe der Geweihten.

Der Hauptmann wandte sich an Ansgar. »In der Not haben auch Gottesmänner ihre Pflicht zu tun, Herr Ansgar, und Feigheit kann nicht belohnt werden.«

*

Die lange Nacht

Als die Dämmerung hereinbrach, torkelten draußen zahlreiche Eroberer betrunken umher, andere lagen auf dem gesamten Geestplateau verteilt, wo sie sich an den Glutnestern der abgebrannten Hütten zum Wärmen hingelegt hatten. Die meisten hielten sich in der Nähe ihrer Schiffe auf und grölten seltsame Lieder. Es waren jedoch so viele, dass es dem Hauptmann unmöglich schien, sie selbst in diesem Zustand im Kampfe zu besiegen.

Wie Ingbert vermutet hatte, machte keiner der Eindringlinge die geringsten Anstalten, Dom, Kloster und Palisadenring jetzt noch anzugreifen. Und so öffnete Ingbert heimlich und still das Nordtor, um einen Ausfall zu wagen. Der Hauptmann und zwei Wachen drängten Balduin, den Zänker, und seine Mönche hinaus, nachdem er ihnen angedroht hatte, sie auf der Stelle zu erschlagen, wenn sie auch nur einen Laut von sich gäben. Ängstlich trippelnd verließen die Mönche die Burg und flüchteten im Schutze der Dunkelheit in den angrenzenden Wald.

Ingbert, der Hauptmann und die Soldaten schlichen hinüber zum Dom. Der Hauptmann hatte seinen Soldaten befohlen, die Schwerter in der Hand zu halten und alles andere abzulegen, was Geräusche machen könnte.

Der Hauptmann nickte Ingbert zu, als er das Gebäude von hinten durch die Tür zur Sakristei betrat. Als die Soldaten um den Dom herumschlichen, wurde ihnen der Ungehorsam einer der Männer zum Verhängnis. Das heimlich unter seinem Rock getragene Geschmeide sorgte durch ein lautes Klimpern dafür, dass sie von ein paar betrunkenen Eindringlingen entdeckt wurden.

Ein Horn ertönte, und die Berauschten versammelten sich, erst noch verwirrt, doch dann sahen sie die fränkischen Soldaten an der Kirche. Drei der Soldaten waren so erbost, dass sie denjenigen, der sie durch das klimpernde Geräusch verraten hatte, auf der Stelle niederstachen.

Dann griffen die Betrunkenen an. Mit Fackeln und Geschrei rannten sie entfesselt auf die Kirche zu. Ingbert trat sofort hinaus, um den anderen zu Hilfe zu kommen.

Wie wild geworden stob eine andere Gruppe mit Fackeln auf die Palisaden der Burg zu. Mehrfach versuchten sie, ihre Fackeln über den Wall zu werfen. Die meisten warfen nicht hoch genug. Wenige schafften es, und bald zeugten der Widerschein schlagender Flammen und das Geschrei der Menschen davon, dass die Hütten in der Burg in Brand geraten waren.

Einige Nordmänner griffen Ingbert und die Soldaten direkt an. Als erster fiel der Hauptmann, der sich ihnen mutig entgegenwarf, um Ingbert zu schützen. Gleich zwei Männer schlugen mit Keulen auf ihn ein, bis er tot zusammenbrach.

»Lauf zum Herrn Ansgar und sage ihm«, wies Ingbert den jüngsten der Soldaten an, »dass alles verloren ist und dass er fliehen muss! Lauf, schnell!«

Während der Junge zurück zur Burg rannte, stürmten Ingbert und die anderen Soldaten auf die wild gewordenen Seegauten zu, deren Überzahl gewaltig war. Unterdessen liefen andere, völlig enthemmt vom Rausch, in Kirche und Kloster und warfen ihre brennenden Fackeln hinein. In Kürze brannte alles lichterloh.

Nach kurzem Gefecht waren nur noch ein Soldat und Ingbert am Leben, die anderen Soldaten lagen erschlagen am Boden. Ingbert und der letzte Soldat waren umzingelt.

Einer der Seegauten hob die Hand, sodass die anderen ihre Waffen im Zaume hielten und die beiden im Scheine der lodernden Feuersbrunst hasserfüllt anstarrten.

»Meister Ingbert, tötet mich! Tötet mich, wenn Ihr gnädig seid«, rief der junge Soldat zitternd vor Angst.

»Bleib ruhig, Junge, uns wird vorerst nichts geschehen. Sie wollen uns weder töten noch quälen, sonst hätten sie es schon längst getan«, antwortete Ingbert, ließ sein Schwert fallen und hob die Hände.

In dem Moment schleiften zwei der Marodeure Rui von St. Bavo aus dem Kloster, der sich in ihrer Mitte hängen ließ wie ein Sack Mehl. Plötzlich, als sie am Glockenturm vorbeigingen, schüttelte Rui die beiden Recken ab und sprang ins Seil, sodass die Glocke erneut laut und stolz ertönte. Staunend wichen die umstehenden Fremden zurück, bis ihr Anführer aus dem Schatten trat. Durch seinen Brillenhelm betrachtete er Rui, der an dem Seil auf und ab pendelte, richtete eine lange Lanze aus und pikste dem Glöckner zur Freude der Umherstehenden ins Hinterteil. Rui gab einen kurzen Schrei von sich, ließ das Seil los und fiel zu Boden.

Die Männer, die Ingbert und den Soldaten gefangen hielten, brachten die beiden dorthin, wo Rui von St. Bavo nun klaglos auf dem Rücken lag. Anscheinend hielt der Anführer Rui, der als Letzter im Kloster aufzufinden war, für den Obersten der Christen. In Siegerpose stellte er einen Fuß auf Ruis Brust und zischte: »Blutaar!« Die anderen johlten begeistert, packten den wehrlosen Rui, rissen ihm die Kutte vom Leib, warfen ihn auf den Bauch und hielten ihn zu viert fest.

Der Anführer nahm den Helm ab, zog ein langes Messer aus seinem Gürtel und setzte zum Schnitt entlang der

Wirbelsäule des armen Rui an. Der junge Soldat, ahnend, was Rui bevorstand, übergab sich neben Ingbert. Als das Messer dieses Teufels in Ruis Fleisch eindrang, setzte dieser lautstark an, wild auf Flämisch zu fluchen und alle Bewohner der Hölle zu beschwören, was die Männer und auch ihren Anführer kurz zu beeindrucken schien.

»Halt!«, rief eine schneidende Stimme aus dem Hintergrund. Der Anführer hielt inne. Einer der Männer trat aus dem Pulk der anderen hervor, ein feingliedriger und blond gelockter Mann, der einen erhabenen Eindruck machte und wohl kein Kämpfer war. In der Hand trug er einen Drachenkopf, offensichtlich die Spitze eines Stevens von einem der Schiffe. Er hob die andere Hand, hockte sich neben Rui, drehte seinen Kopf zu sich und fragte ihn etwas.

»Ja!«, schrie Rui auf Flämisch, »ich komme aus Flandern, aus St. Bavo, wenn ihr es genau wissen wollt, ihr Scheißkerle.«

Erneut fragte ihn der Drachenmann etwas.

»Nein, bei uns läutet nicht der Anführer die Glocke, sondern ich, der Glöckner, das ist eine heilige Aufgabe, ihr verdammtes Gesindel. Und nun bringt mich endlich um, ihr elenden Hurensöhne. Mein Herr Ansgar wird euch dafür an euren Eiern aufhängen lassen!«

Der Drachenmann erhob sich und flüsterte dem Anführer etwas zu, der daraufhin sein Messer einsteckte und von Rui abließ. Rui erhob sich im Schmerze und warf sich unter dem Gelächter der Umstehenden seine zerfetzte Kutte über.

Der Drachenmann kam mit stolzem Blick auf Ingbert zu. Um den Hals trug er an einem Lederriemen eine dünne große silberne Medaille, in die eine kunstvolle Tierrune eingeprägt war. Ingbert richtete seinen Blick auf die

Medaille und flüsterte dem zitternden Soldaten neben ihm zu: »Keine Angst, ein Gode*.«

»Bist du der Anführer?«, fragte der Drachenmann Ingbert auf Fränkisch.

Ingbert erwiderte: »Wer fragt das?«

Der Drachenmann sah ihn durchdringend an, hob ein Messer und ritzte Ingbert die Wange auf. »Ich bin Gorm, der Gode.«

»Du sprichst unsere Sprache und die von Rui noch dazu«, sagte Ingbert ohne Regung, während ihm das Blut aus dem Gesicht tropfte.

»Ich habe zwanzig Monde in seiner Heimat verbracht, wo wir guten Handel mit den Flandrischen trieben. Dort habe ich beide Sprachen gelernt. Aber die Franken haben uns nicht gewollt. Nun sind wir zurückgekommen und nehmen uns, was wir brauchen. Ohne zu bezahlen.« Er grinste hämisch. »Bist du der Anführer? Bist du Ansgar?«

»Nein, ich bin Ingbert von Eschweiler, der Verwalter. Unser Herr Ansgar ist längst geflohen. Die Burg ist jetzt wohl leer.«

In dem Moment krachte der brennende Dom zusammen und entfachte einen gleißenden Funkensturm, woraufhin Rui von St. Bavo betend auf die Knie fiel.

»Wir werden euch töten müssen«, sagte der Drachenmann ohne Regung.

»Das könnt ihr tun, es ist das Recht des Siegers. Doch Ihr seid ein kluger Mann. Nehmt uns mit. Ich habe gute Verbindung zum kaiserlichen Hof, und er hier ist ein starker und junger Arbeiter. Rui, der Glöckner, ist ein Bär von einem Mann, der für Euch tut, was Ihr von ihm fordert. Wir drei können Euch von Nutzen sein.«

---

* Nordischer Priester

Gorm der Gode schritt einmal um Ingbert und den Soldaten herum. Er hob sein Messer und klopfte damit an den Lederriemen der Tasche, die Ingbert über der Schulter trug. »Was ist da drin, in deiner Tasche?«

Ingbert antwortete nicht. Gorm ging einen Schritt auf ihn zu und sah hinein. Er starrte Ingbert in die Augen, nickte und stapfte hinüber zu dem Anführer, der seinen Helm wieder aufgesetzt hatte.

»Wie heißt du, mein Junge?«, fragte Ingbert den Soldaten an seiner Seite.

»Clovis, Clovis von Corvey«, antwortete er mit klappernden Zähnen.

»Clovis, hab keine Angst, dein Leben ist nun in Gottes Hand. Er wird uns behüten!«

Gorm der Gode besprach etwas mit dem Anführer, der kurz nickte und einen Befehl schrie. Daraufhin packten die Seegauten Rui von St. Bavo, Ingbert und Clovis und brachten sie auf das Schiff, dessen Drachenkopf der Gode die ganze Zeit in der Hand gehalten hatte. Sie wurden am Rumpf des Schiffes festgebunden, gegenüber von der Wand, an der eine Reihe gefesselter Kinder saß, von denen viele benommen vor sich hin dösten. Ein paar herumliegende Tonflaschen zeugten davon, dass man sie betrunken gemacht hatte.

»Meister Ingbert!«, rief ein dünnes Stimmchen. Heimo, der Sohn von Woden dem Schmied, saß inmitten der anderen Kinder, er rief und schluchzte gleichzeitig, als er Ingbert sah.

»Heimo, mein Junge!«, rief Ingbert, erfreut, ihn zu sehen. »Sei guten Mutes, Heimo. Es wird gut werden.«

»Wo ist meine Mama?«, fragte der Junge.

»Du wirst eine Weile ohne sie auskommen müssen, sei

tapfer, mein Junge. Clovis, Rui und ich, wir sind bei euch«, sagte Ingbert und lächelte ihm zu. Der Junge lächelte zurück und ließ benommen den Kopf sinken.

Gorm der Gode betrat das Schiff, ging zum Bug und steckte den Drachenkopf zurück in den Steven. Dann kam er langsam auf Ingbert zu.

»Ich habe dich beobachtet. Die ganze Zeit. Du führst ein großartiges Schwert. Aber das tust du nicht wie andere.«

Ingbert sah ihn fragend an, antwortete jedoch nicht.

»Du bist ein Gelehrter.«

Ingbert nickte. »Es stimmt, ich bin einiger Sprachen mächtig, und ich kenne die Schrift.«

»Die Schrift des Kaisers?«, fragte Gorm neugierig.

»Ja, die Schrift des Kaisers.«

Gorm nickte, klopfte ihm auf den Arm und nahm ihm seine Tasche ab. Dann ging er zum Heck des Schiffes, wo er sich schweigend niederließ, ohne den Blick von Ingbert zu wenden. Er flüsterte einem der Männer etwas zu. Der Krieger ging zu den Kindern, löste Heimo die Fesseln und schickte ihn hinüber zu Ingbert, der den Jungen in die Arme nahm. Heimo setzte sich erschöpft neben ihn, legte den Kopf an seine Brust und schlief ein.

Ingbert suchte Gorms Blick, der ihm kaum merklich zunickte. Ingbert lächelte, schloss kurz die Augen und sah in den Himmel, der von rotglühenden Funken übersät war.

»Was werden wir nun tun, Meister Ingbert?«, fragte Rui von St. Bravo, während Clovis die Wunde an Ruis Rücken mit Tüchern versorgte, die er vom Anführer der Seegauten erhalten hatte.

»Wir werden eine lange Reise machen, und wir werden das tun, was unser Bischof Ansgar von uns erwartet.«

Rui schielte hinüber zu Gorm, der ein Buch in der Hand hielt und darin blätterte. Er kannte es nur zu gut. Rui richtete seinen Oberkörper auf. »Das ist …«, sagte er empört, »das ist doch …«

»Pssst«, sagte Ingbert und hob die Finger an die gespitzten Lippen. »Ja, das ist die heilige Bibel des Kaisers Ludwig.«

»Du hast sie … aus der Sakristei …«, flüsterte Rui, immer noch empört.

»Gib Frieden, Rui, du lieferst uns noch alle ans Messer!«, schnauzte Clovis ihn an und klopfte ihm auf den Rücken.

»Besser sie ist nun in seinen Händen als in den Flammen«, sagte Ingbert ruhig.

»Aber in den Händen eines Antichristen. Eines Heiden. Der Teufel soll ihn holen!«, schimpfte Rui aufgebracht.

»Sie wird uns helfen. Sieh doch hin, wie begierig er ist, das Buch lesen zu können. Wir werden ihnen zeigen, wie man es liest.«

Rui starrte Ingbert staunend an, dann nickte er. »So, wie Bischof Ansgar es gewollt hat«, sagte er leise und verstand.

Ingbert blickte zurück. Neben dem Kloster, der Kirche und den rauchenden Hütten standen nun auch die Palisaden der Hammaburg hell in Flammen. Die Seegauten hatten die Gräben rund um die Burg mit allem Brennbaren aufgefüllt, was sie vorfanden, und es dann angezündet. Die zehntausend Pfähle der Hammaburg sollten das gierige Feuer noch die ganze Nacht füttern.

Bei aufgehender Sonne legten die Schiffe eines nach dem anderen vom Geestsporn der Hammaburg ab und zogen in ruhiger Fahrt die Elbe abwärts auf das offene Meer hinaus, wo sie, mit Beute reich bestückt, auf den

Wassern der Nordsee nach Hause segelten. Ingbert von Eschweiler blickte in die kalte Nacht und erinnerte sich der Worte des Herrn Ansgar, der ihm prophezeit hatte, dass es ein guter Mann sein würde, der den rechten Glauben in den Norden tragen werde.

*

Ansgar, der Apostel des Nordens, musste während dieser bitteren Tage tatsächlich aus der Hammaburg fliehen. Keine Reliquie, keine Bibel, nichts habe er retten können, nicht einmal sein Mönchsgewand sei ihm geblieben. Nach der Flucht verschlug es ihn später nach Bremen, wo er bald als Bischof eingesetzt wurde. Ansgars größter Verlust sei die prunkvolle Bibel gewesen, die er persönlich aus den Händen des Kaisers Ludwig des Frommen erhalten hatte und die, da war er sich sicher, in den Flammen des Doms aufgegangen war. Die Hammaburg wurde erst spät nach dem Überfall der Wikinger wiederaufgebaut. Ansgar kehrte zeit seines Lebens niemals nach Hammaburg zurück. Die Wikinger wurden von dieser Zeit an zunehmend missioniert. Sie hörten auf, die Länder und Städte im Süden zu überfallen und Angst und Schrecken zu verbreiten. Stattdessen gründeten sie ihre eigenen Königreiche und wurden Teil der Christenheit.

2 | DIE NONNEN VON HARVESTEHUDE

VON CHRISTOPH ERNST

Der Stadtteil Harvestehude ist nach einem Zisterzienserinnenkloster benannt, das 1246 gegründet wurde. Es befand sich am Pepermölenbek, unweit des heutigen Fischmarkts, auf dem Gebiet des Dorfes Herwardshude oder Herwerdeshude. Durch die Lage an der Elbe war das Kloster laut Otto Benecke »feindlichen Angriffen sehr ausgesetzt«. Deshalb zog es 1295 vom Pfeffermühlenbach an die Alster um – in das Areal des heutigen Eichenparks, wo sich später ein Krug mit benachbarten Mietkoppeln ansiedelte, dem die von Gustav Leo in den 1920ern entworfene Brücke den Namen schuldet.

Aus Herwardshude wurde über die Jahre Harvestehude. Schließlich liegt jenseits der Alster Winterhude, und vorm Winter kommt gewöhnlich der Herbst, auf Plattdeutsch »Harvst« und früher »Harvest«. Angelsachsen nennen die Erntezeit bis heute so.

Auch die Nonnen leben fast 500 Jahre nach der Reformation noch in Straßennamen weiter – etwa in der Abteistraße, dem Klosterstern, Jungfrauenthal, der Heilwigstraße oder dem Harvestehuder Weg. So reicht ihr frommes und weniger frommes Wirken bis in die Gegenwart.

*

Rosetta hatte an diesem Tag eigentlich ausschlafen wollen, aber Oertel holte sie aus ihren Träumen. Wieder ein Toter in Harvestehude. Diesmal nicht im Jungfrauenthal, sondern in der Nikolaikirche. Identischer Modus Operandi. Ob er sie abholen solle? Das Präsidium lag in Alsterdorf. Rosetta wohnte an der Schanze. Der Tatort befand sich genau in der Mitte, und Oertel hätte sich quer durch die Stadt kämpfen müssen. Also nahm sie die U-Bahn. Sie kannte die Gegend gut. Ihre Freundin Ruth wohnte in der Isestraße. Rosetta holte sie gelegentlich ab, wenn sie an der Alster spazieren gingen.

Das letzte Mal war vor nicht einmal zehn Tagen gewesen. Da hatte Ruth ihr von der rebellischen Nonne erzählt.

Rosetta sah Ruth neben sich, mit ihren vom Herbstwind geröteten Wangen. Sie kamen eben über die Krugkoppelbrücke in den Eichenpark, wo sich einst das Kloster und später die Kneipe befunden hatte, der die Brücke ihren Namen verdankte.

Ruth hatte mit dem Kinn quer über die Wiese gedeutet. »Hab ich dir von der Nonne erzählt, die da drüben geköpft worden sein soll?«

»Welche Nonne?«

»Die, der ich meinen romantischen Lieblingsplot verdanke.«

»Und der wäre?«

Ruth lächelte. »Verbotene Liebe.«

Rosetta schnalzte fragend: »Romeo und Julia?«

»Genau. Wenn du im ›Decamerone‹ oder in den ›Canterbury Tales‹ blätterst, merkst du, wie bunt das Mittelalter war.«

»Lass nicht immer so deine Bildung raushängen.«

»Grade Geistliche genossen nicht den besten Ruf. Saufen wie Priester und Huren wie Mönche war sprichwörtlich. Das galt auch für Nonnen.«

»Kein Wunder. Nicht jede träumt von Enthaltsamkeit und eignet sich zur Braut Christi. Fragt sich nur, wieso man in diesem Fall ins Kloster ging.«

»Weil man musste«, sagte Ruth.

Rosetta hob die Brauen. »Weil man musste?«

»Klar. Zweit-, dritt- und viertgeborene Söhne landeten oft im Schoß der Kirche. Um sie abzusichern. Töchter aus besseren Familien, die zu eigensinnig oder zu hässlich waren, um sie gewinnbringend zu verheiraten, steckte man auch gern dorthin.«

»Das dürfte nicht jeder geschmeckt haben.«

»Vergiss nicht, ihre Optionen waren überschaubar. Liefen sie weg, konnten sie nirgendwo hin. Selbst wenn irgendwelche Strauchdiebe sie aufnahmen, landeten sie im Elend.«

»Was war mit dieser Nonne?«

»Die verguckte sich in den falschen Kerl.«

»In wen?«

»Keine Ahnung. Vermutlich nicht in den Sohn des Gerbers, weil der zu streng roch. Eher in den Sprössling einer verfeindeten Familie. Vielleicht langweilte sie sich, und ihr Auge fiel auf den appetitlichen Ältesten des Bauern, der für die Äbtissin am Fluss Schweine hütete. Was weiß ich? Ich stelle sie mir jung und naiv vor, und so widerspenstig, wie Teenager eben sind. Jedenfalls tanzte sie aus der Reihe und brach ihr Gelübde, ob beim Kirchgang, Schweinehüten oder wo auch immer. Sie tauschte ihr Dasein als Braut Christi gegen Fleischeslust, was eine Todsünde war. Da sie aus gutem Hause stammte, wurde sie enthauptet. Das galt als milde.«

»Milde?«

»Steinigen oder Ertränken ist unangenehmer. Vor ihrem Tod soll sie den Ort verflucht haben. Da oben in dem kleinen Geviert an der Ecke zum Harvestehuder Weg gibt es eine Eiche, die weit über 400 Jahre alt ist. Die soll genau da stehen, wo sie ihren letzten Atemzug tat.«

»Ist das verbürgt?«

Ruth hatte gelacht. »Wo denkst du hin?«

Rosetta stieg am Eppendorfer Baum aus. Bis zur Nikolaikirche war es kein halber Kilometer. Am Klosterstern kam sie an dem Stolperstein vorbei, den Ruth ihr neulich gezeigt hatte. Der markierte die Stelle, an der die Gestapo im Januar 1944 den Schiffszimmer Walter Bohne erschossen hatte. Um die Ecke, im Jungfrauenthal, lag die Wohnung, in welcher der kürzlich frühpensionierte Ressortchef des Einwohnerzentralamts auf einem antiken Perserteppich gelegen hatte. Mit einem Brieföffner in der Brust. Die Wohnung war knackig geheizt und er schon mindestens vier Tage lang tot gewesen.

Bevor sie sich zu sehr an den Geruch erinnerte, atmete sie tief durch. Hinter dem Rund des Klostersterns tauchten der Bolivar-Park und die Kirche auf. Auf der rechteckigen Freifläche zwischen dem Eingang und dem verglasten Verwaltungstrakt standen zwei Einsatzwagen und das Fahrzeug der Spurensicherung.

Geistliche unter Altarbildern kommen häufiger vor, aber so wie dieser Pastor sahen sie dabei selten aus. Nicht, dass man ihn verunstaltet hätte. Es gab kaum Blut. Doch seine verdrehte Haltung und der herabgesackte Unterkiefer sprachen Bände. Sein Unterleib lag auf der Seite, die Schultern rücklings. Das Kinn war abgesackt. Der Mund stand weit offen. Halb geschlossene Augen glotzten Richtung Decke.

Rosettas Blick fiel auf den Brieföffner, der kurz oberhalb des Solarplexus aus dem Pullover ragte. Es war ein stilisierter Degen, der genauso aussah wie der Brieföffner, den der Täter neulich im Jungfrauenthal benutzt und im Opfer stecken gelassen hatte. In derselben Sekunde begriff sie, dass dieser Tote der Bruder des Bankiers sein musste, eben des Bankiers, dem Frauen die gleiche widerliche Erpressung vorwarfen wie dem Typen aus dem Einwohnerzentralamt, den sie als schlecht riechende Leiche im Jungfrauenthal erinnerte. Ihr Magen zuckte. Mitunter begreift der Körper rascher als der Verstand. Nie wieder Anchovis zum Frühstück, dachte sie. Kalte Pizza ist eine lausige Idee.

Beide Männer arbeiteten für die Berishas, beziehungsweise hatten für sie gearbeitet. Von beiden hatte sie Ruth erzählt. Ausgiebig. An jenem Abend vor gut sechs Wochen, als ihr alles bis Oberkante Unterlippe stand und sie bei Ruth ihren Frust ausgekotzt hatte.

Ihr Nacken glühte plötzlich, als hätte man heißes Wasser darüber gekippt. Oh Scheiße, dachte sie. Bitte nicht. Bitte lass Ruth nichts damit zu tun haben.

Ihr Blick floh nach oben. Da schwebte ein Mosaik. Das trug den Titel »Ecce Homines«. Oskar Kokoschka hatte es entworfen, um auf das schwarzweiße Pendant »Ecco Homo« im Chorraum des 1943 zerbombten Originals am Hopfenmarkt zu verweisen.

Die Nikolaikirche war eine der fünf Hamburger Hauptkirchen gewesen, bis sie der »Operation Gomorrha*« im Juli 1943 zum Opfer fiel. Hinterher ähnelte sie der Kathedrale von Coventry nach dem deutschen Luftangriff. Für die Gläubigen hatte man ersatzweise am Klosterstern einen

---
* Codename für die Luftangriffe im Zweiten Weltkrieg auf Hamburg

funktionalen Sakralbau errichtet, an dem Rosetta eigentlich bloß das Glasfenster über der Eingangshalle und die schiffsbugartige Orgel zusagten. Der Rest wirkte nicht bloß protestantisch nüchtern, sondern lieblos und kalt.

Rosetta fröstelte.

Der Bruder des Pastors betreute nicht nur hanseatischen Geldadel, sondern auch Kiez-Größen wie Adnan und Bashkim Berisha. Die Köpfe der Kosovo-Mafia besaßen zig Immobilien. Sie betrieben Puffs auf St. Pauli und verdienten ebenso blendend an der Unterbringung von Asylbewerbern. Bei der Vergabe der Lizenzen für ihre drei weiteren Heime hatte der Bankier eine Schlüsselrolle gespielt. Anzunehmen, dass er unterwegs dem dafür zuständigen Ressortchef des Einwohnerzentralamts begegnet war. Seine Frühpensionierung erfolgte offiziell aus gesundheitlichen Gründen. Unter der Hand munkelte man, es habe erhebliche Unregelmäßigkeiten gegeben.

Es gab zig Gründe, wieso die Berishas lästige Mitwisser loswerden wollten. Was die Ermordung des Pastors anging, so ließ sich diese als wenig subtile Warnung an den Banker-Bruder deuten. Doch Geld war meist eleganter als Mord, und obwohl die Berishas nicht immer unbedingt Wert auf Eleganz legten, benutzten sie beim Beseitigen unliebsamer Zeugen selten Brieföffner.

Genauso wichtig jedoch war eine andere Verbindung, die ebenso ein potenzielles Tatmotiv war: Sowohl der Tote im Frauenthal als auch der Bankier sollen wiederholt Frauen sexuell genötigt und misshandelt haben. Rosetta hatte die Aussagen der Zeuginnen gelesen. Sämtliche Ermittlungsverfahren waren eingestellt worden, weil die Staatsanwaltschaft sonderbarerweise nie genug Justiziables für eine Anklage zusammenbekam.

Das hatte sie Ruth haarklein berichtet, unter Bruch sämtlicher Verschwiegenheitsregeln. Darüber solle sie doch mal schreiben. Das seien die wahren Kriminalgeschichten.

Nun war ihr flau vor Angst. Bisher kannte sie die Kirche bloß von außen. Sie war selten in protestantischen Gotteshäusern, obwohl ihr Vater aus Turku* stammte. Aber da der eher Wodka als Jesus anbetete, hatte seine portugiesische Gattin die religiöse Erziehung übernommen und ihre Tochter sowie deren zwei jüngere Brüder im rechten Glauben taufen lassen.

Als Kind hatte Rosetta Kerzen und Heiligenbildchen geliebt. Spätestens seit der Firmung ihres zweitjüngsten Bruders jedoch wusste sie, dass der liebe Gott gern auch mal wegsieht. Es störte ihn nicht, wenn seine Diener vor der Messe kleinen Jungs in der Sakristei an die Wäsche gingen, um sich anschließend vor die Gemeinde zu stellen und Mäßigung zu predigen. Damals hatte sie den Gottesmann getreten und von ihrem Bruder weggezerrt. Das bescherte ihr drei Reflexohrfeigen durch die Mutter, aber weder sie noch einer ihrer Brüder hatten je wieder zu diesem Pfarrer gemusst. Dafür sorgte ihr Vater, der sich an diesem Tag ausnahmsweise einmischte und laut wurde.

Harvestehude war ein weit edlerer Stadtteil als das Viertel, in dem sie aufgewachsen war. Beruflich hatte sie hier selten zu tun. Betuchte Leute mordeten zwar auch, aber eher mit Aktienpaketen von Landminenherstellern oder Chemiekonzernen. Zu Beil oder Brieföffner griffen sie selten.

Nun war das zweimal kurz nacheinander passiert.

---

* Sitz des Erzbistums Turku der Evangelisch-Lutherischen Kirche Finnlands

Sie wandte sich an den Spurensicherer im weißen Overall, der gerade das Abkleben der Leiche vorbereitete. Der hieß Schneider und war ein alter Hase. »Und?«

»Ähnlicher *Modus Operandi* wie bei dem Typen auf dem Bucharateppich. Allerdings nicht ganz so akkurat. Diesmal hat er nicht gleich das Herz getroffen und mehrmals zustechen müssen.«

»Derselbe Täter oder eine Kopie?«

»Vermutlich derselbe. Aber da warte besser den Bericht des Gerichtsmediziners ab.«

»Todeszeitpunkt?«

»Vor mindestens 14 Stunden«, sagte Schneider. »Rigor Mortis ist voll ausgebildet.«

»Exakter geht's nicht?«

Er deutete ein Kopfschütteln an. »Frag den Gerichtsmediziner. Sobald die Autolyse einsetzt, kann er zurückrechnen.«

Sie nickte und dachte wieder an Ruth. Sie sah sie vor sich, bei ihrer ersten Begegnung im Café »Unter den Linden«.

Da war Rosetta gerade zurück aus Berlin gewesen und in die Lippmannstraße gezogen. Ihr Onkel betrieb eines der Cafés auf dem »Galao-Strich«. Er hatte ihr die Bleibe besorgt. Damals war das Viertel noch nicht so überlaufen gewesen. Nur die Punks, Penner und Parolen vor der »Roten Flora« wirkten bereits aus der Zeit gefallen. Eine vom Ordnungsamt geduldete Staffage für Touristen, die Alternativszene suggerierte, wo längst Gentrifizierung und Mietwucher tobten.

Sie war vor ihren Kartons ins Café an der Ecke geflohen. Die Kurzhaarige, die ihr schräg gegenüber saß, sah apart aus. Sie war schon grau an den Schläfen und älter als sie, wirkte sehnig und besaß helle, wache Augen. In ihren Bewegungen wohnte eine gezielte Geschmeidigkeit, die Rosetta sofort mit Kampfsport assoziierte, wobei sie eher auf Krav Maga als Aikido tippte. Was sich später als richtig entpuppt hatte.

Das Buch, das die Kurzhaarige las, hieß »Leben ohne Heimat« und war von Angelika Schrobsdorff.

Der Titel passte zu Rosettas Seelenzustand. Also warf sie ihr Herz über den Zaun und sprach die andere an. Die erzählte ihr, dass die Schrobsdorff in den 1930ern aus Berlin geflohen sei und den Krieg in Bulgarien verbracht habe, um später in Paris und Jerusalem zu leben. Ob ihr Claude Lanzmann was sage? Mit dem sei die Schrobsdorff lange zusammen gewesen.

Das kam ganz selbstverständlich, ohne die Verve, mit der andere sonst sicherstellten, dass Rosetta auch ja mitschnitt, wie sehr sie sich für durch Nazis vertriebene Juden interessierten, zumal wenn sie Rosettas Optik nicht einordnen konnten. Denn die wurde wegen ihrer grünen Augen und blauschwarzen Locken ab und zu gefragt, ob sie jüdisch sei.

Keine 14 Tage später stand die Krav-Maga-Frau in ihrem Büro. Zusammen mit Rosettas nervösem neuen Chef. Der stellte sie als Autorin vor. Rosetta solle sich um sie kümmern, weil der Pressemensch krank sei. Keine von ihnen ließ durchblicken, dass sie einander bereits begegnet waren. Sie wussten intuitiv, dass ihn das nichts anging.

Ruth schrieb Drehbücher und Romane. Sie hatte lange in den USA und eine Weile in Israel gelebt. Sie kam aus einer völlig anderen Welt als Rosetta. Weil sie das Ambiente erfahren wollte, machte sie häufiger Ortsbegehungen. So hatten ihre gemeinsamen Spaziergänge begonnen. Die waren Rosettas Privatvergnügen, aber sie genoss Ruths Art und fühlte sich mit ihr wohl. Ruth wusste viel und teilte das mit ihr. So lernte sie eine Menge. Es brachte ihr Hamburg wieder näher und erschloss ihr Ansichten, die sie noch nicht kannte. Zudem revanchierte sich Ruth mit Theater- oder Konzertbesuchen.

Rosetta war zwischen Landungsbrücken und Michel groß geworden, am Rand von St. Pauli. Mit sieben wusste sie mehr über Schlepper, Barkassen und Bruttoregistertonnen als jede andere, weil ihr Vater lange zur See gefahren war. Sie sprach ein paar Brocken Portugiesisch und fluchte auf Finnisch, doch ihre Mutter wäre nicht im Traum darauf verfallen, sie zum Ballett zu schicken oder ihrer Tochter Klavier beizubringen, so wie es Ruths Mutter getan hatte. Rosetta hatte im Haushalt mitzuhelfen und auf ihre Brüder aufzupassen. Gespielt wurde auf der Straße. Das war normal, und falls überhaupt, war sie diejenige, die den Jungs etwas vorlas. Ihre Mutter nahm keine Bücher in die Hand, und ihr Vater schnarchte entweder vorm Fernseher oder hockte in irgendeiner Kneipe. Hätte ihr die Lehrerin nicht öfters Bücher aus der Bibliothek zugesteckt und ihre Mutter bekniet, sie solle sie auf die höhere Schule schicken, würde sie noch bei ihrem Onkel Dorade servieren, so wie sie es früher nach der Schule getan hatte.

Harvestehuder Kinder segeln bei Bobby Reich, gehen reiten oder spielen Hockey. Rosetta wusste mit elf, wie man Touristen leimt, wo man wettet und wie sich die bessere Gesellschaft benimmt, wenn sie glaubt, keiner gucke hin. Einmal hatte ein Schnösel quer über den frisch gedeckten Tisch auf das Sommerkleidchen seiner Schönen gereihert. Das hatte sie tief beeindruckt, besonders wegen der wenig feinen Laute, welche die Schöne daraufhin machte.

Jetzt fühlte sie sich zum Speien. Neulich im Jungfrauenthal hatte sie der Verdacht zum ersten Mal angeweht. Sie hatte ihn sofort beiseitegewischt. Zufall, hatte sie sich gesagt. Doch mit Zufällen ist es wie mit Fehlern. Einmal ist keinmal. Beim zweiten Mal hat es System.

Sie dachte an den Abend, an dem sie über Männergewalt gesprochen hatten. Ruth hatte sich über ein Buch ereifert, das sie besprechen sollte, einen Thriller, in dem ein diabolischer Psychopath Frauen aufschlitzte. »Noch so ein Trash-Titel, der die Allmachtfantasien kranker Frauenhasser in Verlagsprofite verwandelt. Ich weiß nie, was mich mehr verstört: dass solch Schrott gedruckt wird oder die meisten Käufer weiblich sind.« Sie hob die Schultern. »Was soll ich da schreiben? Dass die Wirklichkeit weit weniger sexy ist und es fast nie schöne Leichen gibt?«

Ruths Worte trafen bei Rosetta einen wunden Punkt. Alltagspsychopathen sahen anders aus. Es waren harmlos wirkende Wichte, die zu Monstern mutierten, verschmähte Liebhaber und an archaischer Familienehre klebende Dumpfbacken. Die richteten Töchter, Schwestern und Freundinnen so zu, dass es hinterher schwerfiel, sie sich überhaupt noch als atmende, lachende Wesen vorzustellen.

Sie hatte sich das so oft ansehen müssen, dass sie mit 38 noch immer allein lebte, obwohl sie sich nach Kindern sehnte und Männer grundsätzlich anziehend fand. Gewiss gaben ihre Arbeitszeiten sozial wenig her und Dating-Portale, auf denen sich alle elf Minuten ein Single verliebt, hasste sie noch mehr als WhatsApp. Aber sie kam bei Kerlen gut an. An Gelegenheiten mangelte es nicht.

Es lag an ihr. Nach einer Tatortbegehung und dem Vernehmen irgendwelcher stumpfer Gestalten, die sich für das, was sie angerichtet hatten, oft auch noch selbst leidtaten und am Ende maximal eine Verurteilung wegen Totschlags kassierten, hatte sie nicht selten Lust, sich mit einer Gartenschere zu bewaffnen und loszuziehen. Potenzielle Anwärter gab es genug.

»Opfer werden zu Tätern, die neue Opfer produzieren, die dann wieder zu Tätern heranwachsen. Ein endloser, elender Kreislauf. Helden sind da allein die, die ausbrechen.« Rosetta trank kaum, weil sie Alkohol eigentlich verabscheute, wegen ihres Vaters und dem, was er mit Leuten anstellte. Jetzt nahm sie noch einen kräftigen Schluck. »Scheiße, ich hab mich immer für eine gehalten, die es hinkriegt. Aber das ist Müll. In Wirklichkeit verteile ich nur Pflaster.«

Ruth schüttelte den Kopf »Wie meinst du?«

Rosetta lachte böse. »Ich bescheiße mich selbst. Die wirklichen Raubtiere kriegst du auf legalem Weg nicht zu fassen. Da versagt unser Recht. Da muss jedes System versagen, das nicht zu den gleichen Mitteln greift. Manchmal kannst du Feuer nur mit Feuer bekämpfen. Wer glaubt, Böses ließe sich durch Tabus und Therapie beseitigen, schafft besser gleich die ganze Spezies ab.« Rosetta spürte den Wein in ihrem Blut, ihre Ohnmacht und Wut. »Gewaltsam gewaltfrei stiftet bloß andere und üblere Gewalt. Auf dem Ticket reisen Träumer am Paradies vorbei direkt zur Hölle. Klar, im Alltag ist es oft bloß entgleiste Kommunikation, das falsche Register, Ausdruck von Hilflosigkeit. Es fällt in die Domäne der armen Schweine, die am Sockel der Pyramide strampeln und keine andere Wahl haben. Von denen kannst du manche therapieren. Aber wer sich der irren Vorstellung hingibt, Bestien ließen sich durch Gutartigkeit bezähmen, ist schief gewickelt. Wenn du einen hungrigen Hund fütterst, beißt er dich hinterher nicht. Bei Menschen sieht das anders aus.«

»Du zitierst Mark Twain«, sagte Ruth.

»Tatsache?«

Ruth nickte. Dann fragte sie, worauf sie hinauswolle.

Rosetta zuckte die Achseln. »Schmerz-Management. Wo sich das Leid nicht beseitigen lässt, versuchst du es einzudämmen.«

»Wie?«

»Indem du die Quelle unschädlich machst.«

»Du sprichst von den Tätern?«

»Genau.«

Gegenüber Ruth konnte sie so reden. Ruth hatte in einem Land gelebt, wo ständig Raketen aus heiterem Himmel purzelten, Bomben in Bussen hochgingen und der Mann, der einem auf der Straße entgegenkam, aus dem Nichts ein Messer zücken und zustechen konnte. Krieg gehörte zu jedermanns Alltag.

Und jetzt?

Sie hatte Ruth eingeladen. Im Wissen, dass die mehr als Kampfsport beherrschte. Immerhin hatte sie zwei Jahre in der »Zahal« gedient und war weit besser darin, eine Uzi zu bedienen als Rosetta ihre Dienstwaffe. Rosetta dachte an Jimmy McNulty in »The Wire«. Der hätte an ihrer Stelle vermutlich gesagt, er sei »royally fornicated«, und darum machten ihr jetzt nicht nur die Anchovis zu schaffen. Ihr war kalt. Sie zog die Schultern zusammen.

»Alles okay?« Oertel grinste.

Rosetta galt als »taff«. Der Kollege zog sie gern damit auf. »Bestens«, sagte sie. »Ich kotz hier nur gleich über die Leiche.«

»Warte besser, bis Schneider fertig ist.« Als sie schwieg, runzelte er die Stirn. »Du bist wirklich ganz blass. Soll ich dir 'ne Tüte holen?«

»Lass stecken.«

»Sicher?«

»Absolut.«

Er wiegte den Kopf. »Mach dir nichts draus. Damit bist du nicht allein.«

Sie einigten sich, dass er sich um den Küster kümmerte, der den Pastor gefunden hatte, und sie mit den Frauen im Kirchenbüro sprach.

Sie verließ die Kirche. Rosetta nickte den Beamten zu, die neben dem Einsatzwagen froren, und ging quer übers Pflaster zu dem verglasten Verwaltungstrakt. Instinktiv wanderte unterwegs ihre Hand ans Telefon. Nach dem Freizeichen kam Ruths Mailbox. Sie zögerte. »Ich bin's«, sagte sie dann. »Wir müssen reden.«

Im Kirchenbüro traf sie auf zwei Damen. Die jüngere war Mitte 30, die ältere knapp 50. Die jüngere hatte brünette Locken und Augen mit unnatürlich tiefblauer Iris. Vermutlich trug sie Kontaktlinsen. Sie hatte geweint. Die ältere schien gefasst. Ihre schmalen Lippen und das frugale Brillengestell erinnerten Rosetta sofort an eine SPD-Politikerin. Rosetta stellte sich vor.

»Und? Was meinen Sie?«, kam es von der Älteren.

»Inwiefern?«

»Was den Täter angeht. Das kann doch kein normaler Mensch sein. Niemand bringt einen Pastor um.« Ihre Stimme klang eher aggressiv als verängstigt.

Rosetta bemühte sich um einen therapeutischen Ton. »Vielleicht können wir erst mal klären, wann Sie ihn das letzte Mal gesehen haben ...«

Beide beteuerten, ihnen sei am Vortag nichts Ungewöhnliches aufgefallen, und machten glaubhafte Angaben über ihren Aufenthaltsort zum vermutlichen Tatzeitpunkt. Der Pastor sei großzügig, gutherzig und allseits beliebt gewesen. Obwohl sie sichtlich erschüttert wirkte, übernahm die Jüngere den Großteil des Erzählens, wobei sie durchblicken ließ, welch blendendes Verhältnis sie zu ihrem Chef gehabt habe, was die Ältere mit säuerlichem Strichmund quittierte. Rosetta erfuhr, dass der Pastor mit einer Arbeit über Dietrich Bonhoeffer promoviert und als Privatdozent an der Universität gewirkt habe, bevor man ihn von seiner Pfarrstelle in Ratzeburg abberufen und zum Propst an St. Nikolai gemacht habe. Während die Brünette mit strahlenden Augen die akademischen Meriten ihres ermordeten Chefs pries, rätselte Rosetta, wo Ruth wohl steckte. Erst als die Jüngere von der Familie des Pastors sprach, war sie wieder an Deck. »Sein Vater war Professor am Universitätsklinikum. Der Bruder leitet eine Privatbank.«

Damit erzählte sie Rosetta nichts Neues. Dafür erfuhr sie jetzt, dass die Brüder zusammengewohnt hatten, in der Villa des Bankers gleich um die Ecke. Die Jüngere schilderte das Anwesen so begeistert, als habe sie es selbst eingerichtet. Offenbar war sie dort nicht bloß beruflich aus- und eingegangen. Für sie war anscheinend weit mehr auf der Strecke geblieben als ein sympathischer Chef. Zugleich fragte sich Rosetta, ob ihre Tränen ihm oder der edlen Villa galten.

Sie wechselte die Spur. »Seit wann waren Sie mit ihm zusammen?«

»Wie bitte? Wie kommen Sie denn darauf?« Die Brünette wurde tatsächlich rot.

»So gut, wie Sie über ihn Bescheid wissen, waren Sie zumindest sehr an ihm interessiert und machten sich Hoffnungen.«

Die Frau schluckte und wirkte wie ein ertapptes Mädchen. Dann warf sie trotzig den Kopf in den Nacken. »Jens und ich wollten heiraten.«

»Ach ja? Wann?«

»Nächsten Sommer.«

»Wussten Sie das?« Rosetta sah zur Älteren.

»Nein«, kam es tonlos. »Aber das erklärt so manches.«

»Was?«

Die Jüngere setzte sich auf. »Das spielt jetzt keine Rolle mehr. Aber sprich dich nur aus.«

»Glaub mir, Inga. Das willst du nicht wissen.«

»Dann brauchst du ja auch nichts anzudeuten«, schnappte die Junge.

Der Ausdruck der Älteren war wenig christlich. »Na gut: Während du dauernd zu spät kamst und zu früh gingst, durfte ich hier das Büro am Laufen halten. Und dafür musste ich mir dann auch noch von euch beiden anhören …«

Die Jüngere unterbrach sie mit einem bösen Lachen. »Wirfst du mir schon wieder deine eigene Unfähigkeit vor?« Sie wandte sich an Rosetta. »Darin ist sie gut. Stets sind andere für ihre Fehler zuständig.« Sie fuhr sich erregt durch die Haare. »Krieg dich ein, Sabine. Wer muss ständig einspringen, nur weil du wieder mit ›Evernote‹ überfordert bist? Excel-Tabellen schaffst du ja gerade noch, aber alles andere?«

Rosetta litt. Die Luft im Büro war mehr als stickig, was

nicht am Sauerstoffgehalt lag. Sie unterbrach den Streit. »Wie lange arbeiten Sie schon für die Gemeinde?«

Die Ältere tat das seit 2005. Die Jüngere war vor drei Jahren dazugestoßen.

»Und wer ist offiziell wem vorgesetzt?«

»Keine«, sagte die Jüngere.

»Ich«, korrigierte sie die Ältere, und Rosetta sah sie zum ersten Mal lächeln.

Normalerweise wäre sie geblieben und hätte an dieser Stelle nachgehakt, aber sie wollte endlich mit Ruth reden. Also machte sie es kurz, bedankte sich, bat die Frauen, sich für Fragen zur Verfügung zu halten, und floh. Draußen atmete sie tief durch.

Zunächst rief sie Oertel an. »Hast du den Küster zu fassen gekriegt?«

»Sitzt vor mir.«

»Frag ihn nach den zwei Frauen im Büro. Wie er zu ihnen steht und er deren Verhältnis untereinander einschätzt.«

»Warum?«

»Die mögen sich nicht. Die jüngere hatte was mit dem Pastor und wollte ihn angeblich heiraten.«

»Hoppla.«

»Ich will wissen: Hat er von der Affäre gewusst? Meint er, dass die ältere Kollegin auch davon gewusst hat? Wenn ja, wie viel? In genau der Reihenfolge. Kriegst du das hin?«

»Denke schon.«

»Wunderbar. Ruf mich an oder texte es mir. Ich muss gleich noch zum Bruder in der Abteistraße.«

»Willst du da allein hin?«

»Ja. Das kann dauern.« Sie killte die Verbindung und ging die paar Schritte zur Straße.

Auf der anderen Seite des Asphalts lag der Bolivar-Park. Sie blickte auf Spätherbstlaub und winterkahle Bäume. Hinter der Büste des Befreiers am oberen Ende des Hangs, auf dem Kinder bei Schnee rodelten, sah man das untere Ende der Rothenbaumchaussee und den Eingang zur U-Bahn. Eine idyllische Szene. Nur ein Stück weiter links, ein paar Steinwürfe entfernt, lag der Licentiatenberg, wo man die junge Nonne enthauptet hatte. Sie zückte ihre Zigaretten und zündete sich eine an.

Eine Sekunde lang fragte sie sich, ob und wie das Los der jungen Frau mit dem des Pastors zusammenhing und weshalb Ruth ihr die Geschichte erst neulich erzählt hatte, obwohl sie mindestens schon ein Dutzend Mal gemeinsam durch den Park gegangen waren.

Dann rief sie ihren Chef an. Der würde sich Schneiders Bericht zu Gemüte führen und mit den Resultaten aus der Gerichtsmedizin abgleichen. Was heute offensichtlich war, würde es morgen umso mehr sein. Um den Brei herumzureden brachte nichts.

»Gleiche Tatumstände wie im Jungfrauenthal. Wieder ein Brieföffner. Optisch fast identisch.«

»Verdammt, Kaukonen. Das ist eine Serie. Im vorigen Fall habt ihr immer noch nichts.« Er klang heiser. Ihren Nachnamen benutzte er nur, wenn er den Vorgesetzten raushängen ließ.

»Ja und?«

»Da wohnen lauter Promis«, stöhnte er. »Der Alte kriegt Druck von Andy und macht mir die Hölle heiß, wenn ihr nicht bald liefert.«

Andy war der Innensenator. Rosetta hatte auch Angst, aber aus völlig anderen Gründen als ihr Vorgesetzter. Im Übrigen stand das Team erst am Anfang. Weder er noch der Polizeichef hatten Grund, sich vorauseilend in die Hosen zu machen. Ihre Zigarette war durch. Sie nahm einen letzten Zug, entdeckte keinen Mülleimer und schnickte die Kippe auf die Fahrbahn.

»Wickert geht hier auch beten«, bemerkte sie.

»Wer?«

»Ulli Wickert. Der frühere Tagesthemen-Chef.«

»Was willst du damit sagen?«

»Dass die Crew klasse ist und es keinen motiviert, wenn du Stress machst.« Zwei Herzschläge lang blieb es still.

»Okay«, kam es dann. »Habt ihr wenigstens irgendetwas?«

Rosetta sah in den Himmel. »Nur vage. Der Tote aus dem Jungfrauenthal war früher bei der Behörde für Inneres und Sport. Da leitete er die Abteilung im Einwohnerzentralamt, die für die Unterbringung von Asylbewerbern zuständig war.«

Ihr Chef klang irritiert. »Was hat das mit dem Pastor zu tun?«

»Der Bruder des Pastors ist Banker«, sagte sie. »Erlesene Hamburger Gesellschaft, blaues Blut, ein echter Hanseat. Aber er legt auch das Geld von Adnan und Bashkim Berisha an und hilft ihnen bei ihren Immobiliendeals.«

»Worauf willst du hinaus?«

»Ihre Läden in der Innenstadt und die Clubs auf dem Kiez haben sie sich mit eigenem Muskel besorgt, doch ohne den Bruder des Pastors hätten sie nie die drei zusätzlichen Asylbewerberheime bekommen. Das hat der für sie eingetütet.«

»Scheiße, Kaukonen, woher hast du das?«

Das musste ihr Chef nicht wissen. »Ist mir bei einer anderen Sache untergekommen.«

»Und jetzt tippst du auf eine Verbindung zu dem Toten im Jungfrauenthal?«

»Genau«, sagte sie. »Der Pastor und der Banker wohnten im selben Haus.«

Erneut blieb es einen Moment lang still.

»Bist du noch dran?«

»Ja«, kam es dumpf.

Sie holte Luft. »Es könnte eine Verwechselung sein. Oder eine Warnung. Der Typ im Jungfrauenthal ist offenbar aus der Spur gelaufen.«

Wieder Stille. Das verhieß nichts Gutes.

»Hör zu, Kaukonen. Du weißt genau, die Berishas spielen in einer eigenen Liga. Das ist nicht unser Beritt.«

»Wenn sie Leichen produzieren, schon.«

»Trotzdem«, fauchte er. »Halt dich zurück!«

»Die Heime sind für sie nicht bloß 'ne Lizenz zum Gelddrucken, da versorgen sie sich mit frischem Personal. Hast du selbst gesagt.«

Sie hörte, wie er scharf ausatmete. »Das war so was von außerhalb des Protokolls! Ich sage dir jetzt offiziell und dienstlich, dass alles, was mit den Berishas zu tun hat, off limits ist. Verstanden? Ziehst du die Abteilung da rein, schick ich dich höchstpersönlich in die Wüste.«

»Das ist doch mal 'ne klare Ansage«, sagte sie.

»Fein«, schnaufte er. »Halt dich dran. Bis 21.00 Uhr will ich deinen Bericht.« Es summte. Er hatte aufgelegt.

Sie versuchte es bei Ruth. Wieder nur die Mailbox. Also folgte sie dem Harvestehuder Weg Richtung Alster. 80 Meter weiter bog sie an der Ecke zur Abteistraße ab. Keine Minute später wurde ihr klar, wieso die Brünette im Büro eben Tränen vergossen hatte.

Hinter einem von üppigen Rhododendren umstandenen Pflasterhalbrund sah sie das mittige Portal einer Villa aus der Gründerzeit. Der Gottesmann hatte Dank seines Bruders nobel residiert. Vielleicht hatte er im Gegenzug für dessen ramponiertes Seelenheil gebetet.

Der Klingelknopf trug keinen Namen, dafür gab es zwei Kameras. Rosetta schellte. Eine edel gestylte Weißblonde von etwa 30 Jahren in altrosa Hosenanzug öffnete ihr. Rosetta fiel auf, dass ihr Lippenstift auf die auberginefarbenen Pumps und den Armreif abgestimmt war. Vermutlich hatte das postmoderne Hausmädchen komplexe Pflichten.

Rosetta präsentierte ihren Ausweis und bat darum, den Hausherrn sprechen zu dürfen. Nachdem die Blonde sie telefonisch angekündigt hatte, führte sie sie über eine breit geschwungene Wendeltreppe in die Beletage, wo sich das Arbeitszimmer befand.

Das war weitläufig genug, um darin Fußball zu spielen, bot eine Fensterfront zum Garten und war mit teuren Antiquitäten bestückt. Der Hausherr thronte hinter einem schlachtschiffgroßen Schreibtisch. Laut Passangaben war er älter als sein Bruder, aber wirkte erst wie Ende 40. Er zeigte dezente Bräune und volles weißgraues Haar. Rosetta wusste, dass er im Vorstand mehrerer Stiftungen saß und eine bedeutende Reederei betreute, regelmäßig im Anglo-German Club speiste und auf Sylt ausspannte. Er hatte am Trinity College in Cambridge studiert und die Hamburger Privatbank, die er inzwischen leitete, in London vertreten. Seine »Liebe zu allem Britischen« bezeugte unter anderem der betagte Aston Martin von 1964, der gelegentlich edle Automobilzeitschriften zierte und vermutlich in seiner Garage döste.

»Rosetta Kaukonen«, lächelte er, während Rosetta rätselte, wie ihn irgendwer mit seiner klerikalen Verwandtschaft hatte verwechseln können. »Kein gewöhnlicher Name für eine Hamburger Polizistin. Was verschafft mir die Ehre?« Er kam nicht auf die Idee, sie zum Sitzen einzuladen.

»Ich fürchte, ich bringe schlechte Nachrichten.« Sie nahm unaufgefordert Platz. »Ihr Herr Bruder ist tot.«

Sein Gesicht erschlaffte. »Wie bitte?«

Während ihres Berichts alterte der Banker binnen Sekunden. Bis er sich räusperte. »Ich will zu ihm. Jetzt.« Seine Hände packten die Lehnen.

»Tut mir leid. Das geht nicht. Die Forensik ist noch am Tatort.«

»Ich bin sein nächster Angehöriger. Das können Sie mir nicht verwehren!«

»Warten Sie besser bis morgen.«

»Es sind nur ein paar Schritte. Gehen wir gemeinsam rüber.« Seine Stimme verriet eher Schmerz als Empörung. Wäre er nicht der gewesen, der er war, hätte er ihr leidgetan. Die Blonde, die stehen geblieben war, meldete sich.

»Soll ich Dr. Stürzenbecher anrufen? Der kann sich an den Innensenator wenden.«

»Danke. Das mach ich selbst.« Er langte nach dem Telefon.

Rosetta hob beschwichtigend beide Hände. »Bitte. Ersparen Sie sich das. Um Ihretwillen. Ich versichere Ihnen, die Kollegen gehen respektvoll mit ihm um. Lassen Sie sie ihre Arbeit machen.«

»Was heißt das?« Blondies Stimme hatte etwas Schrilles.

Rosetta sah sie direkt an. »Dass der Anblick eines Toten mit voll ausgeprägter Leichenstarre nicht schön ist.«

Das wirkte. Dann fragte sie, wann er seinen Bruder zuletzt gesehen habe. Er musste sich erneut räuspern. »Ich wähnte ihn bei seiner Bekannten. Da übernachtet er gelegentlich. Wir teilen zwar ein Haus, aber sehen uns nicht jeden Tag.«

Sie wandte sich an die Blonde. »Und Sie?«

Die tauschte einen kurzen Blick mit dem Banker. »Gestern früh.«

»So gegen halb zehn, als er das Haus verließ.«

Der Rest war Routine. Rosetta hielt sich an die Vorgabe ihres Chefs und ließ keine Silbe über die Berishas fallen. Allerdings erwähnte sie den Toten im Jungfrauenthal. Den kannte der Banker zwar, aber falls ihn dessen Ableben verstörte, wusste er es gut zu verbergen. Rosetta erklärte, was zu erklären war, bot Unterstützung an, bedankte sich und hinterließ ihr Kärtchen. Nach außen hin wirkte sie ruhig. Innerlich kochte sie.

Erst als sie wieder an der frischen Luft war, fielen ihr die Frauen aus dem Büro ein. Nach denen konnte sie sich später erkundigen. Jetzt war Ruth wichtiger.

Sie spürte ihre Wut auf die Selbstgefälligkeit dieses Mannes. Zugleich war sie zornig auf sich selbst. Weil sie sich an dem Abend mit Ruth so hatte gehen lassen. Sonst trank sie fast nie. Doch sie war lausig drauf gewesen und hatte den Wein noch in sich hineingeschüttet, als ihr längst übel war und sie würgen musste. Sie entsann sich des Ekels, der in ihr gewütet hatte, als sie Ruth Einzelheiten aus Vernehmungsprotokollen schilderte und die Entwürdigung der Opfer vor ihr ausbreitete. Ihren Zorn über die Art, wie die Justiz die Klagen und Vorwürfe der Frauen abwies. Das System schützte seine Handlanger. Es ließ sie gewähren. Sie blieben unbehelligt, egal, ob sie sich von Kriminellen kaufen ließen oder an Schwächeren vergingen. Die Staatsanwaltschaft gab sich hilflos und weigerte sich, den Abteilungsleiter auch nur nachdrücklich zu befragen oder die Reputation des Bankiers ernsthaft in Zweifel zu ziehen. Sie verteidigte zwei Monster, die zutiefst sexistisch, korrupt und verkommen waren.

Rosetta nahm den kürzesten Weg. Es brannte ihr auf der Seele. Doch was da brannte, war vor allem Scham.

Ruth wohnte im unteren Ende der Isestraße, wo man auf die Bootshäuser am Kanal und Eppendorf blickte. Der Volksmund hatte die drei Abschnitte der Straße früher in Ise-, Miese- und Fiesestraße unterteilt. Ruth lebte in dem Teil, der am nächsten zur Heilwigstraße lag. Die Witwe eines Psychiaters vermietete ihr anderthalb Zimmer mit Balkon zum Wasser hin.

In der Isestraße hatte es kaum Bombentreffer gegeben. Die Häuserzeilen ehrwürdiger Etagenhäuser mit niedlichen Vorgärten stammten aus dem ersten Jahrzehnt des letzten Jahrhunderts. Nirgendwo in Hamburg fanden sich schönere Ensembles intakter Jugendstilfassaden. Als Rosetta das Treppenhaus betrat, beeindruckten sie weißgrauer Carrara-Marmor und die endlose Flucht zweier gegenüberliegender Wandspiegel.

Ruth wohnte im vierten Stock. Rosetta nahm den antiken Aufzug, der in einem schmiedeeisernen Käfig mittig zwischen den Treppen nach oben ruckelte.

»Rosetta!« Ruth stand in der Wohnungstür. Als sie der erfreute, überraschte Ausdruck auf dem Gesicht der Freundin traf, dämmerte es Rosetta: Ruth hatte ihre Nachricht noch gar nicht abgehört. Im selben Moment spürte sie tiefe, erschrockene Erleichterung. Sie hatte falschgelegen. Ruth mochte alles Mögliche sein, gewiss auch eine, die zu kämpfen verstand. Aber mit dem Tod dieser zwei Männer hatte sie nichts zu tun. Die Ohnmacht und der Hass, die sie in jener Nacht gebeutelt hatten, war weit unter Ruths Würde. Allein der Gedanke schien ihr nun absurd. Wie hatte sie ihr das nur unterstellen können? Mit einem Mal fühlte sie sich entsetzlich klein.

»Was ist los, Kindchen?«, kam es besorgt. Immer, wenn es Rosetta nicht gut ging, nannte Ruth sie Kindchen.

Rosetta fiel ihr um den Hals, dann, Minuten später, beim Tee, beichtete sie es ihr. Anfangs suchte sie noch die Contenance zu wahren, es diplomatisch zu verpacken, rang um Worte, bis sie sich schließlich einen Ruck gab und auspackte. Bis ins letzte schäbige Detail. Es war nicht einfach, und sie wusste, dass es sie möglicherweise die Freundschaft kostete, aber es war das einzig Richtige. »Ich fürchte, ich hätte dich dazu angestiftet«, schloss sie. »Und nun sitze ich hier und bin wie erlöst und zugleich ganz erschrocken über mich. Darüber, dass ich das hab überhaupt denken können.« Sie griff nach Ruths Hand. »Entschuldige. Bitte, verzeih mir, wenn du kannst.«

Ruth zog langsam ihre Hand weg. »Du brauchst dich nicht zu entschuldigen.« Sie sah an Rosetta vorbei aus dem Fenster, griff nach ihrer Tasse und trank einen Schluck. »So ganz falsch lagst du gar nicht.«

Rosetta war verwirrt. Die seltsame Tonlosigkeit in Ruths Stimme ließ ihr einen Frostschauer über den Nacken rieseln. In dem Moment brummte ihr Handy. Es war Oertel.

»Ich hab sie festgenommen«, kam es.

»Wen?«

»Sabine Wiesner. Die Frau aus dem Kirchenbüro, nach der ich mich erkundigen sollte.«

»Langsam …« Rosetta schluckte.

»Der Küster hat mir alles bestätigt, was du von ihm wissen wolltest«, frohlockte Oertel. »Dann sagt er auf einmal, sie sei früher mit dem Pastor zusammen gewesen.«

»Wer?«

»Na, die Wiesner, wer sonst? Er meint, sie sei seine Herzallerliebste gewesen. Bis die Junge auftauchte. Da sei sie von jetzt auf gleich abgemeldet gewesen.«

»Unfassbar. Wie einfallslos ist das denn?«

»Ziemlich«, lachte Oertel. »Jedenfalls dürfte es eine fette Kränkung für sie gewesen sein, und als der Idiot ihr dann auch noch brühwarm unterbreitet hat, dass er die andere zu heiraten gedenkt, ist sie durchgedreht.«

»Woher weißt du das?«

»Weil sie es mir erzählt hat.«

»Wie bitte?«

»Ich bin nach dem Plausch mit dem Küster sofort ins Kirchenbüro und hab sie mit dem konfrontiert, was ich von ihm wusste. Eigentlich wollte ich sie bloß vorladen. Aber da hat sie gleich gestanden.«

Rosetta hielt sich den Kopf. »Warte. Und der Typ im Jungfrauenthal?«

Oertel schnalzte. »Von dem hat sie nie was gehört.«

»Was ist mit dem Brieföffner? Wie ist sie darauf gekommen? Von dem stand doch nie was in der Zeitung?«

»Zufall.«

»Wie?«

»Den hat sie von einem Trödler am Lehmweg. Bei dem steht eine ganze Kiste mit den Dingern. Aus Resten einer Lagerauflösung.«

Der Lehmweg lag keinen Kilometer von den zwei Tatorten entfernt, auf der Eppendorfer Seite des Isebekkanals.

»Verstehe ich dich richtig, Oertel? Das heißt, der andere Täter könnte sich da auch mit dem Mordwerkzeug eingedeckt haben?«

»Richtig.«

»Sauber.«

»Danke. Wo steckst du gerade?«

Rosetta sah Ruth an. »Bei einer Freundin, von der ich mir einen Tipp erhoffte. Ich brauch hier noch etwas. Du kannst schon vorfahren.«

»Okay. Bis gleich.«

Ruth hatte die Hälfte mitgehört. Rosetta ergänzte in drei Sätzen den Rest.

»Glückwunsch«, lächelte Ruth. »Einen der Morde hast du jedenfalls aufgeklärt.«

»Nur einen?« Rosetta sah sie an.

Ruth zuckte die Achseln. »Für den zweiten bräuchtest du ein Geständnis.« Ihr Blick glitt ab und wanderte aus dem Fenster. »Das kriegst du von mir nicht, weil es uns beide belasten würde.«

Es blieb zwei Lidschläge lang still. Bis Rosetta den Kopf schüttelte. »Warum?«

Ruths Augen kehrten zu ihr zurück. »Das weißt du besser als jede andere.« Sie lächelte sanft. »Ich hab dir nie erzählt, wann und wieso ich mit Krav Maga angefangen hab, oder?«

»Nein«, sagte Rosetta taub. »Aber ich kann's mir denken.« Sie erhob sich und ging zur Tür. Dort blieb sie kurz stehen und sah sich um. »Danke für den Tee.«

Ruth schloss kurz die Augen, spitzte die Lippen und wiegte leicht den Kopf. »Ich werde unsere wunderbaren Spaziergänge vermissen.«

»Damit bist du nicht allein«, sagte Rosetta nur.

Als sie in den langen düsteren Flur zur Wohnungstür trat, brannte ihr Ruths Blick im Nacken. Ihre Beine fühlten sich so schwer und unsicher an wie die einer alten Frau. Zugleich durchzuckte sie die Einsicht, dass sie in diesem Moment genau das spürte, was die junge Nonne damals gespürt hatte, bei ihrem letzten Gang.

3 | TEUFLISCHE LIST

VON ALEXA STEIN

Den Namen verdankt die Teufelsbrück einer alten Legende: An der Furt, wo heute die Elbchaussee die Flottbek überquert, verunglückten immer wieder Fuhrwerke in dem düsteren Gelände. Man nahm an, dass es dort »mit dem Teufel zuginge«. Daraufhin wurde ein Zimmermann beauftragt, eine Brücke über den Bach zu bauen. Dieser nahm für den Bau die Hilfe des Teufels in Anspruch und versprach ihm dafür die Seele des ersten Lebewesens, das über die Brücke gehen würde.

Nachdem der Pfarrer aus Nienstedten am Tag der Einweihung die Brücke gesegnet hatte und sie betreten wollte, wurde ein Hase von der Menge aufgescheucht und lief als Erstes über die Brücke.

※

»… denn der Teufel kommt zu euch hinab und hat einen großen Zorn und weiß, daß er wenig Zeit hat.« (Offenbarung des Johannes)

Dicke schwarzviolette Wolken zogen über die Elbe heran, badeten sich im Licht der untergehenden Sonne. Lukas stand auf der Teufelsbrück, die nun ein Schiffsanleger war, und blickte zum oberen Teil des Anlegergebäudes hinauf. Seine Erinnerungen an diesen Ort waren, gelinde gesagt, nicht die besten.

»Restaurant Engel«, stand auf dem Schild neben der Treppe. Der Engel auf der Teufelsbrück. Niemand außer ihm ahnte wohl, dass dies mehr als ein Wortspiel war.

Es hatte Lukas einige Mühe gekostet, ihn aufzuspüren. Er sollte wohl eher »sie« sagen. Denn seine menschliche Gestalt war eindeutig weiblich. Heute wie damals.

Dass sich ausgerechnet hier alles entscheiden sollte, machte ihn wütend. Offenbar war sie sich sicher, dass sie ihn ein zweites Mal reinlegen konnte. Obwohl es inzwischen über 300 Jahre her war, ärgerte es ihn noch immer. Er war sich seiner Sache sicher, die Seele des Pastors war so gut wie sein gewesen. Hätte sie sich nicht eingemischt und diesen vermaledeiten Hasen aufgescheucht, wäre es genau so gekommen. Er hatte sie unterschätzt. Diesmal würde ihm das nicht passieren. Durfte ihm nicht passieren. Zu viel stand auf dem Spiel. Für ihn und für die gesamte Menschheit, nur dass diese nichts davon wusste.

Gerade als sich die Sonne noch einmal durch die Wolken schob und letzte goldglühende Streifen ihres Lichts auf dem dunklen Wasser flimmerten, öffnete sich die Restauranttür. Eine Frau trat auf den kleinen Steg über der Elbe, der das Restaurant umgab. In der Hand hielt sie ein aufgeschlagenes Buch. *Das* Buch, wie er vermutete. Ein gequältes Grinsen stahl sich auf Lukas' Gesicht. Aus seiner Perspektive kam es der Beschreibung in der Offenbarung des Johannes sehr nahe. Der Engel, der mit einem Bein auf dem Land, mit dem anderen auf dem Wasser stand, das kleine, aber gewichtige Buch in der Hand.

Lukas ging ein paar Schritte auf das Restaurant zu und rief nach oben: »Gute Inszenierung. Sicherlich hast du nur deswegen diesen Ort gewählt?«

Jetzt sah die Frau von dem Buch auf und blickte scheinbar überrascht zu Lukas hinunter.

Ein Bild reinster Unschuld. Dabei weiß sie längst, dass ich hier stehe, dachte Lukas. Das Ende der Welt sollte sicherlich ein perfektes Schauspiel werden, bis ins kleinste Detail durchdacht. Natürlich sollte auch er seine Rolle darin haben, nur dass Lukas mit dieser Rolle alles andere als einverstanden war.

»Hast du etwas anderes angenommen?« Sie strich sich die wehenden goldenen Locken aus dem Gesicht und schritt die Treppe hinunter.

Lukas verschränkte die Arme und gab sich gelangweilt.

»Jedenfalls«, sagte sie, »befanden wir dieses Setting durchaus des letzten Aktes für würdig. Du nicht?«

Lukas zuckte mit den Schultern.

Sie deutete auf das Restaurantschild. »Den Namen trug es übrigens schon, bevor wir es übernommen haben.«

»Ach so, na dann …«

»Welchen Namen trägst du im Augenblick, wenn wir das erfahren dürften?«, fragte sie.

Diese ständige Wir-Form war auch so eine Sache, die Lukas höllisch auf den Senkel ging. »Lukas Schmidt.«

»Lukas? Der ins Licht Geborene?« Sie zog diesmal in echter Verwunderung die Augenbrauen nach oben.

»Ja, oder hättest du Jesus passender gefunden?«

»Deine Blasphemie wird dir bald vergehen.«

»Ach ja, meinst du?«

»Es geht nicht um Meinungen. Es steht geschrieben.«

»Deinem Boss ist es diesmal also wirklich ernst.«

»Du weißt, dass wir diese Bezeichnung nicht schätzen. Doch ja, es ist bestimmt.«

»Wieso seid ihr euch eigentlich so sicher, dass es bei einem neuen Versuch besser werden wird als beim ersten? Ich meine, die Menschen sind so, wie euer Boss sie erschaffen hat.«

»Der Allmächtige«, verbesserte sie ihn. »Und es war kein Versuch. Aber eben nur die Besten unter den Menschen werden ins ewige Paradies berufen. Diejenigen, die deinen Versuchungen widerstanden haben.« Sie klopfte mit dem Zeigefinger auf das Buch. »Sie sind die Auslese.«

»Hast du denn alle Namen komplett?«, fragte er und versuchte, möglichst gelangweilt zu klingen.

Sie lächelte fast ein wenig frivol. Mit Keuschheit hatte der Anblick dieses Engels nichts zu tun. Selbst der Himmel ging offenbar mit der Zeit.

»Das werden wir gerade dir offenbaren«, sagte sie.

»Schade, ich dachte, um der alten Zeiten willen. Du schuldest mir was, findest du nicht?«

Jetzt lachte sie aus vollen Herzen. »Humor hast du.«

Lukas zeigte nach oben zu dem Lokal. »Was gibt es denn beim ›Engel‹ Schönes auf der Karte? Ich hoffe mehr als Hostien und billigen Rotwein.«

»Komm und sieh selbst.«

»Oh, darf ein Engel den Teufel zum Essen einladen?«

»Von einladen war nicht die Rede.«

Lukas bestellte Seeteufel und Weißwein. Während er aß, sah er auf die Elbe hinab und überlegte. Wie viel Zeit blieb ihm? Nun, das hing wohl davon ab, wie viele

Namen im Buch des Engels noch fehlten. Er konnte sich nicht vorstellen, dass sie alle zusammen hatte, sonst wäre sie nicht so entspannt. Stehen erst einmal alle Namen derer fest, die das Fiasko überleben sollten, gab es einen straffen Zeitplan. Zu straff, um noch irgendetwas daran zu drehen.

Er winkte dem Kellner, bezahlte und verließ das Lokal in Richtung Elbchaussee. Er brauchte sich nicht umzusehen, um zu wissen, dass sie ihn beobachtete. Kurz hob er die Hand zum Gruß und ging zügig weiter. Erst als er auf der anderen Seite das Jenisch Haus erreicht hatte, blieb er stehen. Es war längst dunkel, der Park geschlossen, dennoch sah er sich um, bevor er in die Hocke ging, sich zwischen zwei Büsche drückte und scheinbar verschwand. Würde jetzt jemand vorbeikommen, würde er lediglich einen schwarzen Kater sehen, der sich mit der rauen Zunge durch das glänzende Fell fuhr, ehe er Richtung Elbe davontrottete und sich in der Nähe des Restaurants hinter einer Mülltonne niederließ. Trotz seiner neuen Gestalt musste Lukas vorsichtig sein, Engel hatten nicht nur ein feinfühliges Herz, sondern auch eine feine Nase. Und er konnte sich waschen, so viel er wollte, der Schwefelgeruch war nun mal sein Markenzeichen.

Mehr, als sie im Auge zu behalten, konnte er momentan nicht tun. Das Naheliegendste war natürlich, das Buch zu stehlen. Das hatte er bereits vor geraumer Zeit getan. Genutzt hatte es ihm nichts.

Er hatte es weder vernichten noch öffnen noch sonst etwas damit anfangen können. Und als er das Buch nur einen Moment aus den Augen gelassen hatte, war es verschwunden. Einfach so.

Der Elbschlosskeller, seine Stammkneipe am Hamburger Berg, war gut besucht, als Lukas sie gegen Morgen betrat. Die meisten Gesichter waren ihm vertraut, und den einen oder anderen hatte er in der Vergangenheit für seine Zwecke eingespannt. Kneipen waren ein wunderbarer Ort, wenn man nach schwachen Seelen suchte, und diese hier hatte rund um die Uhr geöffnet, sieben Tage die Woche, wer brauchte da noch ein Zuhause? Was sollte er auch in seiner Wohnung, die er eigentlich nur anstandshalber besaß. Weder bekam er Post, noch brauchte er Schlaf. Im Gegensatz zu Menschen oder Engeln war es ihm nicht vergönnt zu ruhen. Dies war eines der wenigen Dinge, um die er die Sterblichen beneidete. Er stellte es sich himmlisch vor zu schlafen und zu träumen, aber etwas Himmlisches kam für den Teufel natürlich nicht infrage.

Er bestellte an der Bar eine Flasche Korn und steuerte auf einen der hinteren Tische zu. Sie waren alle besetzt, doch es kostete ihn nur einen Blick, und die Gäste erhoben sich von ihren Plätzen, ohne zu wissen, warum sie es auf einmal sehr eilig hatten, das Lokal zu verlassen.

Lukas kippte zwei Kurze und zündete sich eine Zigarre an. Um sicher zu sein, wie es um die Welt stand, musste er einen Blick in dieses Buch werfen. Er blies dicke Rauchwolken in die stickige Luft und sah einer Frau zu, die mit geschlossenen Augen und fahrigen Bewegungen vor der Theke tanzte. Auch sie war hier zu Hause.

Warum sollte er nicht jemand anderen diese Arbeit erledigen lassen? Schließlich war er der Meister der Manipulation. Und er hatte bereits einen Probanden im Auge. Dieser saß nur wenige Meter von ihm entfernt an der Bar und starrte mit trübem Dackelblick vor sich hin. Lukas kannte ihn schon eine Weile. Er war genau der Typ arme Seele, auf die Engel standen, besonders der, auf den es im Augenblick ankam. Der arme Tropf, der damals die Teufelsbrück bauen musste und das nur dank seiner teuflischen Mithilfe auf die Reihe gebracht hatte, war vom selben Kaliber gewesen. Jung und voller Ideale. Reinen Herzens, aber ehrgeizig und von dem Wunsch nach Anerkennung geradezu besessen.

Lukas griff sich sein Glas und die Flasche, dann stand er auf.

»Darf ich?«, fragte er und deutete auf den Barhocker neben dem Typen.

Der blickte kurz auf, nickte und starrte wieder in sein leeres Glas. Ohne zu fragen schenkte Lukas ihm ein und prostete ihm zu.

»Probleme?«, fragte Lukas scheinheilig. Natürlich hatte der Typ Probleme, mehr, als er verkraften konnte.

Wieder nickte der Typ, diesmal blieb sein Blick an Lukas haften, der sich auf den Barhocker neben ihm schob. »Es ist ziemlich scheiße, von allen im Stich gelassen zu werden, nicht wahr?« Lukas sah ihm tief in die Augen. Er spürte nicht den geringsten Widerstand. Die Hoffnungslosigkeit und der Alkohol servierten ihm die Seele des Typen auf einem Silbertablett. Lukas würde leichtes Spiel mit ihm haben.

Lukas hatte sich am Ufer unterhalb des Restaurants in die Büsche verkochen. Nicht nur wegen der Unauffälligkeit, sondern auch wegen der guten Ohren hatte er sich erneut für den Körper einer Katze entschieden. Es hatte gerade mal einen Tag gedauert, bis der Typ auf seine Wünsche eingegangen war. So konnte er jetzt zufrieden verfolgen, was sich auf der Terrasse des »Engel« abspielte.

Der Typ saß auf dem Geländer und starrte in die Elbe. Nur wenige Sekunden dauerte es, und der Engel trat aus dem Restaurant und näherte sich ihm vorsichtig.

»Nichts auf der Welt kann schlimm genug sein, um das Gottesgeschenk des Lebens wegzuwerfen.«

Der Typ schluchzte, sein Körper bebte und er wäre fast vom Geländer gerutscht.

Lukas hielt kurz die Luft an, der Typ fing sich wieder. Gut so, denn er brauchte ihn noch. Das ganze Manöver hatte schließlich einen Zweck.

Während der Engel den Geretteten mit rein nahm, legte Lukas sich auf die eingerollten Vorderpfoten und wartete.

Das gesamte Personal und sogar einige Gäste waren bereits gekommen, als der Typ den Laden endlich wieder verließ.

»Und?«, fragte Lukas, nachdem er ihn eingeholt und sich wieder in einen Menschen verwandelt hatte, doch der Typ lächelte ihn mit verklärter Miene an.

»Das Buch … Wie viele Namen fehlen noch?«

»Namen?«

Gut, dachte Lukas, dann eben auf die harte Tour. Er beugte sich nach vorn, seine Augen begannen zu funkeln, als loderten Flammen daraus hervor. Mit tiefer, Ehrfurcht gebietender Stimme wiederholte er: »Wie viele Namen fehlen?«

»Zwei. Zwei Zeilen sind noch unbeschrieben.«

Lukas löste abrupt seinen Blick und der Typ taumelte rückwärts.

Bei allen verdammten Seelen. Dass es bereits so knapp war, damit hatte er nicht gerechnet.

»Sind Sie sicher?«

»Ja, sie hat es mir selbst gezeigt.«

Wie, sie hat es ihm gezeigt? Lukas überlegte noch, ob der Typ es wagte, ihn reinzulegen, als er hinter sich jemanden hörte.

»Lukas, Lukas. Du hast nicht wirklich geglaubt, dass wir nicht wüssten, dass du dahintersteckst.«

Der Engel stand wenige Meter hinter ihm, lässig an einen Baum gelehnt. Sie trat näher und schnippte mit den Fingern. Der Typ sah sie einen Moment lang an, dann fuhr er sich mit den Händen durch das Gesicht und eilte davon.

»Keine Angst«, sagte sie, »er wird sich an nichts erinnern. Und er wird sich nichts antun, falls dich das interessiert.«

»Dann ist das mit den zwei Namen ein Fake?«

»Nein, das ist es gewiss nicht. Eigentlich, um genau zu sein, ist es nur noch ein Name. Denn der vorletzte der Auserwählten hat seine Prüfung bereits bestanden. Gib endlich auf. Selbst der Teufel muss letztendlich einsehen, dass er gegen den göttlichen Plan nichts zu bewirken vermag.« Mit diesen Worten drehte sie sich um und ging zurück ins Restaurant.

Lukas blieb ruhig stehen, aber innerlich bebte er so sehr, dass der Asphalt unter seinen Füßen aufbrach. Er musste sich beherrschen. Wenn er die Kontrolle verlor und wütend wurde, würden Dinge passieren, die nicht hilfreich waren. Er musste besonnen handeln, so schwer ihm dies fiel.

Und er musste verhindern, dass das Buch gefüllt wurde. Jetzt, da nur ein Name fehlte, durfte nichts mehr schiefgehen.

»Hey, halt. Warten Sie«, rief Lukas dem Typen hinterher, der sich umdrehte und ihn ansah, als hätte er ihn nie zuvor gesehen.

»Hat sie irgendeinen Namen erwähnt?«

Der Typ runzelte die Stirn. »Welchen Namen? Ich weiß nicht, wovon ...«

»In dem Restaurant, in dem Sie gerade waren.«

»Ich war in keinem Restaurant.«

Lukas trat nah an ihn heran und sah ihm tief in die Augen, aber es lag nichts darin als reine Unschuld. Der Engel hatte ganze Arbeit geleistet. Zum Himmel noch mal.

In seiner Lieblingskneipe orderte Lukas zwei Flaschen Korn. Die erste leerte er in einem Zug. Aber es beruhigte ihn kein Stück, im Gegenteil, Alkohol hatte auf ihn in etwa die Wirkung wie Kaffee auf Sterbliche. Nervös trommelten seine Finger auf der Tischplatte und hinterließen runde geschwärzte Löcher darauf.

Wenn der Engel die Wahrheit gesagt hatte, musste Lukas sich ranhalten. Wovon allerdings nicht unbedingt auszugehen war, denn entgegen der weitläufigen Meinung konnten Engel sehr wohl lügen. Zudem war sie ihm einfach zu gelassen. Sie musste sich ihrer Sache wirklich sehr sicher sein.

Lukas zündete sich eine Zigarre an und ließ seinen Blick über die restlichen Besucher schweifen. Keiner von ihnen würde das bevorstehende Ereignis überstehen, so viel war sicher. Und sosehr er sich dagegen sträubte, dieser Gedanke verursachte ihm irgendwie Magengrummeln.

Den ganzen Tag war er als Katze dem Engel hinterhergeschlichen oder hatte sie als Rabe von weit oben beobachtet. Doch sie tat nichts, was ihn hätte weiterbringen können. Inzwischen war es Abend, und der Engel hatte gerade das Restaurant betreten. Lukas atmete tief durch, er musste da hinein, ohne dass sie ihn bemerkte, es half nichts.

Im Grunde hatte er nichts dagegen, sich in Tiere zu verwandeln. Ein stolzer Kater, ein zähnefletschender Dobermann, ein kluger Rabe. Alles okay. Nur das, was er jetzt brauchte, war wirklich unter seiner Würde.

Wenn es wenigstens eine fette, eklige Schmeißfliege hätte sein können, dachte er, während er durch ein gekipptes Fenster schwirrte. Aber die wäre in einer Küche viel zu auffällig gewesen. Nein, einzig als unscheinbare Fruchtfliege hatte er die Chance, unentdeckt zu bleiben.

»Irgendwie riecht es komisch?« Eine der Küchenhilfen rümpfte die Nase, während der Koch weiter Fisch filetierte.

»Der Fisch?«

»Ne, eher wie faule Eier.«

»Ich riech nichts.« Die Küchenhilfe schnüffelte noch einmal, dann vertiefte sie sich wieder in den Salat, den sie in einer großen Spüle wusch.

Lukas seufzte entnervt. Jetzt war er kleiner als ein Stecknadelkopf, aber sein Schwefelgeruch haftete wohl immer noch an ihm. Als endlich der Engel aus seinem Büro kam, flog Lukas in weitem Bogen an ihr vorbei, gerade noch rechtzeitig, ehe sich die Bürotür schloss.

Das Buch lag auf dem Tisch, allerdings war es zugeschlagen, wäre ja auch zu schön gewesen. Es war zum Verrücktwerden, dabei wollte er etwas, was eigentlich die Aufgabe von denen wäre. Nämlich Menschen vor dem Untergang zu retten, dachte Lukas und setzte sich auf eine der Orchideen am Fenster.

Es kam ihm wie die halbe Ewigkeit vor, bis sich die Tür öffnete. Der Engel ging von der Tür direkt zum Schreibtisch. Weder schnupperte sie, noch sah sie sich um. So weit, so teuflisch.

Sie setzte sich und holte aus der Schublade ein kleines goldenes Kreuz und einen goldenen Füllhalter. Den Füller legte sie auf den Schreibtisch neben das Buch, das Kreuz nahm sie in beide Hände und beugte ihren Kopf darüber.

Endlich, darauf hatte Lukas gehofft, diese Engel gaben sich immer selbstbewusst, aber sie erledigten keinen Handschlag, ohne sich vorher bei ihrem Chef abzusichern. Mit Glück würde gleich der letzte Name fallen, dachte er und flog dichter an sie heran, stets darauf bedacht, nicht in ihrem Blickwinkel aufzutauchen.

Das Einzige, was er noch mitbekam, war »Amen«.

Verdammt. Er wollte sich gerade wieder zurückziehen, als sie nach dem Buch griff und es aufschlug.

Während sie den goldenen Stift zur Hand nahm, blätterten sich die Seiten des Buches von selbst um. Seite für Seite, es dauerte eine ganze Weile.

Schließlich war nur noch eine Seite übrig. Und darauf nur zwei freie Zeilen, von denen sie nun die vorletzte mit einem Namen füllte. Sie hatte nicht gelogen, so viel stand fest. Jetzt fehlte nur noch ein Proband, dann hätten sie genug Schäfchen für ihre neue Welt gesammelt, die alte würde verschrottet werden und er mit ihr.

Sie klappte das Buch so schnell zu, dass der dadurch verursachte Windstoß Lukas vom Tisch fegte. Benommen und nach Luft japsend lag er auf dem Teppich.

»Oh, endschuldige, das wollten wir nicht. Noch nicht«, sagte sie und sah zu ihm hinunter. »Deine Aufgabe ist ja noch nicht erfüllt.«

Lukas richtete sich auf und verwandelte sich in seine menschliche Gestalt.

Sie lehnte sich zurück und sah ihn fast mitleidig an.

»Willst du es nicht endlich akzeptieren. Die Zeit dieser Welt ist vorbei und damit auch die deine. Du kannst nichts daran ändern.«

»Wieso tust du das?«

Diese Frage schien sie ein paar Sekunden aus dem Konzept zu bringen.

»Nun, es steht geschrieben. Es war von Anbeginn bestimmt.«

»Das ist Bullshit. Wie kann man was erschaffen, schon in der Gewissheit, dass man es eh wieder zunichtemacht. Ich meine, damit seid ihr nicht besser als ich. Im Gegenteil.«

Jetzt wurde sie wütend, etwas, was bei Engeln wirklich selten vorkam. Vielleicht konnte er sie aus der Reserve locken, es war zumindest einen Versuch wert.

»Wie kannst du es wagen, dich mit Gott zu vergleichen«, schrie sie ihn an. »Er hat nicht nur die Menschen, sondern auch dich erschaffen. Es geht nicht darum, etwas zu zerstören, sondern die Besten auszulesen, um sie in das ewige Paradies zu geleiten.«

»Ihr macht es euch schön einfach. Ohne mich züchtet ihr nur noch einfältige Schäfchen heran. Ohne Versuchung ist das Ganze ja wohl reines Puppentheater. Wie kannst du dir überhaupt sicher sein, ob er *euch* dann noch braucht?«

»Es steht weder dir noch uns zu, am großen Plan zu zweifeln.«

»Hohles Gewäsch. Gib wenigstens zu, dass du selbst keinen blassen Schimmer hast, was das Ganze soll.«

Zu seinem Ärger fand sie zu ihrer Beherrschung zurück.

»Aus dir spricht Neid und Rachsucht.«

»Neid? Ich wüsste nicht, worauf.« Lukas lachte verächtlich. »Nein, dass ich bei euch rausgeflogen bin, war das Beste, was mir je passiert ist.«

Lukas hatte genug. Es machte keinen Sinn, weiter mit ihr zu diskutieren.

»Neid darauf, dass deine Zeit vorüber ist, die unsrige hingegen erst kommen wird. Bald kommen wird!«, rief sie ihm hinterher, als Lukas aus dem Büro stapfte und das Restaurant verließ.

Der Barmann warf Lukas einen reichlich verstörten Blick zu, als er im Stehen an der Theke die erste Flasche Korn in einem Zug leerte. Die hatte er sich verdient. Die zweite nahm er mit an seinen Tisch.

Sobald diese letzte Zeile gefüllt war, würden die Posaunen anfangen zu blasen. Das würde nicht nur eine schreckliche Kakophonie werden, sondern auch das unwiderrufliche Ende einläuten. Zuerst musste sie allerdings den letzten der Auserwählten aufsuchen und ihn einer letzten Prüfung unterziehen. Spätestens in diesem Moment musste Lukas dabei sein. Wenn er den Namen kannte, würde er es hinkriegen, bisher hatte er noch jeden geknackt.

Na ja, zumindest die meisten. Immerhin waren selbst Päpste seiner List und seinen Intrigen verfallen. Immerhin war er der Fürst der Finsternis. Niemand wurde jemals mehr gefürchtet als er. Auch wenn in den letzten Jahren der Glaube an ihn etwas nachgelassen hatte. Hätte er erst einmal die Welt gerettet, würde er an seinem Ruf arbeiten und wieder ganz groß rauskommen. Wenn es jemandem zustand, die Menschen in die ewige Verdammnis zu befördern, dann war er es und niemand sonst.

Die Wut und der Gedanke daran, dass das Schicksal

der Menschen in seinen Händen lag, stärkten sein Selbstbewusstsein. Diesmal würde es der Engel sein, der in Schande davontrottete. Nicht er.

Er, Luzifer, Herr über die Verdammnis, würde die Menschheit retten, um sie anschließend nach seinen Regeln ins Verderben zu stürzen.

Am nächsten Tag sah es nicht so aus, als hätte es der Engel eilig, den letzten der Auserwählten aufzusuchen.

Lukas folgte ihr zum Großmarkt, wo sie einige Einkäufe für das Restaurant erledigte. Mittags ging sie in einem kleinen Bistro in der Nähe essen, und statt sich anschließend auf die Couch zu legen und ein ausgiebiges Mittagsschläfchen zu genießen, wie Lukas es an ihrer Stelle getan hätte, ging sie in die Kirche.

Verdammt, das hätte er sich denken können.

An jedem geweihten Ort hing quasi ein Schild an der Tür, auf dem nur für ihn sichtbar stand: »Wir müssen leider draußen bleiben!«

Was, fiel es Lukas siedend heiß ein, wenn der letzte Name ein Pfarrer wäre, ein wahrhaft gläubiger noch dazu? Vielleicht machte sie deshalb einen so entspannten Eindruck, weil sie sich des letzten Probanden so sicher war.

Über eine Stunde dauerte es, bis sie endlich wieder rauskam. Was immer sie da drin getrieben hatte, Lukas konnte es nicht einmal erraten. Allerdings machte sie einen geradezu seligen Eindruck, ihr Heiligenschein leuchtete so hell, dass er sich kaum vorstellen konnte, dass er von den Sterblichen nicht zu sehen war.

Er wollte ihr gerade mit etwas Abstand hinterher, als ein Herr, so um die 60, aus der Kirche trat. Er hatte zwar keinen Heiligenschein, das Lächeln auf seinem Gesicht war jedoch nicht minder strahlend.

Lukas zögerte. An einem Wochentag, kurz nach Mittag. Das war keine Zeit für normale Kirchgänger. Hatte sie sich mit ihm dort verabredet? Grinste er so verklärt, weil ihm ein Engel erschienen war?

Da selbst der Teufel sich nicht zweiteilen kann, musste Lukas sich entscheiden, und diese Entscheidung würde das Schicksal dieser Welt bestimmen.

Lukas entschied sich für den Kirchgänger. Dass es sich um einen Mann handelte, barg einen nicht zu unterschätzenden Vorteil. Seine jahrtausendelange Erfahrung hatte gezeigt, dass Männer leichter zu Fall zu bringen waren als Frauen. Von wegen das schwächere Geschlecht! Was ihre Standfestigkeit gegenüber dem Teufel betraf, waren sie den männlichen Vertretern um einiges voraus. Die Frage war nur, wie viel Zeit ihm blieb.

Lukas war so in Gedanken, dass er den Mann fast angeflogen hätte, so abrupt blieb dieser stehen, um sich nach einer Katze zu bücken, die auf dem Gehweg herumlungerte. Er streichelte sie, redete sogar mit ihr. So lange, bis diese wieder ihrer eigenen Wege ging.

Oh, ein Tierfreund, dachte Lukas. Das würde es leichter machen, den Mann rund um die Uhr unter Kontrolle zu haben. Ob die Entscheidung, ihm und nicht dem Engel zu folgen, falsch oder richtig war, sie hatte zumindest den Vorteil, dass Lukas nach Belieben seine Gestalt ändern konnte.

Er flog ein Stück voraus in eine Hecke und kam als Katze wieder heraus. Diesmal jedoch nicht als stolzer schwarzer Kater, sondern als mageres Kätzchen mit verfilztem Fell und traurigem Blick.

»Wer bist du denn?« Der Mann ging in die Hocke und streckte die Hand nach Lukas aus. »Ach, du Arme, du bist ja ganz verwahrlost. Hast wohl kein Zuhause?«

Lukas miaute so kläglich, wie er es nur hinkriegen konnte, und rieb sein Köpfchen an den Fingern, die ihn vorsichtig zwischen den Ohren kraulten.

»Am besten du kommst mit zu mir, damit du was in den Magen kriegst. Was meinst du?«

Lukas bezeugte seine Zustimmung mit tiefem Schnurren. Wenn er erst einmal in der Wohnung des Mannes war, hätte er schon die halbe Miete. Denn keinem vertrauen Menschen mehr Geheimnisse an als ihren treuen, schweigenden Haustieren. Und kennt man ihre Geheimnisse, kennt man ihre Schwächen.

Zu Hause angekommen holte der Mann eine Dose Katzenfutter aus dem Küchenschrank und servierte sie Lukas. Offenbar hatte er öfter Katzen bei sich aufgenommen. Lukas' Appetit auf diese gewürzlose Pampe war, gelinde gesagt, mäßig, aber was tat man nicht alles.

Der Alte machte es sich im Wohnzimmer auf der Couch gemütlich. Lukas sprang ihm, ohne lange zu überlegen, auf den Schoß, kringelte sich ein und ließ ein wohliges Schnurren erklingen. Er musste zugeben, dass es sich irgendwie ganz behaglich anfühlte. Und schließlich konnte es nicht schaden, das Vertrauen des Mannes zu gewinnen.

Es dauerte nicht lange und über Lukas erklang ein kehliges Schnarchen. Er erhob sich und sah sich in der Wohnung um. Auf der Kommode standen mehrere Fotos. Sie zeigten den Alten in jüngeren Jahren. An seiner Seite eine nicht unattraktive Frau, vor ihnen ein kleines Mädchen. Die Rahmen der Fotos sahen abgegriffen aus, als würden sie immer wieder zur Hand genommen und betrachtet werden. Eines der Fotos zeigte nur seine Frau, sie mochte drauf ungefähr 50 gewesen sein.

In der Küche stand eine angefangene Flasche Rotwein, die lange offen zu sein schien, im Flur auf der Kommode lagen zwei Rechnungen, sie waren bereits überwiesen und ordentlich zum Abheften bereitgelegt. Lukas kratzte sich mit dem Hinterlauf am Kopf. Sein Pelz fing langsam an zu jucken. Er sehnte sich nach seiner eigenen Haut, oder zumindest nach einer menschlichen.

Das Schlafzimmer war ebenso wie der Rest der kleinen Wohnung spärlich möbliert, aber sauber und ordentlich. Es gab ein Doppelbett, von dem nur eine der Seiten bezogen war. Als er den Blick hob, fauchte er unwillkürlich. Über dem Bett hing ein Kreuz. Eines stand fest, hier würde er keine Sekunde länger bleiben.

Er schlich zurück ins Wohnzimmer, setzte sich auf den Teppich und begann, sich zu putzen. Einfach war der Fall nicht. Was hatte der Engel für den Alten als letzte Prüfung für seine Treue zu Gott vorgesehen? Neugierig wäre Lukas ja, allerdings konnte er kein Risiko mehr eingehen, er musste den Alten vorher zu Fall bringen.

Das Schnarchen wurde zu einem kurzen Grunzen, der Mann wachte auf und sah Lukas direkt an. Lukas legte den Kopf schief und sprang auf die Kommode zu den Fotos, er rieb sein Köpfchen daran und miaute. Der Alte stand auf und kam zu ihm herüber.

»Meine Frau«, sagte er und nahm das Foto zur Hand. »Gott sei ihrer Seele gnädig. Ich vermisse sie, aber durch ihren frühen Tod ist ihr wenigstens das Elend um Anke erspart geblieben.« Er blickte traurig auf das Foto mit dem kleinen Mädchen. Lukas richtete sich auf, so weit, dass er dem Mann in die Augen sehen konnte. Was er dort sah, kam ihm bekannt vor.

Anke. Natürlich, er kannte die Tochter des Alten. Auch sie war eine Weile Gast im Elbschlosskeller gewesen. Dann allerdings war sie mehr und mehr ihrer Drogensucht verfallen und er hatte sie nur noch hier und dort betteln sehen.

Der Alte tätschelte ihm den Kopf und verschwand in Richtung Schlafzimmer. Offenbar legte er keinen Wert darauf, dass Lukas mit ihm das Bett teilte. Gut so.

Lukas wartete, bis der Alte fest schlief, verwandelte sich wieder in einen Menschen und verließ die Wohnung.

Der Vollmond stand hell über der Elbe. Lukas lehnte an einem der Pfosten auf der Teufelsbrück und sah sich das Mondspiel im Wasser an. Über ihm im Restaurant war es dunkel und still. Irgendwie gefiel ihm das Ganze nicht so recht, auch wenn er noch nicht sagen konnte, wieso.

»Guten Morgen, meine Kleine. Gut geschlafen?«

Lukas maunzte und sprang von der Couch.

»Du bekommst gleich was, ich hole nur eben die Zeitung von unten.«

Als der Alte zurückkam, setzte er sich an den Küchentisch. Lukas sprang auf den Stuhl ihm gegenüber und putzte sich, als im Flur das Telefon klingelte.

Das, was Lukas von dem Gespräch mitbekam, ließ ihn aufhorchen. Offenbar war die Tochter des Alten mal wieder beim Diebstahl erwischt worden. Sie hatte vermutlich hohe Schulden bei diversen Drogendealern, womit sie nicht die Einzige in dieser Stadt war. Sucht war teuer, eine Therapie, die wirklich etwas taugte, ebenso.

Der Alte kam zurück in die Küche und ließ sich schwerfällig auf seinen Stuhl fallen. Mit müdem Blick schüttelte er den Kopf. »Ich kann das alles nicht mehr, weißt du«, sagte er in Lukas' Richtung. »Ich habe keinen Cent und keine Kraft mehr.«

Nun, dem kann abgeholfen werden, dachte Lukas. Geld war das kleinste Problem für ihn. Trotzdem hatte er wieder dieses ungute Gefühl. Es war zu einfach. Hatte der Engel ihn wieder reingelegt? War der Alte diesmal der Hase, mit dem sie ihn an der Nase herumführte?

Er rief sich noch einmal das Gespräch mit dem Engel in Erinnerung. Wie hochmütig sie dahergeplappert und auf ihn heruntergeblickt hatte. So siegessicher und gönnerhaft.

»Oh, entschuldige, das wollten wir nicht!« Erst sollte er ja noch seine Aufgabe erfüllen, bevor sie ihn in seiner eigenen Hölle braten wollten.

Was für eine Aufgabe hatte sie damit eigentlich gemeint?, fragte sich Lukas. Es hatte sich im Grunde angehört, als würde nicht er, der Teufel, sein Handeln selbst bestimmen, sondern sie täten das. Völliger Blödsinn.

Lukas sprang vom Stuhl und wanderte durch die Wohnung. Konnte das sein? Hatten sie ihn die ganze Zeit über benutzt, ohne dass es ihm aufgefallen war? Wartete der Engel nur darauf, dass Lukas den Alten in Versuchung führte? War das die vielbesagte Prüfung, die Aufgabe, von der sie gesprochen hatte?

Verdammt noch mal. Je länger er darüber nachdachte, desto mehr Sinn ergab es. Warum sollte sich ein Engel die Hände schmutzig machen und die Menschen selbst in Versuchung führen? Nein, dazu gab es schließlich ihn. Sie musste nur warten, bis er seine Aufgabe erfüllt hatte. Würde der Mensch stark bleiben, hätte sie ihren Kandidaten für die neue Welt gefunden.

Lukas schnaubte. Natürlich, sie hatte ihn quasi zu dem Alten geführt. Aber Lukas würde ihr den Gefallen nicht tun. Nein, er würde etwas ganz anderes tun. Nämlich gar nichts. Nie wieder, nicht einen einzigen Menschen würde er mehr in Versuchung führen. Und bestimmt nicht den Alten.

Die Tage vergingen, nichts weiter passierte, nichts weiter, außer, dass Lukas sich höllisch langweilte. Vielleicht hatte er es geschafft, die Welt zu retten, nur eine Welt ohne Sündenfall, wozu sollte die gut sein?

Nach einer weiteren Woche war er so frustriert, dass er ernsthaft darüber nachdachte, lieber selbst den Weg in die ewige Verdammnis zu gehen, als hier elendig sein Dasein vor sich hin zu fristen. Zudem wurde der Drang, Böses zu tun, von Tag zu Tag unerträglicher.

Verdammt, er musste noch einmal mit dem Engel reden, vielleicht würde er sich jetzt auf einen Kompromiss einlassen. So war keinem von ihnen geholfen.

Lukas wählte wieder den Weg durch ein gekipptes Fenster in der Küche. Der Engel war gerade erst gekommen. Seltsamerweise machte sie keinen besonders betrübten Eindruck.

Lukas folgte ihr ins Arbeitszimmer, wo sie sich an den Schreibtisch setzte, das Buch aufschlug und den goldenen Füller zur Hand nahm.

Sie wird ihn ja wohl nicht doch reingelegt haben? Was, wenn sie jemand ganz anderen im Auge gehabt und die Prüfung selbst an diesem vollzogen hatte?

Ohne sich Mühe zu geben, es zu unterdrücken, verwandelte Lukas sich vor ihren Augen in seine menschliche Gestalt.

Sie sah ihm gelassen dabei zu. »Wir hatten früher mit dir gerechnet.«

»Was hast du vor?«, fragte Lukas und deutete auf das Buch.

Sie zuckte mit den Schultern. »Wir müssen wohl zugeben, dass wir dich diesmal ein wenig unterschätzt haben.«

»Ein wenig?«

»Wie lange wirst du diesen Zustand wohl aushalten? Gib zu, es juckt dir in den Klauen. Ein paar Wochen, Monate vielleicht, lange kannst du dich nicht mehr beherrschen. Alles wird seinen vorgesehen Weg gehen. Es kommt auf ein paar Wochen mehr oder weniger nicht an. Und ist die letzte Zeile gefüllt, ist es vollbracht.« Sie deutete mit dem Füller auf die letzte Seite im Buch und lächelte geradezu diabolisch.

In Lukas brodelte die Wut. Wie siegessicher sie war. Flammen loderten in seinen Augen und schwarzer dichter Qualm drang aus seiner Nase. Das Schlimmste war, dass sie vermutlich recht hatte. Lange würde er diesen Zustand nicht mehr durchhalten, die Versuchungen waren zu groß. Bei allen Höllenqualen, es musste einen Weg geben!

Lukas fixierte das Buch, die letzte leere Zeile.

Ein Name, nur noch ein Name musste eingetragen werden. Daran schien kein Weg vorbeizugehen. Irgendein Name.

Lukas kam eine verwegene Idee. Wenn er schon diese Welt nicht retten konnte, dann …

Mit einem kühnen Satz hechtete er nach vorne, entriss dem Engel den Füller und schrieb seinen eigenen Namen in die letzte Zeile des Buches.

Der Engel sprang auf und taumelte zurück. »Was hast du getan!«

Jetzt war es Lukas, der unschuldig mit den Schultern zuckte. »Nun, ich denke, ich habe gerade Kirchengeschichte geschrieben.«

So war das Schicksal der Welt besiegelt. Posaunenklänge wehten über die Elbe zu ihnen herüber, die Sonne verdunkelte ihr Antlitz und die Erde begann zu beben. Der Teufel aber war einer der 144.000, die eingehen würden in das ewige Paradies.

*

Bei Teufelsbrück, wo es von jeher nicht geheuer gewesen ist, wird es wohl immer ein wenig schaurig bleiben. Denn der Teufel soll in dem dortigen düsteren Wald eine seiner vielen Herbergen gehabt haben. Die Stelle des heutigen schönen Flottbecker Parks, den 1301 die Schauenburger Grafen einem Hamburger Bürger verkauft hatten, wird in alten Urkunden »des Düvels Boomgarden« genannt. Der Teufel soll dort einst vom Ritter Bertram in die Enge getrieben worden sein, welcher deshalb den schönen Ehrennamen Möt-den-Düvel (Motemeduvele) führte.

4 | TOTENKOPF, WAS GLOTZT DU?
ODER SÜHNE FÜR STÖRTEBEKER

VON REIMER BOY EILERS

Am nördlichen Rand des Hamburger Hafens, ungefähr dort, wo sich heute die Elbphilharmonie erhebt, befand sich im Mittelalter eine Marschinsel, genannt der Grasbrook. Sie war der Schauplatz des Hohen Blutgerichts, stets geziert mit den Köpfen der enthaupteten Sünder, vornehmlich von Piraten. Die Räuberhäupter auf ihren Schandpfählen gaben allen Seeleuten einen sinnigen Hinweis darauf, wo der Kurs endete, wenn man das Ruder des Lebensschiffchens böswillig quer legte. Am 21. Oktober 1401 kamen auf einen Schlag 63 Köpfe hinzu. Was aber geschieht, wenn der Henker selbst ein Halunke ist und den verurteilten Freibeuterkapitän Klaus Störtebeker noch im Tode betrügt?

*

»Man munkelt in der Stadt, der Henker würde binnen Jahresfrist selber zu Tode kommen«, sagte Jakobus Edel Edlefsen. Er war ein junger Fischer, der die Zwanzig noch verpasste, mit einem rotblonden Bart und einer ebensolchen Mähne. Ein wenig erinnerte er an den frühen Störtebeker. Das gleiche breite Kreuz und Hände, die man getrost Pranken nennen durfte. Man sah ihnen an, dass sie ein Ruderblatt auf See tagelang rühren konnten. Seine Gestalt spiegelte sich in den feucht schimmernden Katzenköpfen, mit denen der Weg zur Elbe gepflastert war, bald so, bald anders.

Der Alte an seiner Seite schwieg, er sog nur scharf die Luft durch die Nase ein. Er war um die zweieinhalb Häupter kleiner als der Fischer und kaum größer als der tüchtige Hund, den sie mit sich führten. Mit anderen Worten, er war ein Zwerg, und so wurde er für gewöhnlich auch gerufen. Edel war einer der wenigen Menschen, die ihn manchmal mit seinem Taufnamen Lubberke ansprachen.

Der Jungmann blieb bei seinem Thema. »Es heißt in den Schenken am Johannisbollwerk, dass der Henker Rosenfeld einen Pakt mit dem Teufel geschlossen habe. Ihm soll er die Seelen der höllischen Sünder liefern, die er auf dem Richtplatz vom Leben zum Tode befördert. Und deshalb, meinen die Leute, habe er unseren Kapitän und Hauptmann betrogen.«

»*Unseren* Hauptmann?«, fragte der Zwerg, der neben ihm durch Wind und Wetter der Vorstadt ging. Spott schwang in seiner hohen Stimme. Es war fast ein Sopran, und unwillkürlich fragte man sich beim ersten Hören, ob vielleicht ein Kapaun dahintersteckte. Oh nein, er war ein Hahn, wo er nur konnte. Doch jetzt nichts von Frauen, keine Hurerei, im Augenblick zählte anderes. »Warst du auch ein Vitalienbruder, nee? Bah, geh mir ab! Du hast Dorsch auf deiner Insel geangelt. Brav, mein Junge, braver geht's nicht, würd ich sagen. Zusammen mit deinem Vater bist du auf dem Wasser gewesen. *Der* ist dein

Fischerhauptmann. Der Gildemeister und Quartiersmann Bart Edlefsen.« Der Zwerg lachte und hüpfte neckisch auf einem Bein.

Ärger rötete die Wangen des Insulaners, der sich seit einigen Monaten in Hamburg herumtrieb. »*Dumm Tüch!* Was soll denn das, Lubberke? Du steuerst dwars* vom Thema ab. Störtebeker wollte ein paar Seelen retten und sie dem Henker vorenthalten. Darum geht es doch. Und wie konnte der Verurteilte das wohl auf ehrliche Weise anstellen?« Es war eine rein rhetorische Frage. Edel erwartete keine Antwort, sondern machte gleich weiter. »Der Hauptmann hat auf dem Richtplatz ein letztes Wort an Hamburgs Bürgermeister gerichtet. Da kniete uns' Störtebeker bereits vor dem Henker, die Haare im Nacken geschoren, die Hände auf den Rücken gebunden. Bis zum letzten Atemzug sorgte er für die Seinen, ein wahrer Anführer. Und eine kühne Bitte war es, die uns' Störtebeker da äußerte. Sie sorgte für einen angenehmen Kitzel unter den Zaungästen und bescherte den Gaffern lange Hälse vor lauter Begier, nur keine Sensation zu verpassen. Denn darum ging es. Alle Freibeuter, die Störtebeker *nach* der Hinrichtung noch abschreiten würde, sollten begnadigt werden. Großspurig und demütig zugleich wollte er aus der Welt scheiden, und das ist ihm vom Hamburger Stadtoberhaupt gewährt worden. Nun wurde das Urteil vollstreckt. Rosenfeld schlug dem Piraten mit dem großen Richtschwert den herrlichen Kopf ab. Da geschah das Wunder, dass Klaus Störtebeker sich erhob und die Reihe seiner Mitgefangenen entlangschritt. Lieber Gott, Lubberke, zu gern hätte ich das Spektakel mit eigenen Augen gesehen. Kopfloser Retter in höchster Not. Das ist mehr, als der Papst …«

---
* Seemannssprache für quer

Der Zwerg unterbrach ihn: »Ein Wunder, das der heilige Nikolaus wirkte. Unser gebenedeiter Schutzheiliger, der Seefahrer Patron. Ach, ich liebe ihn ...«

Edel sagte von oben herab: »Das mag sein. Andererseits, wenn ich's recht bedenke, doch ein Wunder, das kopflose Hühner gewohnheitsmäßig vollbringen.«

»Junge, spiel dich hier nicht als säuischen Buben auf. Du schmälerst den Verdienst des Heiligen.«

»Das liegt mir fern. Aber, aber ... wichtiger ist mir was anderes. Der Henker Rosenfeld hat dem besten aller Freibeuterkapitäne auf dem Richtplatz ganz gemein ein Bein gestellt. Und ihn so zu Fall gebracht. Da haben wir den Juckepunkt. Und warum das ganze Bohei? Er hätte doch weniger Arbeit gehabt.«

Der alte winzige Likedeeler* an Edels Seite fröstelte im Herbstwind und zog den Biberhut tiefer über die Ohren. »Nu', warum schon? Was schnackst denn du, junger Dorschkopp? Weil der Teufel dem Henker im Nacken saß und ihn ordentlich zwackte, den faulen Hund, darum. Köpfe abschlagen sollte Rosenfeld wie nix Gutes. *Sotoseggen, op Düwel kumm rut!* Der Gottseibeiuns konnte für seinen heißen Ofen gar nicht genug an Nachschub kriegen. Die vielen Freibeuter, die noch beim Henker Schlange standen, langten dem Düwel nicht. Eben drum. Aber der Düwel hatte auch einen Namen. Oder sagen wir, er hatte eine von Grund auf verdorbene Natur zur Hand, einen wahrlichen Mistkerl, aus dem er sprach. Und das war Hinnerk van Finkenwerder, ein Katzenquäler, Hühnermörder und Menschenschinder, der seinesgleichen sucht. Dieser Kerl ist Hans Rosenfelds Henkersknecht. Und er hat seinem Herrn den Einfall eingegeben, jawohl. Er hat hin-

---

* Historisches Wort für die Vitalienbrüder.

ter Rosenfeld gestanden, ihm ins Ohr geblasen und ihn angespitzt.«

»Gottverdammich«, sagte Jakobus Edel Edlefsen, »das war mir nicht bekannt. Und welcher der beiden Satansbraten kommt jetzt zu Tode?«

»Einer nach dem andern ...«

Lubberke zwinkerte und seine linke Hand zitterte. Es waren Ticks, die unter der Folter von ihm Besitz ergriffen hatten und die er seither nicht abstellen konnte. Nicht einmal vor Peerke Partes, der hübschen alten drallen Küchenmagd, die ihm gelegentlich einen geräucherten Schinken und ein fein gewürztes Lächeln schenkte. Alle Vitalienbrüder, die im Rathauskeller gesessen hatten, waren ausnahmslos gefoltert worden. Der Ratskeller diente nicht nur als Hamburger Verlies, er beherbergte auch die Folterkammer, in der ein Streckbett und alle notwendigen Instrumente zur Verfügung standen. Viel Neues hatten der Büttel Clemens Ammentrost und seine Steckenknechte von ihren Opfern nicht erfahren. Aber das war ohnehin nicht der Hauptzweck der Folter. Sie gehörte einfach zur Bestrafung.

Edel drehte sich abrupt zur Seite und packte mit beiden Händen den Kragen der grauen Schifferjoppe, die der Zwerg gegen das ungastliche Wetter trug. Er sagte: »Die Missgunst des Henkers galt nicht dem lebenden Kaperfahrer. Das meine ich. Und darauf kommt's an. Die Strafe an uns' Störtebeker war schon vollstreckt. Der Henker vergriff sich an einem kopflosen Mann. Und nun frage ich dich, Lubberke Wieben. Sag an auf Treu und Glauben! Gibt es eine schlimmere Sünde, als einen Toten zu betrügen?«

»Schon gut, schon gut«, sagte der plinkernde Lubberke. Für das gemeine Volk von Alster und Elbe, mit dem er zu tun hatte, war er mittlerweile auch der »Zwinkerer«. Und damit hatte er seinen Spottnamen vervollständigt: »Zwerg der Zwinkerer.« Er machte sich aus dem Griff des Jungen frei, verzog den Mund und entblößte eine gähnende Zahnlücke, ein Andenken an die letzte Seeschlacht bei der Roten Klippe. Vor Jahresfrist im Frühling war Störtebekers Piratenflotte gründlich besiegt worden, Gott sei's geklagt. Und Lubberke war im Verlauf ein Hamburger Säbel in den Mund gefahren. Den Knauf hatte er abbekommen, wenigstens nicht die Spitze. Aber gut war die Sache deswegen trotzdem nicht. Hatten die Likedeeler denn nicht ein wunderbares Motto ihr eigen genannt? *Gottes Freund und aller Welt Feind.* Ja, Hühnerkacke und St. Nikolaus! Und auf die himmlische Freundschaft geschissen! Irgendetwas war bös schiefgelaufen.

An Lubberkes Seite lief Wackernagel, Störtebekers früherer Bordhund. Die grau und braun gefleckte Promenadenmischung, an der auch eine dänische Dogge ihren Anteil hatte, reichte dem Alten bis zum Kinn. »Komm weiter!«, drängte der Zwerg seinen menschlichen Gefährten.

Ihre Schritte hallten dumpf auf der Brookbrücke, die sie eben überquerten. Wackernagels Pfoten kratzten auf dem Holz. Es war der Weg zur Richtstätte auf dem Grasbrook. Der junge Fischer mochte stark und tüchtig genug sein, und er ließ sich nicht leicht ins Bockshorn jagen. Trotzdem wurde ihm nun beim Klang seiner eigenen Schritte recht blümerant. Ihm war zumute, als ob ihn der Zwerg in eine andere Welt führen würde, die Welt der Toten und der peinlichen Überraschungen. Das Wetter trug nicht gerade dazu bei, Edels Stimmung aufzuhellen.

»Ich war Augenzeuge, schon vergessen?«, nahm Lubberke das Gespräch wieder auf, als sie das jenseitige Ufer erreichten. Zwischen dem Grasbrook und der Stadt lief ein Graben, der bald Teil des Hafens werden sollte. »Auch an mir ist unser kopfloses Oberhaupt noch vorübergegangen. Andernfalls stünde ich heute nicht mit dir auf dieser öden Elbinsel. Was denkst denn du? Hamburgs Bürgermeister Kersten Miles hat sein Versprechen gehalten. Das muss ich zugeben.«

»Eben drum, Zwinkerer. Dich hat uns' Störtebeker mit seinem Wunder gerettet. Doch nach dem zehnten Mann geschah der große Betrug. Der elfte war Adrian Schoenzoon, ein Bursche in meinem Alter und Störtebekers Liebling. Mein Freund ist er auf der Roten Klippe ebenfalls geworden. Doch er musste seinen hübschen jungen Kopf elendiglich unterm Schwert hergeben. Das hätt nie und nimmer geschehen dürfen. Deshalb soll der Henker Rosenfeld nun mit der eigenen Seele dafür bezahlen. Die Männer im Johanniskeller munkeln, ein weißes Einhorn würde die Strafe vollstrecken. Hast du davon auch Reden gehört?«

Der Zwerg Lubberke Wieben nickte. Wackernagel hob den Kopf und winselte. Beiläufig hob der Likedeeler den Sack, den er über der Schulter trug, warf ihn aber gleich wieder auf den Rücken. Der Henker würde sterben, doch alles zu seiner Zeit. Lubberke bestätigte seltsam finster mit seiner Fistelstimme: »Das Unicorn, die weiße Unschuld. Die Rächerin der gestohlenen Seelen. Die Widersacherin des Gevatters mit dem Pferdefuß, ei ja.«

Edel, der Grünschnabel von der Roten Klippe, machte eine abfällige Handbewegung. »Im Johanniskeller sagen sie, das Wundertier wird ihm sein spitzes Horn in die

Brust rammen. Aber das ist die reine Spökenkiekerei. *Dumm Tüch.* Ehrlich wahr, Lubberke, damit hab ich nichts am Hut. *Eenhuurner gift dat nich'*. Das ist bloß ein Gedankengespinst von ollen Weibern. Oder von den blauen Beginen. Sollen die *Lüüd* sich doch ihren Aberglauben sonst wohin tun. Ich halte mich an Tatsachen. Was ich zwischen Himmel und Erde bezeugen kann. Den Klabautermann hab ich mit eigenen Augen gesehen. Und er hat mir im Sturm das Leben gerettet. Vorn auf dem Klüverbaum hat er gesessen. Und ausgesehen hat der Klabauter wie mein kleiner Vetter Jonas, als der mit Windpocken zu Bett gelegen hat. Das glühte nur so. Die brennende Kohlenblüse, das Leuchtfeuer auf der Roten Klippe, ist nix dagegen. Bloß die spitze grüne Mütze von dem Kleinen, die war fremd.«

Zwerg der Zwinkerer pfiff und schrillte wie eine steife Böe, die durch die Takelage fuhr: »Mir aber nicht. Ich steh auf Augenhöhe mit ihm.«

Der junge Jakobus Edel Edlefsen lachte. Er hatte noch gar nichts begriffen. Der Zwerg war alt und tatterig, der Fischer könnte die mickerige Gestalt glatt mit einer Hand von der Straße fegen oder auf den Kopf stellen. Aber der Zwerg war ein gefährlicher Mann. Niemand überlebte lange im meerischen Räubergewerbe, wenn er nicht schlau und ohne Bedenken war und im Guten wie im Bösen als ein Meister hinlangte. Es kam dem jungen Edel nicht in den Sinn, dass hier für ihn aufgespielt wurde und dass er nie wieder derselbe sein würde, wenn er mitspielte. Gott sei seiner Seele gnädig, der Allerhöchste mag die Insulaner.

Es begann zu regnen. Man schrieb den 21. Oktober im Jahre des Herrn 1402. Dunkle Wolken drückten auf die Elbe. Ein steifer Nordwest schob sie voran und fegte durch das Gras auf der grünen Insel. Die unsichtbare Sonne würde bald hinter dem Wind untergehen. Es war der Jahrestag von Störtebekers Hinrichtung, ein Tag nach St. Feliziani, und es war das gleiche ungewisse Herbstwetter wie im Vorjahr. Einen Unterschied gab es allerdings. Heute waren die beiden so gegensätzlichen Gestalten allein auf dem Grasbrook, dieser abgelegenen Wiese im Fluss. Keine Ratsherren, kein Volksauflauf, keine Stadtpfeifer, keine Gaukler, kein warmes Bier und keine Heringshöker. Das heißt, wenn man die Totenschädel auf dem Richtplatz nicht mitrechnete.

Der junge Fischer war längst nicht fertig mit seinen Gedanken. Wieder stockte er und fasste den Zwerg fest in den Blick. »Was macht dich so sicher, dass Rosenfeld heute auf den Brook kommt?«

Lubberke kicherte triumphierend: »Der Täter kehrt stets an den Ort seiner Tat zurück. Das weiß ich aus eigener Erfahrung. Merk dir das, Dorschkopp!«

»Mag sein. Aber vielleicht sieht der Henker sich als ehrbaren Zeitgenossen. Selbst wenn du recht hast, warum gerade heute?«

»Nun, vielleicht hat Rosenfeld zum Jahrestag der Hinrichtung seltsame Botschaften erhalten. Stell dir vor, die Schädel würden reden ...«

Edel schüttelte den Kopf. Regentropfen fielen wie Läuse aus seinen Locken. »Ja, du mit deinem *vielleicht ... vielleicht ...*«

»Nun, was soll's? Kommt er heute nicht, trifft man sich vielleicht an einem andern Ort. Das Einhorn wird ihn zu finden wissen.«

Edel nickte und gab einige abschätzige Grunzlaute von sich. »Ach, ich vergaß. Natürlich, das Einhorn. Wenn das nicht unser größtes Vieh-leicht ist.«

»Das findest du wohl lustig, ja?« Statt einer längeren Antwort nahm Zwerg der Zwinkerer seinen Sack von der Schulter und band ihn auf. Als Erstes kam eine Fackel zum Vorschein, die er vorsorglich bei sich führte. Dann beförderte er ein elfenbeinfarbenes gedrechseltes Horn ans schwindende Tageslicht. Es war mehr als drei Ellen lang. Sprachlos starrte Edel auf das magische Ding, das alle Gerüchte im Handumdrehen wahr werden ließ.

Der Zwerg sagte: »Mach dir nicht in die Hose, Dorschkopp. Das Horn habe ich einst im norwegischen Bergen als gute Beute erhalten. Es stammt von der fernen Frostinsel. Da draußen hinter der Kimm meint man, das Einhorn lebt im eisigen Meer. Genau wie der Leviathan. Und nun mach den Mund zu, Kleiner! Wir müssen uns sputen. Die Schädel warten nicht gerne.«

Das Hohe Blutgericht im Urstromtal der Elbe war im Jahre des Herrn 1359 durch eine Order des Kaisers geschaffen worden. Es befand sich an der südlichen Kante des Brooks. Dort hob sich ein Sandstrand aus dem Schlick. Er hatte ungefähr eine Kabellänge, also rund 180 Schritte, und war mit einigen Dünen geschmückt, auf denen Strandhafer wuchs, und das Ganze umzingelt von krüppeligem Weidengestrüpp. Am Ufer erhoben sich mehrere Holzgerüste und ein grausiger Hain von Pfählen, alle dicht besetzt mit Totenschädeln. Zusammen mit Störtebeker waren allein im vorigen Jahr 62 Freibeuter an dieser Stelle gestorben. Kräftige Schiffsnägel hielten die Köpfe der 63 seefahrenden Sünder unverrückt an ihren Plätzen.

Freiwillig ging Edel nicht auf den Richtplatz, egal mit wie viel Neugier er sich ansonsten in der Hamburger Gegend umschaute. Es war Zwerg der Zwinkerer, der eine

Mischung von wüsten Drohungen und Versprechungen rund um das Blutgericht vom Stapel gelassen hatte. Und auf die Weise hatte er den jungen Fischer ein paarmal mitgeschnackt, so wie heute. Dutzende Schädel hatten Edel bei seinen früheren Besuchen aus ihren leeren Höhlen angestarrt und Fragen gestellt, die er nicht beantworten mochte, die aber in ihm brannten. Und zugleich lief es ihm auch heute wieder kalt den Rücken herunter, als würde ihm der alte Winzling Lubberke einen bösen Streich spielen und ihm einen glitschigen Aal in den Nacken seines leinenen Fischerhemdes stecken.

Der Zwerg zwinkerte wie ein listiger Kobold und erklärte alles für Einbildung. »Du hast eben noch nichts Richtiges erlebt, mein Junge. Das wird schon, wart's ab. Bald wirst du abgebrüht genug sein in diesen Dingen. Hast du erst auf dem Streckbrett gelegen wie ich, dann ist dir nichts Unheimliches mehr fremd. Dann grüßt du die Dämonen wie einen Pups von grünen Bohnen. Kennst du doch, nech? Jedes Böhnchen macht ein Tönchen.« Er schlug sich auf die Schenkel und lachte. Es klang schrill und markerschütternd über den Grasbrook, als ob ein Schwein abgestochen würde.

Edel bekam eine Gänsehaut. Er hing an einem Wort. *Abgebrüht?* Was für eine dösige Vorstellung, dieses *abgebrüht*. Ihm war die Brust schon eng und heiß genug ...

Wenigstens eine der brennenden Fragen war der junge Fischer bei einem früheren Besuch auf dem Grasbrook losgeworden. »Was ist mit einem kopflos Begrabenen, Lubberke? Wo der Schädel seinen eigenen einsamen Kampf mit den Elementen ficht? Getrennt von dem armen Gerippe. Den Leichnam nenn ich furchtbar zerstückelt. Wird er am Jüngsten Tage denn wieder auferstehen, Lubberke? Reicht das Wunder wirklich so weit? Oder bleibt er für immer unerlöst?«

Der Likedeeler, dem die Frage längst selber auf der Seele gelegen hatte, hatte auf den Spitzen seiner Stiefel gewippt und gesagt: »Hast du denn gar keinen Dunst von den Dingen, Jungmann? Das geht mit Ansage. Steht nämlich in der Offenbarung: *Und ich sah die Seelen der Enthaupteten. Sie wurden lebendig und regierten mit Christus tausend Jahre.* Aha, mein Sohn, was guckst du? Ist doch klar wie Kloßbrühe. Wir sind fromme Räuber, die noch mit den Himmlischen über ihren Anteil am Zehnten schachern.«

Nun, das schien zur Zufriedenheit geklärt. Edel hatte geseufzt und bestätigt: »Sankt Nikolaus gewähre unserm Hauptmann Störtebeker bei der Urständ ein leichtes Erwachen.«

»Bravo!« Zwerg der Zwinkerer hatte sich gereckt und ihm die Schulter getätschelt. Im Stile eines Gassenhauers hatte er gesungen:

»*Die Welt ist ein geliehenes Gut,*
gib es zurück mit gutem Mut.
Erfreue dich der Himmelslände,
bist auch kopflos du am Ende.«

Der Vortrag hatte in dem gewohnten Kichern geendet, das Edel wie schlechtes Wetter über sich ergehen ließ.

Viele Rätsel blieben dem jungen Betrachter des Blutgerichts. Eine Frage zählte allerdings nicht zu den rätselhaften, jene nach dem Sinn der Dekoration. Warum denn überhaupt die ausgestellten Totenköpfe? Eine Zierde, die jede Christenseele schaudern ließ? Musste das sein? Nun, die Antwort erforderte keinen großen Scharfsinn. Der Hamburger Senat, die Regierung der freien Hafenstadt, hatte es für gut befunden, Möchtegern-Piraten und ihre Bewunderer auf diese Weise abzuschrecken. Jedes Schiff, das Hamburg anlief, musste am Grasbrook vorbeisegeln. Und dort hatten die Offiziere und Mannschaften das Menetekel vor Augen. Kaperfahrten lohnen nicht, lautete die Botschaft. Schaut nur ganz genau hin. Kapiert, ihr Buben? Vielmehr hatte man teuer dafür zu bezahlen. Jeder Salznacken verstand die blutige Rede der Schädel. Egal, ob man Platt oder Friesisch schnackte, ob man Holländer oder Franzos war.

Für die Pfähle auf der Richtstätte hatten die Hamburger Pfeffersäcke Spieren und Rundhölzer verwendet, die von den besiegten Kaperschiffen der Likedeeler stammten. Diese Zurschaustellung sollte den Triumph der hansischen Flotte darstellen. Und da kam etwas Merkwürdiges ins Spiel, das den jungen Fischer und den alten Likedeeler schon länger umtrieb. Dabei war nämlich etwas ganz Unerwartetes geschehen, verdammich, verdorrich, ein Umzug im Bereich des Übernatürlichen. Seit dem Stapellauf von Störtebekers *Tollem Hund* hatte der Klabautermann in einem Maststück des Piratenflaggschiffs gehaust, eingezimmert im Schiffsbau. Und auf diese Weise war er nun mit dem Rundholz auf den Richtplatz gelangt. Hier lebte er weiter in Störtebekers eigenem Schandpfahl. Seine Stimmung, so hieß es, sei schlecht, weil ihm die Freiheit der See und das Schaukeln der Wellen fehlten. Trotzdem, so ging die Meinung an der Hafenkante, sollte er treu zu dem hingerichteten Schiffsherrn stehen.

Die Zeit ist die geborene Feindin der Schönheit, und nirgends rast sie dermaßen schnell dahin wie auf dem Richtplatz. Der Klabauter harrte aus, als die Raben längst alles Fleisch vom Schädel des Hauptmanns gefressen hatten, als die Elemente grau am Knochen nagten und die schönen blonden Haare in alle Winde verweht waren. Nichts war mehr zu holen. Es müffelte nur noch nach Tod, und der Rost des eisernen Nagels hatte ein braunes Rinnsal produziert, wo vordem die hochfliegenden Gedanken aufgestiegen waren.

Als die zwei ungleichen Gestalten sich näherten, erhob sich eine Schar Raben schwerfällig in die Lüfte und stand als zusätzliche schwarze Wolke über dem verruchten Ort. Die Futterquelle der Galgenvögel war praktisch unerschöpflich. In der Regel läutete die Armesünderglocke von St. Katharinen wenigstens einmal im Monat, und der Henker tat seine Schuldigkeit. Der Tisch der Aasfresser wurde dann gedeckt nicht nur mit den Schädeln und den Augen als rabenschwarze, aber viel zu spärliche kleine Delikatesse. Die Körper der enthaupteten oder aufs Rad geflochtenen Delinquenten wurden nebenan auf den Schindanger geworfen.

Es nahm kaum Wunder, dass auf dem Grasbrook nicht nur die Raben gediehen, sondern auch der Aberglaube blühte. Davon wollte sich Jakobus Edel Edlefsen nach eigenem Bekunden fernhalten. Was hatte der Fischer von der Roten Klippe überhaupt in Hamburg zu suchen? Nun, es war ganz einfach und zugleich schwierig genug. Vier lange Jahre hatten die Freibeuter unter Störtebeker auf der Roten Klippe gehaust. Und dabei hatten sie das Inselkind durch ihr Gehabe und die buntesten Schwänke mit dem Fernweh infiziert.

Dann war übers Jahr der 22. April 1401 gekommen und mit ihm die Seeschlacht bei der Roten Klippe. Die *Bunte Kuh* des Hamburger Kaufmanns Simon von Utrecht, das größte Orlogschiff seiner Zeit, hatte der Freibeuterherrlichkeit ein Ende bereitet. Ohne Verrat ging es nicht ab.

Ein Überläufer hatte in finsterer Nacht die Ruderanlage auf Störtebekers Flaggschiff mit Blei ausgegossen. Und damit war der stolze *Tolle Hund* unbeweglich geworden wie ein schwimmendes Hinkebein.

Nach der Niederlage der Likedeeler war es dem jungen Jakobus Edel Edlefsen auf der heimatlichen Insel viel zu ruhig geworden. Eines Tages war er als Bootsgast in einer Schaluppe zum Fischmarkt in Altona mitgesegelt. Er hatte sich von seinen Genossen verabschiedet, und es hatte nicht allzu lange gedauert, bis er dem alten Lubberke Wieben, einem der wenigen noch lebenden Freibeuter, in den Spelunken am Hafen wieder über den Weg gelaufen war. Lubberke schlug sich mehr schlecht als recht als Tagelöhner durch. Und mit Edel stand es nicht anders.

Mittlerweile war der Mond aufgegangen. Zwischen jagenden Wolken fiel das Nachtlicht auf Wirkliches und Unwirkliches. Wer vermochte das zu unterscheiden? Der Wind fuhr unvermindert durch das hohe Gras und bereitete aus den Halmen, Rispen und Stängeln allerlei Trugbilder auf der Wiese. Unversehens stockte der junge Fischer. »Was kommt mir hier unter?«

Zwerg der Zwinkerer sprang in die Höhe und klatschte in die Hände. Dann versetzte er Edel einen Stoß in den Rücken, sodass dieser seinen sicheren Stand verlor und wild mit den Armen ruderte. »Ach, Dorschkopp, du schon wieder! Siehst du denn nicht den Baldanders* vor dir?«

Die Gestalt lag im Gras des Brooks und sah aus wie der Kapitän einer Kogge auf dem Achterkastell, der in schwerem Wetter Wache ging. Sie trug einen Umhang aus Och-

---

* Der Baldanders (Bald anders) ist eine Gestalt, die – ähnlich dem Proteus – verschiedene Formen annimmt.

senhaut gegen alle Unbill der See und eine Gugel auf dem Kopf. Vielleicht war es eine Strohpuppe? Sollte er seinen eitlen Gedanken nun Gehör geben? Der abenteuerlustige junge Fischer stieß das Ding mit dem Seestiefel an.

Da rührte sich die Gestalt und das vermeintliche Bildnis sagte: »Lasse mich in Frieden! Du hörst doch, wer ich bin.«

Edel wich mit einem heftigen Satz zurück wie vor einem wilden Tier. Neben ihm jaulte Wackernagel gottserbärmlich. Jedoch erholte sich der junge Fischer ein wenig von seinem Schrecken und sagte: »Ich sehe wohl, dass du bald anders bist. Denn eben warst du totes Stroh. Und nun bist du was Lebiges. Was aber bist du sonst, der Teufel oder seine Großmutter?«

»Nichts von alledem. Sondern allemal dein treuer Begleiter. Oder hast du noch nicht bemerkt, dass du bald so, bald anders bist? Bald mutig und bald verzagt und ganz zerfressen von Furcht? Und was ist mit mir, Bursche? Ich darf mit besseren Ehren als der türkische Kaiser den unbeständigen Mond im Wappen führen. Denn Unbeständigkeit ist mein gewöhnlicher Aufenthalt, die Beständigkeit indes meine ärgste Feindin. Und auch das unbeständige Meer kann ich als meinen Bruder umarmen.«

Darauf verwandelte sich Baldanders nacheinander in einen Weidenbaum, eine Sau, eine Bratwurst; in einen Matrosendreck (mit Verlaub), in ein Heringsfass, einen roten Türkenteppich und in ein Segel.

Edel fasste sich ein Herz. »Was willst du?«

Baldanders sprach aus dem Segel wie die Sonne aus einer goldenen Kuppel. »Mein Ursprung ist aus dem Paradies, und mein Tun und Wesen besteht, solange die Erde bleibt. Du findest mich auch in der Offenbarung als das

Alpha und das Omega, den Anfang und das Ende. Folge mir behände.«

Er nahm wieder seine erste Gestalt an, die des Kapitäns. Doch alsbald verwandelte er sich ein weiteres Mal, nächsthin in den Hauptmann Störtebeker, dann in den Henker Rosenfeld und hinwieder in den armen Adrian Schoenzoon. Da erschrak sich der Jungmann heftiger als zuvor, weil er nicht auszumachen wusste, was dergleichen Panoptikum für ihn bedeuten sollte. Ihm kamen die Tränen, als er den schönen Jüngling vor sich sah. Adrian war das Ergötzen der Fischweiber gewesen, jemand in Edels Alter, der seinen Kopf noch lange hätte tragen sollen. Zuletzt war Baldanders ein Rabe. Die Erscheinung erhob sich in die Lüfte und flog davon. Hilfe suchend schaute Edel sich um, doch der Zwerg war ebenfalls verschwunden.

»Auch du, Lubberke?«, schrie er. »Wo steckst du?«

»Auf zum Blutgericht, Dorschkopp!«, hörte er die Antwort aus einiger Entfernung. »Aber zack, zack!«

Raben krächzten. Möwen stießen spitze Schreie durch die elbische Nacht. Der Mond goss ein fahles, falsches Licht über den Richtplatz. Im Weidengestrüpp fauchte der Wind und sang hohl in den Schädeln über den Dünen. Wackernagel kläffte. Der riesenhafte Hund klang eingeschüchtert.

Der Fischer reckte den Hals, spähte nach allen Seiten. »Lubberke, nun zeige dich! Spiel hier keine Possen.«

Er erhielt wiederum eine Antwort, nämlich aus Richtung der Totenschädel. Doch es war mitnichten der alte Likedeeler, der ihm Bescheid gab. Der Klabauter war aus Störtebekers Schandpfahl herausgetreten. Heute Nacht kamen wohl alle Überirdischen zusammen. Die Kehle schnürte sich Edel zu, und das Blut rauschte in seinen

Ohren. Auf dem Kopf saß dem Klabauter ein spitzer grüner Hut, wie es in seiner Zunft Usus war. Das Ende des aschweißen Bartes reichte ihm bis zum Gürtel. Was Hut und Haare vom Gesicht freiließen, glühte rot wie im Fackelschein. Im Widerlicht entbrannte Störtebekers Schädel neben seinem Pfahlgeist.

»Ahoi! Du rufst den Zwerg? Und das in meinem Revier! Wahrschau, Bursche! Hast du gar keinen Respekt?«

Der junge Fischer zitterte. Sein breites Kreuz, seine Pranken, das galt im Moment für nichts. Die Zunge klebte ihm am Rachen. Mühsam kamen die Worte. »Bei meiner Seel', gewisslich zolle ich dir Respekt. Einer eurer Gesellen hat mir das Leben gerettet. Das werde ich nie vergessen.«

»Und du tust gut daran. Wer Leben schenkt, der kann es auch nehmen.«

»Auch wenn ein Huhn an Bord ist?«

»Natürlich, du Schnacker.« Das Glühen im Gesicht des Klabauters steigerte sich. War es Ärger, war es Eifer? »Ob Huhn, ob Ankerkreuz, das schert uns nicht. Fall bloß nicht auf das Seemannsgarn herein, dummer kleiner Fischersmann. Buh ...«

»Was willst du?«, fragte Edel saft- und kraftlos.

Der Klabauter sang mit Fistelstimme:

»*Hörst du den Pfiff?*
Des Schicksals Griff.
Ich reite das Schiff
um Klipp' und Kliff.«

Edel hörte zwar nicht das Schicksal pfeifen, dafür war ihm schauerlich genug zumute. Der Klabauter spulte sein Lied beinahe mit Lubberkes Stimme ab, zum Täuschen ähnlich, als ob er ein Verwandter des Zwergs wäre. Längst hatte Edel die Empfindung, rettungslos in ein wüstes Geschehen verstrickt zu sein. Alles braute sich hinter seinem Rücken zusammen, bevor es sich ihm zeigte, und er würde es niemals durchschauen.

»Ein einziges Wort gilt dir, Jakobus Edel Edlefsen«, heulte der Klabauter. »Adrian Schoenzoon hätte nicht zu sterben brauchen. Und doch steckt er hier neben Störtebeker auf dem Pfahl. Ein Leben für ein Leben! Du weißt, was zu tun ist. Halte dich an den Zwerg.«

Es war das Letzte, was der junge Fischer vernahm. Für einen Moment ließ der Klabauter sein Fackellicht über den genagelten Schädeln leuchten. Dann erlosch die Erscheinung rasch und restlos, als ob es sie nie gegeben hätte. Was war Angst? Edel hatte nun einen Begriff davon, wenn der Unterschied zwischen Herz und Seele verschwand und der Mensch nur noch ein großes Pochen in der Brust war. Dem Fischer wurde schwarz vor Augen, und er sank ins nasse Gras.

Später vermochte Jakobus Edel Edlefsen nicht mehr zu sagen, wie er Macht und Nacht auf dem Brook entkommen war. Der Zwerg spendierte ihm eine heiße Erbsensuppe auf dem Hamburger Berg. Und dazu eine dicke Scheibe von Peerke Partes' Schinken. Dann drehte das ungleiche Paar weiter seine Runden zwischen den Dirnen und Seeleuten, stets auf der Hut vor dem Bösen, das nie schläft.

Einen Tag, nachdem der Henker Rosenfeld ohne Erklärung verschwunden war, ordnete der Hamburger Senat eine große Suchaktion an. Zwei Steckenknechte fanden die irdische Hülle des Vermissten auf dem Grasbrook. Die Richtstätte lag in Sichtweite, und die Totenköpfe schauten zu. In Rosenfelds Brust steckte die abgebrochene Spitze eines Horns, das ebenso schön war wie an der Elbe Auen unbekannt. Kein Widder und keine bunte Kuh. Die Hamburger waren sich rasch einig, dass es nur von einem Unicorn herrühren konnte. Das tödliche Werkzeug wurde nach St. Katharinen gebracht, wo es den Gegenstand manch tiefsinniger Predigt abgab.

Und damit nicht genug. Auf dem Henkersamt lag in diesen Tagen kein Segen. Der gewählte Nachfolger Rosenfelds, sein Gehilfe Hinnerk van Finkenwerder, wurde als Wasserleiche am Strand von Blankenese entdeckt. Mutmaßlich hatte ihn die Ebbe von der Finkenwerder Elbinsel hierherbefördert. Warum er überhaupt in den Fluss gefallen war – wer vermochte das zu sagen? Eifrige Zungen behaupteten, dass am Blankeneser Strand Hufspuren entdeckt worden waren. Sie hatten zur Leiche des Henkershelfers geführt und dann wieder fort, den Elbhang hinauf in den Wald. Und diese Spuren, munkelten die Klugschnacker, seien ganz fremdartig gewesen. Ein Abdruck wie ein Kreuz. Sie hätten demnach nur von einem Einhorn stammen können. Ob das wohl angehen mochte? Etliche Leute an Alster und Elbe wollten es glauben, andere kühle Köpfe eher nicht.

Für einen jungen Fischer von der Roten Klippe und einen alten Likedeeler war das ein Thema am Rande. Zwerg und Dorschkopp saßen in der Schenke »Zum gewaltigen Walfisch« am Johannisbollwerk und tranken teuren Lübecker Rotspon.

Edel fragte: »Gibt es eigentlich Hufeisen für Hunde?«

»Das nicht, Dorschkopp. Aber man kann ihnen Schuhe anziehen, die eine spannende Sohle haben. Wenn es ein großer Hund ist, würde ich ein Kreuz vorschlagen.« Der

Zwerg lachte schrill und spuckte dabei etwas Wein aus. Der rote Rebensaft lief ihm über den Kittel wie eine mörderische Spur.

Auch der Rotspon war eine Frage wert. Und Edel, der zum ersten Mal in seinem Leben das leckere Gesöff kostete, stellte sie. »Wieso kannst du plötzlich spendabel sein, Lubberke? Sonst krebsen wir stets mit Köm und Bier herum.«

Zwerg der Zwinkerer hatte ein Leuchten in den Augen, das wohl vom vielgemeldeten Rotspon herrührte. Jedenfalls hoffte Edel, dass diese Erklärung genügte und nichts Schlimmeres dahintersteckte. Lubberke sagte: »Störtebekers Schwiegervater hat mir ein Säckchen mit Gold geschickt.«

Edel schüttelte ungläubig den Kopf. »Was denn, der Friesenhäuptling Kenno?«

Lubberke trank einen großen Schluck vom Roten, wischte sich den Mund und sagte: »Der Friesenhäuptling weiß treue Dienste zu belohnen. Und nun sei still davon, Dorschkopp! Potz Fickerment! Jetzt hast du alles erfahren, mit Reden und mit Singen. Und du steckst mit drin in diesen Dingen. Ob du willst oder nicht.«

»Will ich nicht.«

»Doch, willst du. Mitgegangen, mitgefangen, mein Sohn. Und nu'? Was liegt an? Es ist die *Bunte Kuh*. Jetzt müssen wir die hölzerne Kuh erledigen. Haha ...«

»Ja, träumst denn du, alter Lubberke. Ein Zwerg mit einem dummen Pfiff gegen ein ausgewachsenes Orlogschiff? Das sind Planken, die nicht wanken.«

»Wirst schon sehen. Es hat zu geschehen. Andernfalls wird die *Bunte Kuh* ihre Hörner über alle Wellen und Wogen erheben. Und sie wird nicht eher ruhen, bis die

Letzten von uns nicht mehr leben. Also müssen wir ihr eine kleben. Schmeckt dir etwa der Rotspon nicht?«

Unter dem schweren Eichentisch lag Wackernagel und schnaufte genüsslich, die blutunterlaufenen Augen in wahrer Verzückung himmelwärts gekehrt. In seinen Pfoten hielt er einen Schinkenknochen, den er hingebungsvoll ableckte.

5 | DER FEUERSTURM

VON UWE GARDEIN

Mit der dazu nötigen Kraft schlug Hein Steffen den letzten Nagel in die Kiste, in die er ein fertiges Seil gelegt hatte. Gleich würde sie von einem Pferdewagen abgeholt werden, der sie zum Hafen brachte. Hein war ein kompakter Kerl von knapp dreißig Jahren, der die Kiste auf den Wagen hob und sich verabschiedete. Noch nie hatte der Meister ihn gehen lassen, bevor die Werkstatt und die Bahn für die Seile gereinigt worden waren. Vielleicht lag es daran, dass morgen Christi Himmelfahrt war, dachte Hein und machte sich auf den Weg. Hein arbeitete seit einem Jahr beim Seilermeister Martens auf der Reeperbahn. Er hatte sich Sparsamkeit geschworen, um bald ein Stück Land an der Küste pachten zu können. Danach wollte er seine Dörte heiraten. Aber so weit war er noch nicht, auch wenn ihm der Meister heute eine schöne Münze in die Hand gelegt hatte. Dort, wo seine Felle und ein Strohsack lagen, gab es massive Bretter aus Eiche in der Wand, zwischen denen sein Sparstrumpf steckte. Hein war nicht mehr weit von seinem Schlafplatz an der Deichstraße entfernt, den er sich mit Emil Hancke teilte, der nachts an einem Dampfhammer arbeitete. Emil schlief am Tag und Hein in der Nacht, so konnten sie sich die Gebühr teilen, die der Nachtwächter Wander dafür verlangte. Der nahm das Geld zwar unberechtigt, aber dafür hatten sie einen sicheren Platz. Und es gab immer einen Teller mit Essen von Frau Wander. Um seine schrundige Haut an den Händen zu behandeln, die durch die tägliche Arbeit mit den Seilen immer wieder aufgerissen wurde, musste Hein sich noch eine Salbe holen. Aus diesem Grund lief er den weiten Weg bis zur Mühle in Bergstedt, wo die alte Mette Bleek lebte. Ihre Salbe brachte Heilung. Denn sollte sich der Zustand seiner Hände verschlimmern, dann wäre es sicher, dass er seine Arbeit verlieren würde, und alle Träume wären beendet. Daher war es ihm egal, wenn der Meister ihm vom Besuch der Mette abriet, weil die vor einiger Zeit noch als Hexe verbrannt worden wäre, wie er sagte.

Hein sah sich um und musste aufpassen, dass er nicht die Stadt Altona betrat, denn die gehörte Dänemark und dort durfte er sich nicht aufhalten. Mit den Männern, die sich auf einen Kampf vorbereiteten, um Altona zu befreien, wollte Hein auf keinen Fall in Verbindung gebracht werden, denn das interessierte ihn nicht. Er überlegte, ob der Himmel ihm etwas sagen wollte, denn unerwartet regnete es. Hein trat unter die Bäume am Bahnhof. Es war nur ein leichter Schauer, aber der genügte, um ihn warten zu lassen. Er hielt seine Hände in den Regen und es fühlte sich für ihn an, als hätte ihm der Himmel Balsam geschickt. Er betrachtete den neuen Bahnhof von Bergedorf und war sprachlos. Niemals würde er ein solches Dampfross mit seinen Wagen benutzen, daran bestand für ihn kein Zweifel. Lieber würde er zu Fuß an das Ende der Welt laufen, bevor er sich einem solchen Ungetüm anvertrauen würde. Meister Martens hatte erzählt, dass dieses Ungeheuer in wenigen Tagen durch die Stadt dampfen sollte. Hein zögerte und wollte nicht mehr zur Mühle laufen. Obwohl er dafür keine Erklärung fand, drehte er um und lief eilig zu seinem Geldversteck. Er musste zunächst in Richtung Nikolaikirche laufen und betrat einen schmalen Weg bei der Deichstraße. Schnell erreichte er am Kai die Speicher am Hafen. Vor den Speichern hielt sich eine Gruppe Knaben auf, die mit Steinschleudern Jagd auf Ratten machten. Hein wusste, dass die Burschen sehr neugierig waren, deshalb näherte er sich seinem Versteck noch nicht. Er wartete in einer engen Gasse zwischen zwei Speichern ab. Während die Knaben von einem einfahrenden Dampfschiff abgelenkt wurden, verschwand Hein, schob an einem Gebäude eine spröde Tür zur Seite, schlüpfte hindurch und stieg eine Leiter hinauf. In der herrschenden Dunkelheit tastete er die Bretter ab, schob sie zur Seite und fand seinen Sparstrumpf. Hein kam sich dabei vor wie ein Hund, der seinen Knochen verscharrte. Schnell legte er den Sparstrumpf zurück und verharrte, denn er hatte Schritte gehört und fast gleichzeitig sah er flammendes Licht auf sich zukommen.

Hein streckte sich auf dem Boden aus und sah einen unbekannten Mann, der eine Fackel trug. Aber so schnell, wie der gekommen war, verschwand er wieder, und für einen Moment glaubte Hein, ein Gespenst gesehen zu haben. Erst als wieder vollkommene Stille herrschte, verließ er sein Versteck und stieg über die Stiege hinüber zu seinem Schlafplatz. Emil war noch da, packte seine Lederschürze und wollte gehen. Als Hein ihn fragte, was er am kommenden Himmelfahrttag machen würde, sah Emil ihn verwundert an. »Himmelfahrt ist erst am übernächsten Tag«, sagte Emil.

Nach einem unruhigen Schlaf, mit herumhuschenden Mäusen, machte Hein sich auf den Weg zur Arbeit. Vor der Brücke hinüber nach St. Pauli hielt ihn die Wäscherin Martha auf, um ihm zu sagen, dass er sein Hemd und die Hose am Abend abholen könne. Hein besaß genau zwei Hemden und zwei Hosen. Jeweils eine Woche trug er die Kleidung, dann landete sie im Waschkessel von Martha.

Seine Arbeit an diesem Mittwoch bestand darin, einige Seile aufzurollen und das Rad an einer Karre zu reparieren. An diesem Tag bekam Hein keine Münze, sondern gebratenen Speck mit Ei und eine Kartoffel. Als der Meister ihn entließ, wanderte Hein zur Mühle nach Bergstedt. Er wusste, dass er erst am späten Abend wieder zurück sein würde, aber seine Hände konnten nicht mehr warten.

In der Nähe der Alster sah er eine Taube über sich, die zwischen den Bäumen des nahen Waldes verschwinden wollte, doch eine Möwe stieß aus den Wolken hervor und tötete sie. Die Mutter hatte ihn gelehrt, wenn du den Tod siehst, dann drehe dich um und laufe davon, ohne dich noch einmal umzudrehen. Also lief er schneller, bis das Gebäude mit dem Mühlenrad zu sehen war.

Mette Bleek lebte nicht direkt bei der Mühle. Die Bewohner der Gegend duldeten sie, weil es die Furcht gab, sie könnte alle mit einem Fluch belegen, wenn man sie vertreiben würde. Außerdem brachte man ihr kranke Tiere und ließ sich von ihr auch behandeln. Natürlich nur still und heimlich.

Hein betrat gut sichtbar ihren Kräutergarten und stellte sich neben den Huflattich. Dort wollte er warten, bis Mette ihn zu sich rief. Doch sie zeigte sich nicht, aber er hörte ihre Stimme: »Sie werden stürzen, sie stürzen ins nichts. Ein grausames Ende erwartet sie. Sie werden schreien, bis ihr Ende naht. Deine Hände werden brennen wie Zunder, wenn du nicht dorthin gehst, wo du herkommst.«

Hein blieb verwirrt stehen. Sein Zuhause war eine alte Kate bei Spieka, aber da war für ihn kein Platz mehr. Wenn er dorthin wanderte, dann nur wegen Dörte, deren Vater ein Küstenfischer war. Als Hein sich umdrehte, stand ein Bottich mit einer schmierigen Flüssigkeit hinter ihm, in die er seine Hände steckte, weil er das bereits mehrfach getan hatte. Sofort spürte er die wohltuende Wirkung, obwohl der Geruch nicht sehr angenehm war. Als Gegenleistung reinigte er den Brunnen vor dem Haus. Die Zeit verging und er verließ Mette, ohne sie gesehen zu haben. Während er die Tür am Zaun hinter sich schloss, hörte er noch ihr tiefes Seufzen. Neben dem Gatter lag ein kleiner Tiegel mit einer Salbe. Hein nahm das Gefäß an sich und lief in Richtung Alster.

Später, als er den Weg zur Stadt erreichte, erinnerte er sich an Mettes drohende Worte. Weil er sie nicht deuten konnte, wollte er sie vergessen. Wenn er Mette verließ, überkam ihn stets ein merkwürdiges Gefühl. Diesmal war es besonders heftig.

Sein Weg führte ihn zu Martha, die an ihrem kochend heißen Waschtrog stand. Hein bekam seine frisch getrocknete Kleidung und zog sich nebenan um. Seine getragenen Sachen warf er auf den Wäschehaufen. Seine Gegenleistung bestand darin, eine Fuhre Holz zu zerkleinern. Das war seine Bezahlung und dazu kam noch ein Teil der Handpaste, denn die Hände von Martha sahen schlimmer aus als seine. Nachdem er seine Arbeit geleistet hatte, verabschiedete er sich und lief zum Nikolaifleet.

Bevor Hein das Gebäude mit seinem Schlafplatz betrat, schaute er sich um, ob er beobachtet wurde. Als er sich sicher war, schob er die sperrige Tür auf. Er war froh, sich endlich auf seinem Strohsack ausstrecken zu können. Er prallte vor Schreck zurück, denn dort lag bereits jemand. Schnell griff er nach dem Holzprügel, der an der Wand lehnte, aber sein Irrtum klärte sich schnell auf, denn es war Emil, der dort lag. Das war bisher nie vorgekommen, weil Emil längst bei der Arbeit sein musste. Dafür, dass er es nicht war, gab es nur zwei Erklärungen. Entweder war Emil todkrank oder er hatte seine Arbeitsstelle verloren. Hein hatte einen Augenblick gehofft, dass Emil sein Schweigen brechen würde, doch das geschah nicht. Er könnte ihn fragen, aber das wäre unangebracht. Ihn durchzog zunehmend eine Furcht, denn ohne Arbeit von Emil müsste er den Schlafplatz alleine bezahlen.

Wenig später saßen sie in der Dunkelheit am Kai und schauten schweigend auf das Wasser des Nikolaifleets. Es stank entsetzlich nach gärendem Abfall und Exkrementen. Obwohl Hein den Tabak mied, war er froh, als Emil seine Pfeife anzündete. Plötzlich reichte ihm der Freund seine riesige Hand, nickte kurz und verschwand. Er hatte eine Entscheidung getroffen. Hein vermutete, dass Emil auf einem der Küstendampfschiffe anheuern wollte, die immer Matrosen suchten. Für ihn wäre das nichts, denn sein Großvater war vor Helgoland im Meer versunken.

Hein kam zu der traurigen Einsicht, dass er sich aus Hamburg verabschieden musste, denn für einen eigenen Schlafplatz reichte sein Lohn nicht aus. Es gab für ihn die Möglichkeit, sich bei Dörtes Vater bei den Aalreusen zu betätigen, auch wenn er seine vor Kälte und Salzwasser steif werdenden Hände fürchtete. Mehr als diese Möglichkeit gab es nicht. Er musste nicht lange nachdenken, um zu wissen, dass Dörtes Vater nicht mehr lange warten würde, um seine Tochter zu verheiraten, denn sein Geld reichte kaum, um die Familie zu ernähren. Hein musste damit rechnen, dass Dörte gegen ihren Willen verheiratet werden könnte, denn der Vater war der Herr im Haus.

Er stieg über die Leiter hinauf und kehrte zurück zu seinem Schlafplatz, doch schlafen konnte er nicht. Sein gespartes Geld reichte längst noch nicht, um ein Stück Land zu pachten. Wegen dieser Situation fand Hein keinen Schlaf. Er musste wieder an das denken, was ihm die Mette gesagt hatte, aber eine Erklärung für ihre Warnung fand er nicht.

Dann war es vollkommen finster und Hein kam sich in dem Loch vor wie lebendig begraben. Immerhin schmerzten seine Hände nicht mehr so stark und er richtete sich auf, drückte seinen Rücken gegen die Wand und lauschte.

Etwas war anders als in den Nächten zuvor. Hein suchte nach dem Kerzenrest, der irgendwo am Boden lag. Als er ihn fand, zündete er die Kerze an. Das schwache Licht ließ nur wenig erkennen und erlosch schnell wieder. Gleich war er erneut mit seinen Gedanken bei Dörte und er sah ihr liebes Gesicht vor sich, das er gerne berühren würde. Dann lenkte ihn etwas ab. In den Nächten war immer etwas zu hören, ob es das morsche Holz der Balken war, die huschenden Mäuse oder das nahe Wasser. Nun war nichts davon zu hören und Hein drückte mit beiden Händen gegen seine Ohren, ließ wieder los, aber er hörte noch immer nichts. Hatte er sein Gehör verloren? Hein sah sein Elend, und das irdische Leben schien ihm erbarmungslos zu sein. Morgen wird an Christi Himmelfahrt gedacht und er wünschte sich, auch einmal im Land des

Regenbogens zu leben. Seine Mutter hatte stets gesagt, wir werden im Kummer geboren und wir sterben im Kummer.

Einmal nur sollte für ihn ein Wunsch in Erfüllung gehen, danach wollte Hein sich mit seinem Leben zufriedengeben. Sein Wunsch hieß Dörte, und wenn er daran dachte, dass ihr Vater sie an einen anderen vergeben könnte, drehte sich ihm der Magen um. Er war arm und musste das Leben nehmen, wie es war. Seine Hilflosigkeit brachte ihn zur Verzweiflung. Vom vielen Grübeln bekam Hein Kopfschmerzen, und als er sich die Schläfen rieb, stieg ihm der Tabakqualm aus Emils Pfeife in die Nase. Er wollte fragen, wo bist du? Doch das wäre dumm, denn er roch ihn ja. »Unerwartetes wird sich ereignen«, sagte eine Stimme und Hein glaubte, die Stimme gehörte Mette. Aber wieso war sie an seinem Schlafplatz?

Hein streckte sich, riss die Augen auf und stellte fest, dass er eingenickt war und Mettes Stimme geträumt hatte. Außer ihm war niemand anwesend. Hein wollte seinen Trübsinn abschütteln und sich vor allem nicht mehr mit Dingen beschäftigen, die es nicht gab. Er wünschte sich, endlich schlafen zu können, aber das gelang ihm nicht. Obwohl er als Reepschläger viel Kraft brauchte und der Schlaf deshalb wichtig war, konnte er sich nicht in den Schlaf zwingen. Der Geruch nach Qualm war geblieben und es roch nicht nach Pfeifentabak. Immer stärker wurde der Rauch und das war kein Traum. Die gesamte Luft um ihn herum schien verqualmt zu sein. Für ihn gab es nur eine Erklärung. Es gab einen Grund, an den er nicht denken wollte. Hein musste sich eingestehen, dass ihn langsam eine gewisse Angst beschlich. Andererseits wollte er seiner Furcht nicht glauben und versuchte, ruhig zu atmen, aber stattdessen hustete er wie ein Heizer auf einem Dampfschiff. Dazu kam ein sehr unangenehmer Geschmack in seinem Mund. Hein erhob sich von seinem Lager und schob sich auf den Knien über den harten Bretterboden, bevor er die Holzwände abtastete und sich streckte, um die Deckenbalken zu erreichen. Es blieb dabei, dass er Rauch einatmete und husten musste. Nun wollte er sich trotz der Finsternis vorsichtig zur Tür bewegen, um sie zu öffnen und frische Luft hereinzulassen. Als er sie erreichte, schob er den Riegel zur Seite und zog an der Tür, bis sie sich öffnen ließ. Er konnte nichts Gefährliches entdecken, aber dann sah er vom Boden her Feuerzungen an den Balken. Die Töchter des Teufels warfen mit Feuern nach ihm und er wusste nicht, wie er sich und sein Geld retten sollte. Herr, vergib uns, sagte Hein leise.

Durch einen Spalt in der Holzwand sah er die Funken über die Gasse springen. Nach kurzem Nachdenken entschied er sich zur Flucht. Es war ihm klar, wenn er den Schlafplatz nicht eiligst verließ, würde er ersticken und verbrennen. Hein durfte keine Zeit mehr verlieren, deshalb entschloss er sich, am Deckenbalken zum Dach zu klettern. Er rang verzweifelt die Hände, weil er den oberen Balken nicht greifen konnte, während sich der Rauch immer stärker ausbreitete. Hein hustete, kniff die Augen zusammen und sprang hoch. Erst nach mehreren Versuchen, immer wieder unterbrochen von Hustenanfällen, bekam er einen Balken zu fassen und musste auch die zweite Hand noch auf den Querträger bekommen. Er rutschte ab und stürzte zu Boden. Um Gottes willen, dachte er, gleich ist es aus mit mir. Aber das durfte nicht geschehen, also probierte er es wieder und wieder, bis er endlich ein Bein auf den Balken legen konnte und mit einem heftigen Tritt gegen ein Brett eine Öffnung zum Dach entstand. Durch diese Öffnung kroch er hindurch und stand auf dem Dach des Speichers. Dort war der Qualm noch nicht so stark, aber er konnte die verzweifelten Schreie von der Deichstraße hören. Der alte Speicher gegenüber war zum Greifen nahe, doch Hein musste die Schlucht zwischen den Speichern überbrücken. Dazu brach er zwei stabile Bretter aus der ansonsten morschen Wand. Als er sich drehte, sah er das Feuer aus der unteren Etage in das Dachgeschoss vordringen. Es war eine Frage weniger Minuten, bis es ihn erreichen würde. Hein hatte mehr Angst vor dem Feuer als Furcht vor dem Sturz in die Tiefe. Also legte er die Bretter über den Spalt zwischen den Gebäuden, kroch darauf und rutschte vorsichtig auf die andere Seite. Als er es endlich geschafft hatte, begannen die Bretter hinter ihm zu brennen. Hein stieg eine schmale Treppe hinab und musste vorsichtig sein, denn dieser Speicher war alt und morsch. Er sprang einige Stufen hinunter, bis er die untere Tür erreichte. Auch bis dort war der Qualm bereits vorgedrungen. Im Untergeschoss lag eine tote Katze und neben ihr eine getötete Maus. Als Hein die Tür aufstoßen wollte, schlugen ihm Flammen entgegen und er hörte den verzweifelten Ruf eines Mannes, der »Feuer! Feuer!« schrie. Entsetzt konnte sich Hein einen Moment nicht mehr bewegen. Hier war er auch nicht sicher und deshalb musste er, so schnell es ging, einen anderen Weg finden.

Plötzlich sah er sich hinter dem Haus der Eltern im Garten stehen. Über ihm strahlte der Himmel, der Wind brachte den Geruch des Meeres zu ihm und die Möwen wirbelten kreischend herum. Die Mutter pflegte ihren

Gemüsegarten und die Obstbäume, während die Hühner gackerten und das Schwein grunzte.

Hein kam wieder zu sich, denn das alles gab es nicht mehr. Sein Zuhause war längst verloren, und wenn er nicht noch sein Leben verlieren wollte, musste er sich auf der Stelle aufraffen. Er hatte den Halt verloren und kniete am Boden. Hein wollte nur noch dem Feuer entkommen. Aber in welche Richtung konnte er fliehen, ohne nicht direkt hineinzulaufen? Ihn schmerzte der Kopf und er versuchte, um Hilfe zu rufen. Der beißende Rauch erstickte seine Stimme und alles Leben schien am Ende zu sein. Dann schrien Menschen.

Eine riesige rote Flamme schoss aus einem der Speicher und das Licht brachte ihm für einen Moment die Sicht wieder. Hein sah in einiger Entfernung den Turm der Nikolaikirche und glaubte sofort, dass Gott ihm ein Zeichen gegeben hatte. Die Kirche musste seine Rettung sein, also nahm er all seinen Mut zusammen und lief in diese Richtung. Zu schnell verlor er wieder die Orientierung, weil ihn kreischende Menschen ablenkten. Hein spürte wieder diesen ekelhaften Geschmack in seinem Mund und hustete, wie er noch nie in seinem Leben gehustet hatte. Er wollte an Dörte denken, denn für sie lohnte es sich zu leben.

Der Todesschrei einer brennenden Ratte holte ihn auf die Straße zurück. Hein sah sie in einen unbeschädigten Speicher fliehen, wo das trockene Holz des Gebäudes sofort in Flammen aufging. Die Luft wurde so heiß, dass es fast unmöglich wurde zu atmen. Funken stoben über die Gasse und vor ihm leuchtete ein riesiger Vogel, der feuerrot brannte. Mit seinen glühenden Flügeln schlug er um sich, aber es gab keine Rettung. Augenblicklich wurde nach einem entsetzlichen Schrei aus dem Vogel eine Frau, die von den Füßen bis zu den Haaren brannte. Hein hoffte, dass er eine böse Geistererscheinung erlebte, aber dann schlug der brennende Körper auf das Wasser des Nikolaifleets auf. Noch nie hatte er etwas so Schreckliches gesehen, seitdem er den Vater am oberen Deich tot gefunden hatte. Die Mutter war verstorben, als er bereits in Hamburg lebte.

In welcher Wirklichkeit befand er sich? Hein trat näher an das Wasser heran. Er tastete sich vor, um nicht hineinzufallen. Aber es war immer noch kein Ende der Qualen. Direkt neben ihm prallte ein brennender Balken auf den Boden, sodass die Funken flogen und sich in seine Hände und Kleidung einbrannten. Wie aus dem Nichts ergoss sich ein Wasserschwall über ihn und löschte den beginnenden Brand seiner Hose. Vor ihm Stand Emil mit einem leeren Eimer in der Hand. Er packte Hein, der den Schmerz in seinen Händen nicht spürte, obwohl die verbrannte Haut deutlich zu sehen war, und schob ihn vor sich her.

Emil berichtete, es hätte nach Mitternacht in der Deichstraße ein Feuer gegeben, das nicht mehr zu zügeln war. Emil sprang in einen Kahn und Hein folgte ihm. Sie erreichten die hölzerne Brücke, die über das Nikolaifleet führte. Dort stiegen sie an Land und Hein konnte erstmals die Ausmaße des Infernos erkennen. Die ganze Stadt schien ein einziges Feuer zu sein. Emil schlug ihm auf die Schulter und verschwand. Hein folgte ihm nicht, denn irgendwo zwischen dem Qualm und dem lodernden Feuer lag seine Zukunft, denn auf das versteckte Geld konnte und wollte er nicht verzichten. Aber dorthin war ihm nun der Weg durch das lodernde Feuer versperrt.

Neben ihm tauchte ein Mann aus dem Rauch auf und rief ihm zu: »Gott schützt uns in der Nikolaikirche.«

Hein folgte ihm. Die Entscheidung fiel nicht schwer, denn in einem Gotteshaus würde er sich sicherer fühlen. Die Brandwunden an den Händen schmerzten nun heftig, aber das musste er ertragen.

»Gott schickt uns das Feuer, um uns von unseren Sünden zu reinigen!«, rief eine Frau.

Männer liefen schimpfend zum Rathaus, weil sie die Löscharbeiten für ungenügend hielten. Kurz bevor Hein die Kirche erreichte, trat er zur Seite. Er stolperte einige Schritte vor und lehnte sich erschöpft an einen Baum. Der Wind frischte auf, das tat seiner Haut gut. Doch die Brise von See fachte den Brand weiter an und Feuersäulen schossen hoch in den Himmel. Hein hatte noch nie gesehen, wie Feuer über Dächer zu Boden sprang und dann die Gassen entlanglief. Er kam sich verloren und sehr hilflos vor. Die Männer der Feuerwehr forderten mehr Wasser, denn es war die Zeit der Ebbe und im Fleet befand sich nur noch wenig davon.

Das alles mitansehen zu müssen, schnürte Hein die Brust ab. Mithelfen konnte er nicht. Seine Finger ließen sich nicht mehr bewegen. Er zitterte und in diesem Augenblick sah er den Teufel als Feuersturm über die Giebel in den Himmel tanzen und von dort fiel der Fürst der Finsternis direkt auf die Nikolaikirche. Die Menschen waren in der Kirche, weil sie an den Beistand Gottes glaubten und sich nicht vorstellen konnten, dass das Feuer den geweihten Ort zerstören könnte. Hein schaute und sah, wie der hohe Turm Feuer fing. Die Menschen wurden sehr still. Hein musste sich von diesem entsetzlichen Anblick losreißen. Als der Feuerteufel plötzlich die Glocken läuten ließ, knieten die Menschen im Freien nieder. Ein Pastor erhob seine Stimme und sprach: »Ich bin bei euch alle Tage bis ans Ende der Welt.«

Hein kam bis zur Trostbrücke und konnte nicht mehr weiter, weil er keine Luft bekam. Als er sich umschaute, musste er mitansehen, wie das gesamte Nikolaiviertel abbrannte. Er war davon überzeugt, dass kein Mensch bisher ein solches Feuer gesehen hatte.

Als er wieder durchatmen konnte, eilte Hein zum Rathaus, wo viele Menschen ausharrten. Vor der Tür wurde lauthals gestritten. »Man muss Schneisen sprengen, um das Feuer nicht überspringen zu lassen!«, riefen einige.

Hein sah den Nachtwächter Wander auf sich zukommen und wollte grüßend die Hand heben, aber der Schmerz war stärker. Wander schaute ihn an und ging wortlos an ihm vorüber. Hein dachte, konnte man ihn nicht mehr sehen? War er bereits tot? Er schloss sich einer Gruppe an, die zur Börse hinüberging, weil sie nicht aus Holz, sondern aus Stein gebaut worden war und deshalb besseren Schutz bot. Die Männer schauten mit merkwürdigen Blicken auf ihn. Weil ihm ständig schwindelig wurde, lehnte er sich schnell an die Wand eines alten Speichers, dessen morsches Holz faulig roch, bevor auch die Flammen ihn zerstörten. Der Einsturz des morschen Speichers ließ die Menschen einen Moment verstummen, bis der einsetzende Funkenflug ihnen bedrohlich nahe kam. Hein sprang zur Seite, stürzte zu Boden, raffte sich auf und eilte zum Haus der Börse. Gleich daneben befand sich das Rathaus, vor dem sich eine wütende Menge versammelt hatte. Für die Menschen war das Geschehen unbegreiflich und sie schüttelten die Köpfe, weil wirklich niemand gesehen hatte, wie das Feuer in die Deichstraße gekommen war.

Hein spürte seine Hände nicht mehr, nachdem er als Wasserträger eingeteilt wurde, um die Börse vor dem Feuer zu schützen. Vom Fleet kamen Eimer um Eimer, auch Fässer wurden herangerollt, aber nichts schien zu helfen. Der Wind trug immer wieder Feuerwolken heran, deren Funken wie Regen zu Boden tropften und alles entzündeten, was in der Nähe war. Selbst die Luft schien brennbar zu sein.

Die Spritzwagen waren längst leer, die Eimer kaum noch gefüllt und Hoffnungslosigkeit breitete sich aus. Hein sah den rot glühenden Himmel über der Stadt. Der Teufel hat uns das Fegefeuer gebracht, dachte er, aber gleich kamen die Befehle, nicht nachzulassen. Hein kämpfte sich mit zwei Eimern Wasser bis zur Börse vor und fiel dort um. Blut floss ihm aus der Nase und das Feuer hatte seine Hände noch stärker verbrannt.

Er sah eine Gestalt aus den Flammen treten. Es war Dörte, die auf ihn zukam. Hein schüttelte sich, denn Dörte war nicht zu ihm gekommen, er hatte fantasiert. Als er versuchte, sich zu orientieren, gab es eine fürchterliche Explosion. Sein Blick richtete sich auf den Ort des Infernos, und Hein sah, dass das Rathaus in Trümmern lag. Es war Nacht, aber das Feuer leuchtete über der Ruine wie die Sonne an einem Sommertag.

»Bei den abgebrannten Speichern wird geplündert!«, wurde gerufen. Da durchfuhr es Hein, denn sofort dachte er an sein Erspartes. Er kroch über den Boden, doch bis zu seinem Versteck konnte er unmöglich vordringen, denn die Hitze nahm ihm den Atem. Er hob seinen Kopf und schaute auf das völlig abgebrannte Viertel. Er würde sein Geld nicht mehr finden. Bis zum Morgen versuchte er, fast ohnmächtig, kriechend der Gefahr zu entkommen.

Vor ihm lag zersplittertes Glas und er spiegelte sich darin. Sein Gesicht war rußgeschwärzt und voller roter Brandflecken vom Funkenflug.

Zwei Männer hoben ihn aus dem Dreck auf einen Karren und schoben ihn aus der Gefahrenzone. Dort blieb er. Zum ersten Mal in seinem Leben schlief er am hellen Tag.

Jemand hatte Hein die Hände verbunden und auf seinem Gesicht spürte er kühlende Salbe. Er hatte jedes Gefühl für die Zeit verloren. Nur eines hatte sich nicht geändert, die Stadt am Nikolaifleet brannte immer noch.

Hein hob seine Hände und betrachtete sie. Ihm war klar, dass der Meister ihn fortschicken würde, denn an seine Arbeit war nicht mehr zu denken. Schwerfällig erhob er sich von der Karre und ließ sich fallen, wobei er beinahe in die kleine Alster gestürzt wäre, hätte ihn nicht ein Holzfass abgebremst. Er beschloss, seinen Weg zurück in Richtung des Feuers zu nehmen, denn er musste seinen kleinen Schatz finden, ohne das Geld war er am Ende. Das Feuer zeigte ihm, was ihn erwartete, denn auch die Petrikirche war abgebrannt, und als er sich ihr näherte, stürzte sie in sich zusammen. Hein erstarrte und konnte sich nicht mehr bewegen. Für welche Sünden wurde er bestraft, dass er so etwas erleben musste? Zurück in sein altes Leben würde er nicht mehr kommen, denn er schwebte. Hein war mit seinen Kräften am Ende und brach zusammen. Als man ihn hochhob, sah er, dass ihn der neue Dampfzug zum Sammelplatz für die Brandopfer brachte. Dort wurde Hein behandelt. Er befand sich im Zeltlager am Dammtor, wo viele Obdachlose lagerten. Aber es gab gute Hilfe, denn er war frisch verbunden worden und neben ihm lag neue Kleidung. Er konnte seine Schmerzen nicht ignorieren und dachte an die warnenden Worte von Mette. Sie hatte gesagt: »Verlasse die Stadt.«

Es war Sonntag, der achte Mai. Tage waren vergangen. Hein fühlte sich kräftig genug und er lief zu den abgebrannten Speichern. Das Feuer war inzwischen gelöscht worden. Die Zerstörung hatte biblische Ausmaße angenommen. Überall lagen vom Feuer geschwärzte Balken und Hein konnte über die Trümmer bis zur Elbe sehen. Das Gebäude mit seinem Schlafplatz gab es nicht mehr und die Stelle, an der er sein Geld versteckt hatte, würde er nicht finden. Damit war der Traum, zusammen mit Dörte leben zu können, ausgeträumt. Meister Martens brauchte er nicht aufzusuchen, denn mit seinen verkrümmten Fingern würde er nicht mehr als Reepschläger arbeiten können.

Eine Woche nach der schlimmen Katastrophe machte Hein sich auf den Weg zum Fluss Oste, um unterhalb des Elbedeichs zur zerstörten Kate seiner Eltern zu kommen. Er wollte sie instand setzen, den Brunnen reinigen und sich unter den alten Apfelbaum setzen, um sein zerstörtes Leben zu vergessen.

*

Es war in der Nacht zum Donnerstag, dem 5. Mai 1842, als das Feuer in der Deichstraße entdeckt wurde. An diesem Himmelfahrtstag begann eine Katastrophe, die zunächst unterschätzt wurde. Die aus Holz gebauten Speicher und die engen Gassen sorgten dafür, dass die Flammen durch die Altstadt toben konnten. Am 8. Mai lag die halbe Stadt in Schutt und Asche. 51 Menschen starben, circa 20.000 wurden obdachlos. Noch heute zeigt die

Straße Brandsende, wo das Feuer endlich gelöscht wurde. Der Wiederaufbau begann, unterstützt durch großzügige Spenden. Einer der Wohltäter war Salomon Heine, dessen Neffe Heinrich das Feuer in »Deutschland, ein Wintermärchen« beschrieben hat.

6 | DER AXTMÖRDER VON ALTONA

VON CAROLA CHRISTIANSEN

Der Altonaer Bahnhof 2019 – zu fast jeder Tageszeit ein Ort pulsierenden Lebens. Bunt, multikulti und modern.

Kaum einer erinnert sich heute noch an das grausige Verbrechen, das sich hier vor etwas mehr als 100 Jahren ereignete.

Die Beweggründe des Täters konnten bis zum heutigen Tage nicht vollständig aufgeklärt werden. Hunger spielte eine Rolle – und Scham. Warum letztere ihn nicht davon abhielt, sich Geld für eine Fahrkarte zum Ausüben seiner grässlichen Tat zu leihen, ihn aber sehr wohl daran hinderte, sich Geld für Essen zu borgen – wir werden es nicht mehr erfahren.

Darum: Vorsicht, liebe Leser, denn wer die Geschichte kennt, wird diesen Bahnhof fortan mit anderen Augen betrachten müssen. Es ist nicht ausgeschlossen, dass empfindsamen Gemütern beim Betreten ihres Abteils kalte Schauer über den Rücken laufen werden, derweil schreckliche Bilder sich vor ihnen aus den Schatten erheben.

Wer glaubt, dem gewachsen zu sein, und allen Warnungen zum Trotz weiterliest, möge sich mit mir auf eine Zeitreise begeben.

*

Es ist Sonntag, der 11. November 1906 – Der Tag danach

Der Winter hatte Einzug in Altona gehalten und den Platz vor dem Bahnhof mit einer dünnen Schicht weißer Flocken bedeckt. Vor einer Anschlagsäule war ein Mann in die Betrachtung des ausgehängten Steckbriefs vertieft. Er zitterte, was man in dem Moment sicherlich der winterlichen Kälte zugeschrieben hätte. Auch machte er auf den ersten Blick einen durchaus wohlgefälligen Eindruck. Bei genauerem Hinsehen allerdings offenbarte sich das Ausmaß seiner Verstörtheit.

Thomas Rücker war vertieft in sein eigenes Konterfei. Hatten ihn in der vergangenen Nacht bereits die grauenhaften Bilder seiner Tat heimgesucht und am Schlafen gehindert, so begann nun alles wieder von vorn. Ihm wurde übel bei der Erinnerung daran, was er getan hatte.

Was sollte aus ihm werden? Und was würden seine Eltern sagen, vorausgesetzt, dass sie es je erführen? Schweißperlen erschienen trotz der Kälte auf seiner Stirn.

Das Bild war gut, er erkannte sich sofort wieder. Obwohl er nicht eitel war und lange Blicke in den Spiegel stets vermied.

1.000 Mark Belohnung waren auf den Mörder, auf ihn, ausgesetzt worden.

Ihm war bewusst, dass er sich schnellstens von diesem Ort entfernen sollte, trotzdem starrte er weiter wie hypnotisiert den Steckbrief an. Die Gegenwart verschwamm langsam vor seinen Augen. Seine Gedanken wanderten nach Reichenberg in Böhmen, wo sein einziger Bruder das Gymnasium besuchte. Er war dort ebenfalls in die Schule gegangen bis zur Obersekunda. Hatte das Unheil damals seinen Anfang genommen?

Mit einem Schaudern kam er wieder in der Gegenwart an und bemerkte zu seinem Entsetzen, dass einige Vorbeigehende sich bereits nach ihm umdrehten. Er verließ den verfluchten Ort mit langen Schritten. Entschlossen steuerte er zum ersten Mal in seinem Leben auf ein Wirtshaus zu.

*

10. November 1906 – Der Tag

Zahnarzt Dr. Claußen packte die letzten Utensilien zusammen und schloss die Tür zu seiner Praxis in der Allee. Wochentags lebte er in dem dazugehörigen Zimmer. Ein Waschbecken, ein schmales Bett – mehr brauchte er nicht unter der Woche. Zumal er seine Mahlzeiten in einem nahegelegenen Wirtshaus einzunehmen pflegte. Er freute sich auf das Wiedersehen mit seiner Frau und den beiden Kindern. Nach sechstägiger Abwesenheit kam es ihm stets so vor, als wären die Kinder, vor allem sein Sohn, um einige Zentimeter gewachsen.

Die Vorfreude beflügelte seine Schritte auf dem Weg zum Bahnhof.

Die alte Kioskbesitzerin begrüßte ihn mit einem achtungsvollen: »Guten Tag, Herr Doktor! Darf es wieder eine Zeitung sein?«

Er nickte. Sein Blick fiel auf die Schlagzeile, die beinahe die gesamte Titelseite füllte. Von einer Köpenickiade war dort die Rede. Am 16. Oktober war ein Hochstapler in das Rathaus der Stadt Köpenick eingedrungen. Dieses Schurkenstück war zurzeit in aller Munde.

Aus einer Laune heraus kaufte er eine Tüte Zuckerstangen für die Kleinen und einige Pralinen für seine Gattin.

Als er wenig später am Bahnhof stand und auf den Zug Richtung Blankenese wartete, bemerkte er einen wohlgekleideten jungen Mann mit angenehmen Gesichtszügen, der ganz in seiner Nähe ebenfalls zu warten schien.

*

11. November 1906 – Der Tag danach

Das Innere des Wirtshauses war ihm so fremd wie die Oberfläche des Mondes. Er setzte sich unbeholfen an den Tresen. Scheinbar aus dem Nichts tauchten drei bereits leicht bezechte Gestalten neben ihm auf, die sich bei seinem Eintreten schon vielsagende Blicke zugeworfen hatten. Sie stellten geräuschvoll ihre leeren Bierhumpen ab und bestellten vier Halbe. Der Wirt zapfte gleichmütig die bernsteinfarbene Flüssigkeit in vier Gläser. Dieser Vorgang wiederholte sich noch einige Male.

Rücker, dem Alkohol gänzlich unbekannt war, hatte mittlerweile einen ordentlichen Rausch. Er redete nicht viel mit seinen neuen Freunden, das wurde jedoch auch nicht von ihm erwartet. Es reichte, dass er am Ende die Zeche beglich.

Als er die wohlgefüllte Börse des Zahnarztes zum Bezahlen hervorholte, trat ein gieriges Funkeln in die Augen der drei Burschen. Es gäbe andere Verlustigungen, versuchten sie ihn zu überreden, bei denen nicht nur der Durst nach Bier gelöscht würde.

So geschah es, dass er sich wenig später mit seinen anhänglichen Begleitern in einem Freudenhaus wiederfand. Der Nähe zum Hafen geschuldet, gab es in der Gegend einige dieser Etablissements.

*

9. November 1906 – Der Tag davor

Rücker saß in dem Zimmer, das er von den Wirtsleuten Kossmann für geringes Geld gemietet hatte. Um seinen Hunger zu betäuben, hatte er ein wenig auf seiner Geige geübt. Er spielte ganz vorzüglich, und wieder waren Passanten unter seinem Fenster stehen geblieben, um zu lauschen. Doch kurz darauf war sein Hunger übermächtig geworden, und er hatte das Spielen einstellen müssen. Verzweiflung hatte das Gefühl musischer Erfüllung verdrängt.

»Ich werde sie niemals verkaufen!« Sein in großer Lautstärke vorgebrachtes Lamento veranlasste die letzten verweilenden Zuhörer, eiligst ihren Weg fortzusetzen.

Er lebte einfach, geradezu spartanisch. Wasser, Schrotbrot und hin und wieder ein Apfel. Seit einigen Tagen war nicht einmal mehr das möglich, und er hungerte so stark, dass er des Öfteren zu halluzinieren glaubte.

Er blickte sich in seinem Zimmer um und besah sich die wenigen Bücher, die er besaß. In der Hoffnung, seinen Gedanken wenigstens für kurze Zeit entfliehen zu können, griff er nach einem grellen rot-schwarzen Einband.

Diese Entscheidung sollte sein bisheriges Leben verändern und das eines völlig Unbeteiligten *schlagartig* beenden.

*

10. November 1906 – Der Tag

Thomas Rücker warf die dünne Bettdecke zurück und stand auf. Er schlich zu seiner Zimmertür und lauschte. Auf dem Gang schien alles ruhig zu sein. Nachdem er die Gemeinschaftstoilette aufgesucht und sich an dem kleinen Waschbecken in seinem Zimmer gewaschen und rasiert hatte, kleidete er sich an. Gewissenhaft bürstete er Hut und Schuhwerk. Jede Bewegung kostete ihn Kraft, denn der Hunger hatte ihn stark geschwächt.

Bei der Lektüre der Nick-Carter-Detektivgeschichte hatte gestern eine Idee in seinem Kopf Gestalt angenommen. Mittlerweile erfüllte sie sein ganzes Denken. Könnte er die dort auf das Lebendigste geschilderte Tat kopieren? Wollte er das überhaupt?

Er schob sich an der Küche vorbei. Ein Geruch nach Essen stieg ihm in die Nase und verursachte ihm beinahe Übelkeit.

»Frau Wirtin, auf ein Wort!«

Er nahm allen Mut zusammen. Würde er sie überzeugen können?

Vor dem Schuppen blieb er stehen. Inzwischen war er kaum noch zu klaren Gedanken fähig. Mühsam hob er die scharfgeschliffene Axt aus ihrer Halterung an der Holzwand. Einen Moment lang stand er unbewegt da, den schweren Gegenstand unschlüssig in den Händen.

Noch konnte er zurück! Er musste das Werkzeug nur wieder an seinen Platz hängen. Ein Ruck ging durch seinen ausgemergelten Körper. NEIN! Sein Entschluss war gefasst und duldete keinen Aufschub.

Er sah sich um. Immer noch war er allein. Er hatte so viel abgenommen, dass er den Stiel der Axt mühelos hinter dem Hosenbund in ein Hosenbein gleiten lassen konnte. Das scharfe Blatt aus Stahl presste er vorsichtig an seinen Leib.

Ohne jemandem zu begegnen, verließ er das Haus in der Königstraße. Der Altonaer Bahnhof war sein Ziel.

Nicht weit entfernt machte sich Zahnarzt Dr. Claußen gerade ebenfalls auf den Weg zum Bahnhof. Beinahe gleichzeitig trafen sie dort ein.

Rücker löste eine einfache Fahrt nach Klein Flottbek. Wenn alles liefe wie geplant, würde er sich dort eine Rückfahrkarte kaufen können. Er hatte gerade seine allerletzten Pfennige ausgegeben, die er sich vorhin von der Wirtin hatte leihen müssen. Hätte er sie nicht angetroffen oder kein Geld von ihr erhalten, wäre sein Plan an einer einfachen Fahrkarte gescheitert.

Zum jetzigen Zeitpunkt wurde er nicht von Gewissensbissen geplagt. Er war sogar gänzlich davon überzeugt, dass die geplante Gräueltat durch seinen Hunger vollständig zu rechtfertigen sei.

Langsam ließ er den Blick an der überschaubaren Menschenmenge auf dem Bahnsteig entlangwandern. Nur wenige waren an diesem Sonnabend unterwegs, und nachdem der Zug in die Gegenrichtung seine Fahrgäste aufgesogen hatte, blieb außer ihm nur ein Wartender übrig. Mit Genugtuung stellte er fest, dass es sich dabei um den wohlhabend aussehenden Mann handelte, der ihm gleich zu Beginn aufgefallen war.

Ein seltsames Prickeln überkam ihn. Es verdrängte selbst seinen Hunger. Ebenso schwanden die lästigen Zweifel, die sich soeben wiedereingestellt und seine Entschlusskraft zu lähmen gedroht hatten. Seine ganze Aufmerksamkeit galt einzig seinem Opfer.

Eine Art Jagdfieber hatte von ihm Besitz ergriffen.

Es war 15.25 Uhr, noch acht Minuten bis zum Eintreffen des Zuges.

*

9. November 1906 – Der Tag davor

Vor seinen Augen begann die Schrift zu verschwimmen. Nicht, dass es sich um besonders anspruchsvolle Lektüre gehandelt hätte. Doch gleichzeitig mit seiner Müdigkeit stieg sein Hunger ins Unermessliche. Außerdem fror er, denn es war bitterkalt in seinem Zimmer. Draußen herrschten Minusgrade, und die Kohlen reichten nicht für die Nacht. Wenn er sparsam mit seinen bescheidenen Vorräten umginge, könnte er wenigstens noch ein- bis zweimal tagsüber heizen.

Er schlüpfte in seine Pantoffeln und machte sich auf den Weg zur Gemeinschaftstoilette. Sein Körper schien fiebrig zu sein. Zudem wurde er, was häufig geschah in letzter Zeit, von heftigen Kopfschmerzen geplagt.

Plötzlich glaubte er, eine Stimme gehört zu haben. Vor Schreck glitt der Türgriff aus seiner Hand, und die Zimmertür fiel mit einem viel zu lauten Knall hinter ihm ins Schloss. Die Stimme war immer noch da, ganz in seiner Nähe. Sie kam ihm bekannt vor. Er drehte sich einmal um sich selbst, niemand war zu sehen. Mit einer Hand stützte er sich an der Wand ab, ein Zittern lief durch seinen Körper, und seine Beine drohten den Dienst zu versagen. Wer war in seinem Zimmer, warum zeigte er sich nicht?

Plötzlich wurde ihm bewusst, dass er den letzten Satz laut ausgesprochen hatte. Im selben Moment schien eine Handvoll Schnee seine Wirbelsäule herunterzurieseln. Denn er musste erkennen, dass er die ganze Zeit laut mit sich selbst gesprochen hatte.

Die Stimme war seine eigene gewesen.

*

11. November 1906 – Der Tag danach

Da stand er, als wäre er bestellt und nicht abgeholt, im Salon des Freudenhauses. Seine Begleiter waren alsbald mit willigen Damen in angrenzenden Zimmern verschwunden. Natürlich nicht, ohne sich bei ihm zu versichern, dass er keinesfalls vorhatte zu verschwinden und sie ohne einen Groschen zurückzulassen.

Er fühlte sich benommen. Dies war teils dem ungewohnten Alkoholgenuss geschuldet, teils der Situation, der er sich ausgesetzt sah. Erneut begannen Kopfschmerzen hinter seiner Stirn zu pochen. Einige der außerordentlich spärlich bekleideten Halbweltdamen warfen ihm, wie sie wohl meinten, verführerische Blicke zu. Seine Bekannten hatten dafür gesorgt, dass das Wissen um die wohlgefüllte Börse des Herrn in ihrer Begleitung sich in dem Etablissement lauffeuerartig verbreitet hatte.

Nachdem er weiterhin keine Anstalten machte, sich den Frauen zu nähern oder sie, außer mit erschreckten Blicken, überhaupt zu beachten, ergriff eine von ihnen die Initiative. Den blutrot geschminkten Mund zu einem lasziven Lächeln verzogen, wogte sie auf ihn zu. Ihre üppigen Formen, kaum bedeckt und kaum zu bändigen, bewegten sich im Takt ihrer Schritte. Mit einer Art verzweifelter Faszination starrte er ihr entgegen. Ohne es zu bemerken, begann er, halblaut vor sich hin zu murmeln. Sofort folgte eine zweite Hure im Fahrwasser der ersten, die dachte, der schüchterne Freier hätte endlich seine Sprache wiedergefunden. Die erste stand mittlerweile direkt vor ihm und stellte fest, dass er nicht mit ihr, sondern mit sich selbst sprach. Sie zögerte.

Währenddessen rang er mit sich. Er warf hilflose Blicke zum Ausgang, nur hatte er ja versprochen zu warten. Schließlich legte er unbeholfen einen Arm um die weißen Schultern der Frau. Die Berührung war ihm unangenehm. Die Frauen jedoch nahmen ihn in ihre Mitte und führten ihn trotz seines Widerstandes in ein privates Gemach. Sein Reichtum lockte und zudem handelte es sich bei ihrer Beute um einen außerordentlich ansehnlichen jungen Herrn. Sollte er Gespräche lieber mit sich selbst als mit ihnen führen wollen – bitte schön!

*

10. November 1906 – Der Tag (15.26 Uhr)

Ein eisiger Wind fegte über den Bahnsteig. Ihm liefen kalte Schauer über den Rücken, er wusste nicht, ob vor Kälte oder aus Angst. Der kühle Stahl der Axt drückte gegen seinen Bauch. Rücker starrte den wartenden Herrn im Anzug an, bis dieser sich langsam umwandte.

Der Zahnarzt schien den Blick tatsächlich gespürt zu haben. Doch was sich seinen Augen bot, war lediglich ein junger Herr von gepflegtem Äußeren, der ein Stück entfernt ebenfalls zu warten schien. Nichts, was ihm einen

Grund zur Besorgnis hätte geben können. Das beruhigte ihn anscheinend, denn sein Gesichtsausdruck entspannte sich. Er zog eine goldene Taschenuhr aus seiner Westentasche und warf einen Blick darauf.

15.28 Uhr. Noch fünf Minuten.

*

11. November 1906 – Der Tag danach

Er hatte mit zitternden Händen ein Goldstück aus der Börse geklaubt und auf das Bett geworfen. Daraufhin hatte er sein Hemd in die Hose gestopft, beides in der Hast schief zugeknöpft und war geflohen, jegliche Versprechen vergessend. Da das zurückgelassene Geld für die Dienste an ihm und seinen Begleitern reichte und darüber hinaus noch für die eine oder andere Lokalrunde, machte sich niemand die Mühe, ihn aufzuhalten.

Auf der Straße bückte er sich, um seine Schnürsenkel zuzubinden. Leichter Schneefall hatte eingesetzt, er konnte die fedrigen Flocken auf seinen Haaren spüren. Seinen Hut hatte er in dem Etablissement vergessen. In Windeseile waren Kopf und Rücken von einer dünnen Schneeschicht bedeckt. Seine Finger zitterten immer noch so stark, dass er mehrere Anläufe zum Binden der Schleifen brauchte.

Er richtete sich auf und klopfte den Schnee von den Schultern. Sein ganzer Körper bebte.

Der Heimweg führte ihn dicht am Altonaer Bahnhof vorbei. Vor einem Anschlag mit einer Bekanntmachung hatte sich ein kleiner Menschenauflauf gebildet. Obwohl er im Vorbeigehen nicht erkennen konnte, was auf dem feuerroten Plakat stand, ahnte er es. Unbewusst zog er den Kopf zwischen die Schultern. Schreckliche Bilder begannen, seine Gedanken zu okkupieren. Bevor er es verhindern konnte, hörte er sich wieder laut sprechen. Er presste beide Hände vor den Mund. Vergeblich! Da ballte er eine Hand zur Faust und schob sie sich tief zwischen die Zähne. Endlich Stille. Das Letzte, was er sich hatte sagen hören, war: »Ich musste es tun. Ich hatte keine Wahl!« Diese beiden Sätze kreisten seither in seinem Kopf. Gehetzt drehte er sich um. Jetzt sah er den Schutzmann, der am Rande der Menschenmenge aufgetaucht war. Er beschleunigte seine Schritte und lief beinahe.

Mit unsicheren Händen versuchte er, den Schlüssel ins Schloss zu stecken. Immer wieder traf er daneben. Er bemerkte nicht gleich, dass der Wirt ihn aus dem ersten Stock kopfschüttelnd beobachtete. Bis Rücker nach oben schaute und ihre Blicke sich für Sekunden kreuzten, bevor der Wirt das Fenster nachdrücklich schloss. Dem missbilligenden Gesichtsausdruck nach schien der Wirt ihn für stark alkoholisiert zu halten. Im nächsten Moment öffnete sich die Tür, und die Frau Wirtin stand vor ihm. Sie musterte ihn mit zusammengekniffenen Augen von oben bis unten, bevor sie zur Seite trat, um ihn hereinzulassen. Während er sich schnell an ihr vorbeischob, schnupperte sie misstrauisch. Zwar stieg kein Alkoholgeruch in ihre Nase, doch sah sie, dass er am ganzen Körper schlotterte. Sein Zustand weckte mütterliches Mitgefühl in ihr, und so klopfte sie wenig später an seine Zimmertür und brachte ihm eine heiße Milch mit Honig.

Nachdem Rücker die Tür einen winzigen Spaltbreit geöffnet hatte, riss er der Wirtin den Becher beinahe aus der Hand. Noch während seiner sehr leise gemurmelten Worte warf er die Tür bereits wieder vor ihrem überraschten Gesicht ins Schloss.

»Seltsam«, sagte die Wirtin später zu ihrem Mann, »das Betragen des jungen Herrn ist wirklich äußerst merkwürdig!« Ihr Mann richtete gerade eine Bartbinde für die Nacht, um seinen imposanten Schnauzbart dem nächsten Morgen unzerzaust präsentieren zu können, und erwiderte brummig: »Weib, was treibt dich um? Der Herr ist von guter Herkunft. Er zahlt den Mietzins pünktlich. Mehr soll uns nicht interessieren!« Er justierte die Schlaufen und Schnüre, bis er mit dem Ergebnis zufrieden war, und sank seufzend auf das pralle Kopfkissen. Seine Frau hingegen schnaufte und grummelte vor sich hin. Sie schimpfte leise und zupfte an ihrer Spitzenkappe, bis der weiße Batist schief auf ihrem Kopf saß. Ihr Mann stöhnte. Er wusste, dass sie keine Ruhe geben würde. Mit halbgeschlossenen Augen forderte er sie auf, sich zu erklären.

»Gestern«, sie räusperte sich, und ihre Stimme wurde zu einem Flüstern, »gestern wurde in Altona, ganz in unserer Nähe, ein fürwahr schreckliches Verbrechen begangen ...«

Er unterbrach sie. »Das mag wohl sein, doch gewiss glaubst du nicht, dass unser Herr Rücker etwas damit zu tun hat?!«

Ihre Schultern in dem züchtigen Nachthemd zuckten. Daraufhin, ein Wispern nur: »Ich weiß es nicht ...«

»Und *ich* sage dir: Schweig und schlaf! Sonst wirst du dir am Ende noch ein schönes Märchen zusammenspinnen! Es ist nicht gut, wenn Frunslüt versuchen, so viel zu denken. Gute Nacht!« Seine Stimme duldete keinen

Widerspruch, und ihr Verdacht war viel zu verworren, als dass sie auf eine Klärung hätte bestehen wollen.

*

10. November 1906 – Der Tag

Der Bahnangestellte zuckte zurück. Der junge Mann, der gerade eine Fahrkarte nach Altona lösen wollte, schien mitsamt seinem Anzug in Blut gebadet zu haben.
»Um Gottes willen, was ist denn mit Ihnen passiert?«
»Ich hatte Nasenbluten!«
Der junge Mann hielt ihm ein Geldstück entgegen. Er war kreidebleich. Seine genuschelte Antwort schien den ungewöhnlichen Aufzug fürs Erste zu erklären, der Angestellte reichte ihm zögernd ein Billett. In diesem Moment fuhr der Zug Richtung Altona ein, und der junge Mann verschwand eilig mit dem Fahrschein Richtung Bahnsteig. Der Fahrkartenverkäufer sah ihm stirnrunzelnd hinterher. Die Stimme des jungen Mannes war wohlklingend, seine Sprechweise außerordentlich gebildet gewesen. Doch sollte er verflucht sein, wenn hier nicht irgendetwas ganz und gar nicht stimmte!

Nur wenig später sollte sein Gefühl sich bestätigen. Am Bahnsteig tauchten Polizisten auf. Mit hochgezogenen Brauen sah er sie in den kurz zuvor eingefahrenen Zug Richtung Blankenese ausschwärmen. Spätestens als der Zug den Bahnsteig nicht zur vorgeschriebenen Abfahrtszeit verließ, wurde ihm klar, dass etwas geschehen sein musste.

Zu den außergewöhnlichen Vorkommnissen befragt, erinnerte er sich sogleich an die Episode mit dem blutbesudelten jungen Herrn. Nachdem er erfuhr, was sich in einem der Abteile zugetragen hatte, wurde er von Übelkeit übermannt. Er versuchte, den Schutzpolizisten eine Beschreibung des Herrn zu geben, musste sich jedoch immer wieder abwenden. Die Ordnungshüter hatten Nachsicht mit ihm und wurden für ihre Geduld belohnt. Dank seiner guten Beobachtungsgabe war die Erstellung eines Steckbriefes möglich.

Die Sonne hatte sich inzwischen fast ganz zurückgezogen. Der winterliche Frost fiel nasskalt über die Menschen her. Wer von der Bluttat wusste oder gar das Abteil gesehen hatte, war besonders anfällig für die Kälte. Einige gestandene Männer klapperten ohnmächtig mit den Zähnen.

Thomas Rücker taumelte wie im Fieber zurück nach Hause. Ein zweifelhaftes Glück wollte es, dass ihm kaum eine Menschenseele begegnete. Und die wenigen, die seinen Weg kreuzten, waren allesamt zu weit entfernt, um seinen Zustand zu bemerken.

Leise vor sich hinmurmelnd traf er irgendwann in seiner Herberge ein. Er schlich zu dem Schuppen, um die Axt zurückzuhängen. Seine Hände zitterten jedoch immer noch so stark, dass er es nicht schaffte, sie in die Aufhängung zu wuchten. Eine Hand vor den Mund gepresst, versuchte er, seine Stimme zu dämpfen. Mit der anderen Hand lehnte er die Axt gegen die Wand und dabei bemerkte er das Blut, das immer noch daran klebte. Er zog mit bebenden Fingern sein Taschentuch hervor und säuberte damit Klinge und Stiel.

Sein Glück hielt an, auf dem Gang begegnete ihm niemand. Nachdem er seinen besudelten Anzug in die Ecke geworfen und sich am Waschbecken in seinem Zimmer vom Blut des Mannes gereinigt hatte, rollte er sich auf dem Bett zusammen und wimmerte leise.

*

Der Morgen des 12. November 1906 – Zwei Tage nach der Tat

Seit er im Bett gelegen hatte, war er von den grässlichsten Albträumen geplagt worden. Er hatte sich die ganze Nacht auf seinem Lager herumgeworfen und kaum ein Auge zugetan. Kaum war er kurz eingenickt, weckte ihn gleich darauf der nächste schreckliche Traum. Irgendwann musste er trotz allem eingeschlafen sein, denn ein lautes Poltern an der Zimmertür ließ ihn hochfahren. Verstört sah er sich um. Wieder donnerte jemand – scheinbar mit beiden Fäusten – gegen das Holz. »Aufmachen! Polizei! Oder bei Gott, wir schlagen die Tür ein!«

Er vernahm Stimmengewirr von der anderen Seite, vermeinte dabei die Wirtin herauszuhören, die wohl versuchte, ihre Tür zu retten. Benommen blickte er zu dem einzigen Ausgang seiner Kammer. Die Tür erzitterte bereits bedrohlich unter den Schlägen. Sein Blick raste zum Fenster, da brach die Tür vollends aus den Angeln und drei uniformierte Schutzleute fielen buchstäblich in den Raum.

»Hände hoch, Bursche! Keine Fisimatenten!«

Die Büttel fuchtelten bedrohlich mit ihren Schlagstöcken. Hinter den drei Pickelhauben tauchte Polizeiinspektor Engel aus Altona auf. Gemächlich stieg er über die Tür und sah sich im Zimmer um. Sein Blick fiel auf das blutige Bündel Stoff in der Ecke, und gleich darauf auf Rücker. »Was hast du dir nur dabei gedacht? Zieh dich an, das Spiel ist aus!«

Thomas Rücker wurde in Ketten zur Polizei gebracht. Die Zeichnung auf dem Steckbrief war ihm zum Verhängnis geworden. Zuerst waren es seine Saufkumpane gewesen, die ihn auf dem Bild wiedererkannten. Der entscheidende Hinweis jedoch sollte erst einige Zeit später erfolgen, nachdem nämlich seine Wirtsleute einen Blick auf die Suchmeldung geworfen hatten.

Bereits am 19. Januar 1907 wurde Thomas Rücker, geboren am 28. Dezember 1888 zu Hermsdorf in Böhmen, vor der Altonaer Strafkammer wegen Mordes und Raubes zu 15 Jahren Gefängnis verurteilt. Da er zum Zeitpunkt der Tat noch keine 18 Jahre alt war, entging er einem schwereren Strafmaß.

Den Anklägern fiel es nicht leicht, sich seinen feinen Manieren und seinem angenehmen Äußeren zu entziehen. Ein so grauenhaftes Verbrechen schien nicht zu ihm passen zu wollen. Seine sanfte Stimme, seine stattliche Statur, sein hübsches, engelsgleiches Gesicht, nichts an seinem Aussehen oder seiner Art ließ darauf schließen, dass er zu irgendeiner Missetat fähig sein könnte. Zudem strahlte er etwas Unschuldiges aus, das jeden berührte.

Diese außergewöhnliche Schönheit und Eloquenz waren vermutlich der Grund, warum ihm, ungeachtet seiner Tat, eine erstaunliche Anzahl durchaus respektabler Damen schwärmerische Briefe ins Gefängnis schickten. Ob er irgendwann zu einer der Absenderinnen Kontakt aufgenommen hat, ist nicht bekannt.

Desgleichen entzieht sich unserer Kenntnis, was später aus dem Mörder mit dem nicht abgeschlossenen Theologiestudium und der abgebrochenen Gärtnerlehre geworden ist.

Seine Spur verläuft sich, als habe er niemals existiert.

*

10. November 1906 – Die Tat

15.33 Uhr. Der Zug fuhr mit lautem Pfeifen in den Bahnhof ein. Zischend öffneten sich die Türen. Der ahnungslose Zahnarzt stieg in ein leeres Abteil der zweiten Klasse. Seine Ledersohlen klapperten auf den Metallstufen. Gerade hatte er am Ende des Abteils Platz genommen, da hörte er Schritte näherkommen. Er blickte kurz auf und sah den elegant gekleideten jungen Herrn, der schon am Bahnsteig gewartet hatte. Er nickte ihm freundlich zu und zog seine Zeitung hervor. Wenig später war er ganz in den Bericht über den *Hauptmann von Köpenick* vertieft.

Thomas Rücker zögerte kurz, der Fremde sah ihn direkt an. Danach traute er sich nicht gleich, allzu dicht an ihn heranzugehen, und setzte sich zuerst nur vorsichtig in die Nähe. Das Setzen war nicht ganz einfach, mit dem Stiel der Axt im Hosenbein. Seine Malaise wurde von dem Fremden jedoch nicht bemerkt, der schien völlig in seine Zeitung versunken zu sein.

Die erste Haltestelle kam und ging. Niemand stieg zu. Viel Zeit hatte er nicht mehr. Seine Fahrkarte reichte nur bis Klein Flottbek und nicht wieder zurück. Außerdem bestand immer die Gefahr, dass jemand zusteigen würde.

Der Zug pfiff und die Eisenbahnräder ratterten über die Schienen. Schließlich, kurz vor Erreichen der Station, erhob er sich leise. In dem Moment blätterte sein Opfer plötzlich die Zeitung um. Er zuckte zusammen und blieb stocksteif stehen. Das Rascheln des Papiers klang überlaut in seinen Ohren, aber der Fremde hinter der Zeitung las ahnungslos weiter, ohne das drohende Unheil zu bemerken.

Endlich stand Rücker direkt vor der Zeitung, er wagte kaum zu atmen. Auf seiner Stirn hatte sich ein feiner Schweißfilm gebildet. Lautlos zog er die Axt aus dem Hosenbund. Im selben Augenblick, als der Mann vor ihm die Zeitung sinken ließ, schlug er zu. Ein Strahl hellen Blutes traf das Papier. Er wartete nicht, bis das Überraschungsmoment vorbei war, sondern setzte gleich mehrere heftige Hiebe auf den Kopf hinterher. Der Schwerverletzte rutschte vom Sitz. Sein Hut kullerte über den Boden. Überall war Blut. Wie im Rausch hob und senkte Rücker die Axt ein ums andere Mal. Längst war kein Leben mehr in dem Mann am Boden. Die Blutlache wurde immer größer. Bei dem Versuch, dem Toten die Taschen zu leeren, glitt Rücker darin aus und verlor das Gleichgewicht. Er konnte sich gerade noch mit einer Hand auf dem Boden abstützen. Erleichtert wollte er sich aufrichten, doch plötzlich stöhnte er entsetzt auf. Sein Gesicht war nur wenige Millimeter von dem zerschmetterten Antlitz seines Opfers entfernt. Keuchend wandte er den Blick, und für einige Sekunden wurde ihm schwindelig. Der kurze Moment hatte gereicht, um das grausige Bild in sein Gedächtnis zu brennen. Sein Mund wurde trocken, ein heftiger Kopfschmerz begann, hinter seiner Stirn zu pochen. Hastig wischte er die blutige Hand am Polster des Sitzes ab und durchwühlte die Taschen des Toten. Bei seiner fieberhaften Suche stieß er auf ein Päckchen Pralinen und eine Tüte Zuckerstangen und musste sich beinahe übergeben.

Endlich hatte er gefunden, wonach er gesucht hatte. Eine gut gefüllte Geldbörse und eine goldene Taschenuhr. Der Zug wurde langsamer. Gleich würde er in die Station einfahren.

Er hatte nicht gedacht, dass so viel Blut in einem Manne sein könnte. Es war über den Boden des Abteils gelaufen, wo es sich ausgebreitet hatte, bevor es in die leichte Vertiefung floss, die die Schritte unzähliger Fahrgäste in die Mitte des Ganges getreten hatten. Es war an die Wände gespritzt, und es tränkte den Sitz, auf dem sein Opfer gesessen hatte.

Der Zug pfiff. Mit zitternden Händen schob Rücker die Axt zurück in den Hosenbund und verstaute seine Beute in den Taschen seines Gehrocks. Kaum hielt der Zug, sprang er aus dem Abteil, ohne sich noch einmal umzusehen. Hinter ihm tropfte Blut auf die Stufen. Das war es, was dem armen Schaffner kurz darauf auffiel und ihn dazu veranlasste, vorsichtig die Tür zum Abteil zu öffnen.

Er brauchte lange, bis er sich von dem Anblick erholt hatte.

*

So oder ähnlich hat es sich zugetragen, am 10. November anno 1906. Diese Geschichte entspricht zum größten Teil der Wahrheit.

Thomas Rücker und Dr. Claußen hat es wirklich gegeben.

Dieses Ereignis zeigt uns, dass Äußerlichkeiten täuschen können. Bei jedem abgerissen aussehenden Mitreisenden wäre der bedauernswerte Zahnarzt wahrschein-

lich wachsam gewesen, bei dem eleganten, manierlichen jungen Herrn hingegen vermutete er keine Gefahr.

Möglicherweise hat das Weltbild der geschätzten Leser durch die Geschichte eine Veränderung erfahren. Wer sich zukünftig in Altona (oder an einem anderen Ort) durch das Gedränge schiebt und in einen Zug steigt, wird sich vielleicht an diese Begebenheit erinnern, und daran, dass der äußere Schein manchmal trügerisch ist. Denn niemand kann schließlich in einen anderen Menschen hineinblicken.

7 | DER TOTE IM SPEICHER

VON ANJA MARSCHALL

Hamburg war Ende des 19. Jahrhunderts der weltweit größte Handelsplatz für Rohkaffee. Doch der Reichtum der Wenigen führte zur Armut der Vielen. Der wirtschaftliche Aufschwung der Stadt ließ die Lebenshaltungskosten drastisch steigen. Die ohnehin geringen Löhne für die Arbeiter blieben gleich. Gleichzeitig gab es ein erheblich größeres Angebot an Arbeitern, während die Nachfrage nach Arbeit vonseiten der Reeder und Kaufleute erheblich geringer war. Die Armut in der Stadt wuchs ins Unerträgliche. November 1896 begann der Hamburger Hafenarbeiterstreik. Er gilt als einer der größten und bedeutendsten Arbeitskämpfe im Kaiserreich.

*

Winter 1896/1897

Die klamme Morgenluft schmeckte nach Eisen. Aus den Schornsteinen der Stadt am Fluss wanden sich hunderte Rußfahnen in den eisgrauen Himmel hinauf, verschleierten die noch tiefstehende blasse Sonne zwischen den Wolken, legten sich wie ein Leichentuch über Hamburg.

Schweigend traten die Frauen aus den engen Gassen der Altstadt heraus auf die breite Straße, die zum Hafen führte. Der Atem gefror vor ihren Gesichtern. Sie wickelten ihre Wolltücher enger um die Schultern und gingen hinüber zur St. Annenbrücke. Dort bahnten sie sich einen Weg durch eine Gruppe Männer. Es waren Streikposten. Sie sollten Streikbrechern den Zugang zur Speicherstadt verwehren oder versuchen, sie umzustimmen, doch noch beim größten Arbeitskampf mitzumachen, den das Kaiserreich je gesehen hatte. Die Männer ließen die Frauen wortlos passieren, denn in dieser harten Zeit waren es die Mütter und Schwestern, die noch Geld nach Hause brachten.

Stumm gingen die Frauen über die Eisenbrücke, welche die neue Speicherstadt mit dem Rest der Stadt verband. Es war, als überschritten sie eine Grenze, beträten ein anderes Land. Jenseits der Brücke regierten hinter hohen Backsteinmauern, üppig verziert mit Türmchen und Zinnen, Debit und Credit. Einer mittelalterlichen Burg nicht unähnlich. Jedoch bargen die hohen Speicher keine wehrhafte Zitadelle, sondern das modernste Lagergebiet der Welt.

Drei Beamte in grüner Uniform traten aus ihrem Zollhäuschen. Sie sahen der Schar Frauen aus schmalen Augen nach, wie diese Richtung Sandtorquai eilten. Es war noch früh, und wohl nicht jede von ihnen würde heute Arbeit in den Kaffeespeichern finden können, aber das Gerücht ging um, gestern seien zwei Schiffe angelandet, voll mit tausend Sack Rohkaffee. Sicherlich hatten die Streikbrecher die Ladungen schon gelöscht und in die Speicher gebracht. Jetzt hofften die Frauen, dass die feinen Herren Kaufleute viele »Kaffee-Meetjes« zum Sortieren der blassgrauen Bohnen benötigten.

Am Sandtorquai verteilte sich die Menge der Frauen vor den Eingängen von Block O, um nach Arbeit zu fragen. Jene, es waren rund fünfzig oder sechzig an der Zahl, die vor der verschlossenen Tür zwischen Block Q und R warteten, hatten Glück. Man brauchte im Privatspeicher von Kaffeehändler Mommsen alle von ihnen.

»Reinkommen«, bellte der Hilfsschreiber an der Tür. »Nach oben!«

Schweigend erklommen die Frauen die eisernen Stufen, an deren Ende der oberste Speicherboden lag. Dort würden sie die nächsten sechzehn Stunden auf Holzbänken sitzen, Bohne für Bohne prüfen, Stunde um Stunde, mit schmerzendem Rücken und tränenden Augen.

Während die Frauen die Stufen emporstiegen, wanderten ihre Gedanken zu den Kindern, die allein zu Hause waren. Oder sie dachten an ihre Männer, die heute hoffentlich ein wenig Geld mit nach Hause bringen würden. Die Streikkassen waren nach über zwei Monaten fast leer. Acht Mark für eine ganze Woche! Das reichte bei vielen nicht einmal für die horrenden Mieten, die die reichen Herren von ihnen verlangten. In vielen der klammen Behausungen der Stadt brannte seit Tagen kein Feuer mehr im Herd, war die wässrige Brotsuppe im Topf längst kalt. Die Väter und Söhne der Arbeiterviertel hatten im letzten November diesen verzweifelten Kampf aufgenommen, denn Hunger macht wütend. Und in diesem kalten Januar 1897 schien die ganze Stadt noch mehr Hunger zu haben. Es war der Hunger nach Würde, der die Arbeiter erfasst hatte. Ein Hunger, den die braven Hamburger Bürger in ihren warmen Häusern nicht stillen wollten.

Ja, in der Luft lag der Geschmack von Eisen.

Die Frauen hatten den dritten Speicherboden erreicht.

Noch lagen achtundsechzig Stufen vor ihnen. Da sackte eine von ihnen mit einem erschöpften Seufzer zusammen. Sogleich kamen die anderen herbei und halfen der bleichen jungen Frau wieder auf die Beine.

»Reiß dich zusammen!«, zischte eine Ältere, deren rissige Hände von harter Arbeit berichteten. Sie war im letzten Sommer Witwe geworden und musste sehen, wie sie die Familie nun alleine ernährte. »Wenn der Mertens das sieht, jagt er dich fort.« Sie stützte die Jüngere mit ihrem Arm. »Es gibt genug von uns, die das Geld brauchen. Der Mertens wartet nicht auf dich.« Die Angesprochene nickte stumm und setzte ihren Fuß auf die nächste Stufe.

»Wir sollten es den Männern gleichtun und streiken«, flüsterte eine andere Frau.

»Was redest du für ein dummes Zeug«, fuhr die Ältere sie an. »Ich habe sieben Kinder zu ernähren und einen toten Mann.« Einige nickten. Viele von ihnen waren jetzt, da gestreikt wurde, noch mehr auf die Almosen der Wohlhabenden angewiesen als sonst. Und das wussten die Kaufleute.

»Bei Studt haben sie den Lohn gekürzt«, meinte jemand.

»Ich sage: streiken«, beharrte die Andere. »Sollen die feinen Herren ihre Stinker selber aussortieren. Schließlich trinken sie ja auch den Kaffee, nicht wir.«

»Wenn wir die Arbeit nicht machen, du dumme Henne, dann machen es die anderen Frauen«, tadelte die Ältere ein weiteres Mal.

Die ersten Frauen hatten nun die Tür zum fünften Speicherboden erreicht, hinter der sie bis in die kommende Nacht unter elektrischem Licht tief gebeugt über tausende Kaffeebohnen sitzen würden, um die vergammelten Exemplare herauszupuhlen. Die Stinker.

Die Frauen traten auf den Speicherboden, wo an den Wänden bereits die Kaffeesäcke gestapelt auf sie warteten. Einigen, vor allem den Jüngeren, graute es. Sie fürchteten den stechenden Blick ihres Vorarbeiters Wilhelm Mertens, der ihnen ständig gierig hinterherschaute und dabei sabberte. Jede wusste, er durfte sie nicht alleine irgendwo im Speicher erwischen. So mancher war das bereits schlecht bekommen.

Eng hielten sich die jungen in der Nähe der älteren Frauen auf, zwängten sich schnell auf die Holzbänke, um vor den groben Pranken des Mannes sicher zu sein. Doch nicht alle setzten sich. Einige blieben abrupt stehen und starrten auf etwas, das zu ihren Füßen lag.

Keine von ihnen sagte ein Wort. Und keine empfand Bedauern für den verrenkt auf dem Boden liegenden Mann. Seine Kleidung hatte sich mit Blut vollgesogen. Das Rot war auf die groben Dielen gelaufen und verschwand in den Ritzen zwischen den Brettern. Die Ränder der Lache trockneten bereits braun an. Seine Augen stierten ins Nichts. Abgestochen.

So manche unter den Frauen dankte in diesem Moment Gott, dass die schweißnassen Hände des Lagerverwalters nun nicht mehr in ihren Busen kneifen würden oder unter den Rock grapschten, wenn sie ins Treppenhaus gingen, um sich zu erleichtern.

Die meisten von ihnen aber fragten sich verzweifelt, wie sie heute Geld nach Hause bringen sollten.

»Was für eine Sauerei!«, kommentierte der Besitzer des Privatspeichers, Kaffeehändler Alfred Mommsen, die Tatsache, dass sein Lagerverwalter erstochen worden war. Er hielt sich ein Taschentuch vor die Nase. »Wann bringen Sie den Kerl endlich raus? Die Arbeit …«

Kommissar Böhm, ein rundlicher Mann in dunklem Wollmantel und mit einer Melone auf dem Kopf, richtete sich auf. »Herr Mommsen, lassen Sie uns vor die Tür gehen.« Er nahm den Kaufmann am Arm und schob ihn zurück ins Treppenhaus, damit der Photograph seine Arbeit machen konnte. »Sobald wir alles aufgenommen und untersucht haben, kann wieder gearbeitet werden.« Böhm schob sich ein Pfefferminzbonbon in den Mund. Der Geschmack half ein wenig gegen den Gestank des Todes.

Der Kaufmann ließ sich nicht beruhigen. »Mein Röstmeister kann nicht anfangen, wenn er keine Bohnen hat! Wissen Sie, was das bedeutet? Verluste! Und eine Versicherung kommt nicht auf für solche …«, Mommsen wedelte mit der Hand in Richtung des Toten, als sei dieser an allem schuld, »… Vorfälle. Ahnen Sie eigentlich, was die Herren in der Börse sagen werden? Leichenkaffee werden sie meine Ware nennen, oder Schlimmeres. Ich werde auf den verdammten Säcken sitzen bleiben, das sag ich Ihnen! Ich bin ruiniert.«

Den Kommissar interessierten Soll und Haben nicht. Vielmehr beunruhigte ihn, dass der Mann auf dem Boden nicht der erste Tote in dieser Woche in der Speicherstadt war. Erst vorgestern hatte ein Stauer den Kapitän des Frachters »Wilhelmine« ertränkt im Bauch seines eigenen Schiffes gefunden. Man hatte den Kapitän niedergeschlagen und dann ersäuft.

Die Reeder und ihre Baasen, jene Unternehmer, die die Kaiarbeiter beschäftigten, hatten sogleich den Mörder des Kapitäns ausgemacht. Es müsse einer von dem faulen linken Hafenpack sein, das marodierend durch die Straßen zöge und sich weigerte zu arbeiten. Der Vorstand des

Zentralen Streikkomitees seinerseits beschwerte sich beim Bürgermeister und wies auf die Streikbrecher als mögliche Mörder hin. Ausländer, ohne einen Deut Ehre im Leib.

So einfach war das nicht, fand Böhm, denn ebenso wie bei dem toten Kapitän van Weeren lag auch hier oben auf dem Speicherboden etwas bei der Leiche, das er nicht erwartet hatte.

»Bericht.« Polizeirat Roscher machte nicht gerne viele Worte. Schon gar nicht in diesen Wochen, wo die Leute verrücktspielten. Gerade war er von einer Sitzung des Arbeitgeberverbands Hamburg-Altona zurückgekommen, wo man ein hartes, erbarmungsloses Vorgehen gegen dieses liederliche und arbeitsscheue Arbeitergesindel aus dem Hafen gefordert hatte. Vor allem die Baasen hatten den Gebrauch der Schusswaffe, ja, sogar den Einsatz des Militärs gefordert. General von Waldersee solle nur ordentlich zufassen, hatte der Kaiser mitteilen lassen. Und Kriegsminister von Goßler solle sich für die Verhängung des Belagerungszustandes bereithalten. Es sollte nicht mehr lange dauern, bis Hamburger Polizisten mit Knüppel und Gewehr gegen die Arbeiter vorgingen.

Kommissar Böhm wartete vor dem Schreibtisch seines Vorgesetzten, bis dieser seinen Kragen gelockert und das Monokel zur Seite gelegt hatte. Dann berichtete er vom Stand der Dinge: »Keine der Frauen hat etwas bemerkt, als sie zur Arbeit in den Speicher gekommen waren. Der Hilfsschreiber des toten Lagerverwalters, ein gewisser Alfons Emmerich aus Plauen, sagte aus, am frühen Morgen den Speicher aufgeschlossen und auf den Verwalter gewartet zu haben. Weil der nicht kam, ließ Emmerich schon mal die Frauen ein. Er habe nicht gewusst, dass

Lagerverwalter Mertens bereits im Speicher war. Er sei davon ausgegangen, dass der Mann wegen der Streikenden spät dran sei.«

»Glauben wir ihm?«

Für den Kommissar war es keine Frage des Glaubens, sondern der Hinweise. »Emmerich hatte kein Blut an Händen und Kleidung.«

»Hände kann man waschen. Kleidung wechseln.«

»Wir haben das gesamte Gebäude und das Fleet dahinter durchsucht, aber keine blutigen Kleidungsstücke gefunden. Zudem muss der Lagerverwalter dort länger als zwei Stunden tot gelegen haben. Er hatte eine ganze Menge Schnaps intus. Zumindest lag eine halbleere Tonflasche in der Nähe. Auffallend sind die Stiche, von denen nur einer tödlich war. Die anderen gingen nicht sehr tief und kamen aus unterschiedlichen Richtungen. Wahrscheinlich versuchte Mertens, den Stichen auszuweichen.«

»Weiter.« Roscher blätterte einen Papierstapel durch, während er nur mit halbem Ohr zuhörte.

»Erinnern Sie sich, Herr Polizeirat, dass wir vorgestern bei dem anderen Toten, diesem Kapitän van Weeren, ein altes Geldstück fanden, einen kurfürstlichen Heller von 1876.«

»Ja, ja, das Ding ist allerdings heute nichts mehr wert.«

»So ist es. Leider wissen wir nicht, warum die Münze dort lag.«

Roscher erhob sich, ging zu einem Schrank und holte eine Akte aus dem obersten Regal. »Wird wohl jemand verloren haben.«

»Bei dem toten Wilhelm Mertens fanden wir ebenfalls etwas Ungewöhnliches. Eine Strohpuppe.«

Roscher hob den Kopf. »Ach, und was sollte das Spielzeug dort? Hatte es eine der Frauen bei sich? Ein Geschenk für die Kleinen?«

Böhm schüttelte den Kopf. »Keine der Frauen kannte die Puppe. Aber etwas sagt mir, dass die Frauen sehr wohl wissen, welche Bedeutung die Puppe hat.«

Roscher setzte sich erneut hinter seinen Tisch. »Wieder eine Ihrer Ideen?« Er legte den Aktenordner vor sich ab. »Nein, Böhm, Sie werden herausfinden, ob der Lagerverwalter diesen Stauer kannte, der vorgestern den toten Kapitän van Weeren fand.«

»Hinnerk Eibel?«

»Genau den. Dieser Eibel soll es mit den Sozialisten haben, hörte ich.« Er schob Böhm eine Akte über den Tisch. »Der Mann ist offenbar einer von diesen aufrührerischen Sozialisten.« Bei dem letzten Wort schüttelte er sich kaum merklich.

Der Kommissar erhielt eine Handvoll Männer, um am Sandtorquai Zeugen zu suchen. Das gestaltete sich schwer, denn von den Hafenarbeitern, die sonst hier waren, gab es in diesen Wochen kaum noch welche. Es hieß, dass über sechzehntausend Hafenarbeiter bereits streiken. Dennoch hatte Böhm Glück. Die Beamten fanden einen Mann, der mehr wusste. Danach seien der Stauer Eibel und der Kapitän vor einiger Zeit heftig aneinandergeraten, weil van Weeren Eibel nicht das vereinbarte Geld geben wollte. Hinnerk Eibel sei der Vize einer Gruppe von Stauern gewesen, die nicht mehr für die Baasen arbeiten wollten, sondern ihre Dienste den Kapitänen und Reedern direkt anboten.

»Brachte ihm nix als Ärger, dem Eibel. Und dann hat

der Kaptein ihn beschissen«, meinte der Kerl mit dem kohleverschmierten Gesicht und der Kiepe auf dem Rücken. »Dat hett de fine Kaptein oft mockt. 'n gierigen Pennschieter is de Herr van Weeren wesen.«

Offenbar hatte der Kapitän immer wieder Leute übers Ohr gehauen, und wehren konnten sich die Arbeiter nicht, denn im Hafen konnte man schneller seine Arbeit verlieren als neue finden. Hier lag ein möglicher Grund für den Mord. Interessant fand Böhm auch, dass Kapitän van Weeren erst kürzlich der alleinige Eigner der »Wilhelmine« geworden war. Er fragte sich, was wohl aus dem ehemaligen Compagnon geworden sein mochte, mit dem er mehrere Jahre den Kahn betrieben hatte. Auf alle Fälle schien Geld ein wichtiges Puzzlestück in dem Mord gewesen zu sein. Zumindest würde es den Heller erklären, den seine Männer gefunden hatten. Doch welche Bedeutung hatte die Strohpuppe bei dem Lagerverwalter? Oder war alles nur ein Zufall?

Kommissar Böhm schickte einen Mann los, um den Stauer Eibel ins Stadthaus zum Verhör zu bringen.

Es dauerte einige Stunden, bis man Eibel in einer Hafenkaschemme fand.

Böhm seufzte, als er den Wachtmeister und Eibel in der Tür zu seinem Amtszimmer stehen sah. Eigentlich wollte Böhm nach Hause gehen. Er zog seinen Mantel wieder aus, legte die Melone zurück auf die Ablage über dem Garderobenständer und nahm ein weiteres Mal hinter seinem Schreibtisch im dritten Stock Platz.

»Hinnerk Eibel«, las er von der Akte vor sich. »Geboren in Hannover am 12. März 1872, wohnhaft im Bäckerbreitergang, Hinterhof 6b, verheiratet mit Agnes Eibel, geborene Schmidt, drei Kinder, Mitglied der Sozialde-

mokraten.« Böhm bot ihm keinen Stuhl an. Sozialisten gegenüber musste man keine gute Erziehung beweisen.
»Bin ich verhaftet?«
Der Kommissar zögerte. »Nein. Ich habe nur einige Fragen.«
Tatsächlich war der Eibel mit dem Kapitän aneinandergeraten. Daraus machte der Mann keinen Hehl. Schwieriger war es für den Kommissar hingegen, dem Mann vor seinem Schreibtisch nachzuweisen, dass dieser den toten Lagerverwalter ebenfalls kannte. Nach über zwei Stunden gab Eibel endlich zu, einer jener Männer gewesen zu sein, welche die Schiffe gelöscht hatten, die gerade aus Brasilien mit Rohkaffee angekommen waren. »Die Säcke haben wir bei Mommsen eingelagert.«
Böhm blickte auf. »Du bist Sozialdemokrat und Streikbrecher? Wie kann denn das angeh'n?«
Eibel schluckte und sah auf seine Hände. »Elf Mark Streikgeld pro Woche reichen nicht. Und meine Agnes kriegt wieder ein Kind.«
»Und deine Genossen?«
Kaum hörbar flüsterte Eibel: »Denken, ich unterwandere die Streikbrecher, damit sie zu uns kommen. Das tue ich natürlich auch.«
»Als ihr fertig wart, lebte der Mertens da noch?«
Eibel nickte. »St. Katharinen schlug gerade drei, da sind wir alle nach Hause gegangen.«
»Bist du zurückgekommen, um Mertens …«
»Nein! Warum sollte ich das tun? Ich hatte keinen Grund umzudrehen!«
Böhm fragte ihn nach der Strohpuppe, aber der Stauer zuckte nur mit den Achseln. Bevor der Kommissar ihn mit einem mulmigen Gefühl gehen ließ, fiel Eibel noch etwas

ein. Mertens hätte die ihm unterstellten Frauen immer Püppi genannt, vor allem die jüngeren »Kaffee-Meetjes«.

Kaum hatte Eibel das Stadthaus verlassen, wies Böhm zwei seiner Männer an, den Mann zu beobachten. »Der hat Dreck am Stecken, da wette ich meinen Hut für«, sagte Böhm und schob ein Pfefferminz in seinen Mund.

Die Wut der Arbeiter nahm zu. Immer wieder trieben beladene Schuten oder Barkassen führerlos im Elbstrom. In der letzten Nacht hatten Saboteure ein Lokal verwüstet, das einem Baas gehörte.

Auf seinem allmorgendlichen Weg zum Stadthaus glaubte Kommissar Böhm sogar, Schüsse gehört zu haben. Das hatte ihm ganz und gar nicht gefallen. Er war ein Mann der Ruhe und Ordnung, nicht des Krawalls. Und all jene, die diese Ordnung stören wollten, waren ihm suspekt. So wie dieser Eibel.

Kaum hatte Böhm die Tür zu seiner Amtsstube hinter sich geschlossen, läutete der Telefonapparat auf dem Tisch. Seufzend hob Böhm den Hörer an sein Ohr. Ein Wachtmeister informierte den Herrn Kommissar über einen weiteren Leichenfund in der Speicherstadt. Auch die Anwesenheit des Polizeirats sei unbedingt erforderlich, meinte er und nannte Böhm den Namen des Toten. Polizeirat Roscher aber war noch nicht im Haus. Man hatte ihn zum Bürgermeister beordert.

Also machten Böhm und eine Handvoll Männer sich in einer Mietkutsche auf den Weg zum Block O am Sandtorquai. Dort hatte sich bereits eine Menschenmenge vor dem Speicher gebildet, und Böhm fragte sich, wo all die Leute hergekommen sein mochten. Mit in den Nacken gelegten Köpfen standen sie da und starrten zu dem Toten hinauf, der, aufgeknüpft wie ein Verbrecher, am Ladehaken ganz oben unter dem Kupferdach baumelte.

Böhm stieß einen tiefen Seufzer aus, als er die Amtsrobe des Senators erkannte. Kniehosen, Schnallenschuhe und der lange schwarze Ornat. Der weiße, vielfach gefältelte Kragen, den sie in Hamburg Mühlsteinkragen nannten, lag zerrissen auf dem Kopfsteinpflaster in einer dreckigen Pfütze.

»Scheuchen Sie die Leute weg«, schnauzte Böhm einen Wachtmeister an, der in der Nähe stand.

Jemand in der Menge schrie »Recht geschieht's dem Blutsauger!«

Böhm fuhr herum. »Wer hat das gesagt?«, brüllte er die Leute an. Niemand antwortete. Schon wollte er die Polizisten anweisen, die Männer mit Knüppeln fortzujagen, als er auch Frauen unter ihnen bemerkte. Schweigend starrten sie ihn an.

»Sorgen Sie dafür, dass die Leute verschwinden!«, herrschte Böhm in Richtung der Uniformierten. Dann stapfte er ins Innere des Speichers.

Oben angekommen trat er zur offenen Luke, wo der tote Senator an dem Haken hing. Böhm holte sein Pfefferminzbonbon aus der Tasche und betrachtete den Mann, während hinter ihm der eilig herbeigeorderte Photograph sein Zeug auspackte und die Kamera aufstellte.

Auf Anweisung von Polizeirat Roscher hatte so lange nichts an einem Tatort angefasst oder verändert zu werden, bis die Photographien gemacht und ein detailliertes Protokoll angefertigt worden war. Letzteres übernahm heute einer von Böhms Männern. Der Kommissar hörte den Stift hinter sich über das Papier kratzen. Böhm sah zu dem Leichnam, der im Wind vor und zurück schwang.

Siebeling war jener Senator gewesen, der noch gestern vehement darauf bestanden hatte, dass auf die streikenden Hafenarbeiter geschossen werden solle. Siebeling, der Kaffeehändler und einer der größten Immobilienbesitzer der Stadt. Siebeling, dessen Zunge blau verfärbt nun halb aus seinem offenen Mund hing.

Böhm fragte sich, wie der Mann hierhergekommen sein mochte. Er bemerkte, dass der Tote seinen Ornat offenbar äußerst nachlässig angelegt hatte. Nur jeder zweite Knopf war geschlossen. Auch die Schnallenschuhe weckten Böhms Interesse. Der Mann trug am linken Fuß den rechten Schuh, und umgekehrt. Den Kommissar beschlich das Gefühl, jemand könnte den Mann nach dem Tod verkleidet haben. Ohne den Blick von dem Toten zu lassen, fragte er: »Liegt irgendetwas Ungewöhnliches herum?«

Seine Leute sahen sich um. »Hier, Herr Kommissar.«

Böhm ging auf den Mann zu, der zu einer dick mit Schimmel überzogenen Scheibe Brot wies, die vor einem Stapel Kaffeesäcke lag.

Der Quartiermeister des Speichers eilte herbei. »Das muss jemand absichtlich dort platziert haben!« Er wischte sich mit einem großen Taschentuch den Schweiß von der Stirn. Leute wie er lagerten im Auftrag der Händler den Rohkaffee in den Speichern ein, wenn die Kaufleute keinen eigenen Privatspeicher betrieben, wie der Mommsen.

»Ich versichere es Ihnen, Herr Kommissar, so etwas gibt es bei mir nicht!« Die Stimme des Mannes mit der Lederschürze vor dem Bauch überschlug sich. Schon wollte er die schimmelige Brotscheibe mit spitzen Fingern aufheben, aber einer der Beamten drängte ihn zurück. »Beweismittel.«

»Bitte, Herr Kommissar«, flehte der Mann Böhm an, »keiner darf erfahren, dass das da auf meinem Speicher lag!« Den Quartiermeister schien die Brotscheibe mehr zu besorgen als die Leiche vor der Luke.

»Die Brotscheibe war also gestern noch nicht hier?«

Verzweifelt schüttelte der Mann den Kopf, während er ein weiteres Mal das Tuch über seine Stirn wischte.

Ein Heller, eine Strohpuppe und eine vergammelte Scheibe Brot. Himmel, was sollte das nur?!

Gedankenverloren trat Böhm an die Luke. Mit dem toten Siebeling würden seine Ermittlungen weitaus komplizierter werden. Der Bürgermeister würde sich einmischen, die Senatoren würden in Panik um ihre Sicherheit sein. Die Stadt würde noch verrückter, als sie in diesen Wochen ohnehin schon war. Böhm gefiel all das überhaupt nicht.

Sein Blick ging über den Sandtorquai und blieb bei ein paar Arbeitern hängen, die ein Stück weiter standen und zum Block O hinüberschauten. Mitten unter ihnen war Hinnerk Eibel!

Böhm hielt die Luft an. Wie konnte es sein, dass der Kerl immer dort war, wo eine Leiche auftauchte? »Festnehmen!«, brüllte er und wies mit ausgestrecktem Finger zu dem Stauer hinüber. Eibel erschrak. Dann rannte er los, mitten durch eine Gruppe Arbeiterinnen, die auseinanderstieben. Eibel floh Richtung Kehrwieder, gefolgt von zwei Wachtmeistern.

Sie stellten den Flüchtenden schon bald irgendwo im Gängeviertel, nahe Hof 6b, wo Eibel mit seiner Familie hauste. Die Beamten hatten ihn in eine Sackgasse gedrängt. Eibels Hand umklammerte den Griff eines Revolvers, den er offenbar bei sich getragen hatte. Zitternd zielte der Mann auf die Männer, die keine fünf Meter von ihm entfernt standen. Angst lag in seinen Augen.

Auch Böhm hatte einen Revolver in der Hand.

Er redete auf Eibel ein, wollte, dass der Mann die Waffe herunternahm. »Mensch, Junge, sei vernünftig. Denk an deine Frau und die Kinder.« Böhm machte einen Schritt nach vorn. Sogleich richtete Eibel seine Waffe auf den Kommissar.

»Weg! Weg!«, schrie Eibel. »Ich war es nicht!«

In diesem Moment hörte Böhm den Schrei einer Frau hinter sich. Böhm widerstand dem Impuls, sich umzudrehen.

»Hinnerk!«, rief sie und kam in den Hof gelaufen. Ein Beamter wollte sie aufhalten, aber sie riss sich los. Ihr Mann zuckte zusammen, machte einen Schritt vor, wollte seiner Frau vielleicht nur helfen. Vielleicht aber wollte er sich auch den Weg freischießen. Das konnte niemand später so genau sagen. Böhm erschrak und schoss.

Eibel sackte zusammen.

Polizeisenator Hachmann hatte Böhm öffentlich belobigt, weil er den Mörder von Senator Siebeling zur Strecke gebracht hatte. Eibel sei ein verwirrter Politischer gewesen, ein gefährlicher Sozialist und ein mehrfacher Mörder, hieß es in den vornehmen Salons der Stadt und im Rathaus.

Böhm hatte das nicht gefallen. Für ihn war die Schuld des toten Stauers nicht erwiesen. Es waren zu viele Fragen offengeblieben. Die Strohpuppe, der Heller, das vergammelte Brot. Warum sollte Eibel all das zurückgelassen haben? Diese Fragen aber interessierten die hohen Herren nicht. Stattdessen forderten einige von ihnen, endlich im Streik durchzugreifen und der Sache ein Ende zu bereiten.

Blut lag in der Luft, als Kommissar Böhm aus dem Stadthaus in den Nieselregen trat. Er lutschte einen Bonbon und schlug den Weg Richtung Jungfernstieg ein.

Dabei bemerkte er nicht die Frauen auf der anderen Straßenseite, die seine Bewegungen genau beobachteten.

Da war jene unter ihnen, noch fast ein Kind, die Mertens öfter als alle anderen »Kaffee-Meetjes« Püppi genannt und auf Schritt und Tritt verfolgt hatte.

Da war die Witwe, deren Hände von harter Arbeit rissig geworden waren. Ihr Mann hatte im vergangenen Sommer Selbstmord begangen, weil Kapitän van Weeren ihn um seinen Anteil betrogen hatte. In den Sachen ihres toten Mannes hatte sie nichts weiter als ein wertloses Geldstück gefunden.

Da war die Mutter von sechs Kindern, die der Mieteintreiber von Senator Siebeling auf die Straße gesetzt hatte, weil statt der windschiefen Häuser dort bald eine lukrative Prachtstraße zwischen dem neuen Rathaus und dem Bahnhof gebaut werden sollte. Sie und all die anderen mussten sehen, wo sie blieben. Die Mutter und ihre Kinder lebten seither vom Betteln und den Almosen der Reichen. Mehr als einmal hatten sie wie Ratten an schimmeligem Brot genagt.

Die Frauen schauten Böhm nach. Da trat eine weitere Frau auf die Gruppe zu. Ihre Hand lag auf dem runden Bauch, der sich unter ihrem Kleid hervorwölbte. »Was muss ich tun?«, fragte sie die anderen ohne einen Gruß.

Die Frauen drehten sich zu ihr, sahen in ihr Gesicht und dann auf ihren runden Bauch.

»Nichts«, entschied die Witwe.

Die Schwangere erschrak. »Aber ich habe das Laudanum dabei. Und die Pfefferminzbonbons.« Sie hielt eine Papiertüte hoch. »Er muss sterben! Er hat meinen Hinnerk erschossen.«

Die Witwe lächelte. »Er wird sterben. So wie all die anderen auch, die uns das Leben schwer gemacht haben.«

Die anderen nickten. »Genau, denn streiken wird nicht helfen.«

*

Damals waren nur wenige Arbeiter organisiert. Die meisten von ihnen arbeiteten als Tagelöhner. Trotzdem schafften es die Gewerkschaften, kurz vor Weihnachten 1896 17.000 Männer für den Streik auf die Straße zu bringen. Der Streik wurde der längste, den das Kaiserreich bis dahin gesehen hatte. Er endete im Februar des Folgejahres. Bereits ein halbes Jahr bevor die Männer streikten, also im März 1896, hatten rund 500 »Kaffee-Meetjes« versucht, durch einen Streik gegen die sklavenähnlichen Arbeitsverhältnisse eine Verbesserung zu erreichen. Sie scheiterten, wie später auch ihre Männer.

8 | DER TOTE TELL

VON ROMAN VOOSEN

Die fiktive Geschichte spielt im heute als Schilleroper bekannten Gebäude auf St. Pauli. Der sich im Zerfall befindende Bau wurde 1891 als Zirkus-Theater eröffnet, was seine markante und von einem Zirkuszelt abgeleitete Rundform erklärt. 1899 zog der ansässige »Circus Busch« in eine neue Spielstätte südlich der Reeperbahn, und das zurückgelassene Gebäude wurde in ein klassisches Theater umgebaut, das 1905 mit Friedrich Schillers Drama »Wilhelm Tell« eröffnet wurde. In den folgenden hundert Jahren wurde das Theater unter anderem als Opernhaus, Kriegsgefangenenlager, Arena für Motorradartisten, Pension für Arbeitsmigranten, Hotel, Asylbewerberheim, Nobelrestaurant und Musikklub genutzt. Nach dieser lebhaften Historie steht der an ein Spukhaus erinnernde Bau seit 2006 leer und regt die Fantasie so mancher Passanten an.

*

Es war ein feuchtkühler Tag im Februar 1905, von der Elbe her drängte Nebel durch die Gassen Sankt Paulis, und obwohl der Vormittag bereits weit fortgeschritten war, wollte es nicht recht hell werden. Das Zwielicht stand zwischen den rußigen Häuserwänden, als wäre es eine Substanz, dachte Kriminalrat Julius Brandstetter, ein dunkles Gas, das wir atmen, bis unsere Lungen schwarz sind wie unsere verdammten Seelen. Nein, um sein Gemüt war es an diesem Morgen nicht gut bestellt, das war es zu dieser Jahreszeit nie, Melancholie haftete ihr an, eine dumpfe Schwermut, so empfand er es. Der Winter war zwar fast vorbei, doch der Frühling lag noch in weiter Ferne, und es war ihm unbegreiflich, dass die Menschen um ihn herum von heiterer Geschäftigkeit erfüllt zu sein schienen. Seufzend stopfte er seine Pfeife und tastete nach den Streichhölzern in der Westentasche, zog die Schachtel heraus, betrachtete sie einen Moment versonnen, öffnete sie dann, nahm ein Zündholz heraus und riss es an. Was für eine praktische Erfindung solche Zündhölzer doch waren, dachte er für einen kurzen zufriedenen Moment, bevor sich erneut Niedergeschlagenheit seines Herzens bemächtigte.

Wenn es nur etwas gäbe, das ihn ablenken könnte von diesem trüben Vorsichhinsinnen, dachte er, ein kniffliger neuer Fall, ein Rätsel, eine Aufgabe, die ihn intellektuell herausfordern würde! Wie damals, als es um das verschwundene Amulett der Kapitänswitwe gegangen war. Oder der merkwürdige Doppelmord an der Elbchaussee, den er schließlich mithilfe der Tidentabelle und einem russischen Wörterbuch hatte lösen können. Ganz zu schweigen vom Mysterium des entführten Hagenbeck-Elefanten, das ihn eine Menge Kopfzerbrechen gekostet hatte. In just diesem Augenblick flog die Tür seines Büros auf, und der junge Kriminalassistent Heino Dues stürmte hinein.

»Ein Toter! Im neuen Schiller-Theater! Hans Hüskens, der berühmte Schauspieler!«

Atemlos kam Dues vor Brandstetter zum Stehen. Der erfahrene Ermittler musterte den jungen Mann, zog mehrmals schnell hintereinander an der Pfeife, bis die Glut richtig in Gang kam, inhalierte dann tief und stieß schließlich weißen Rauch in Ringen aus, die wabernd gen Decke stiegen.

»Sachte, sachte, mein Junge. Wir wollen doch unter allen Umständen die Contenance wahren. Zunächst einmal: anklopfen, abwarten, eintreten, grüßen.«

Zerknirscht nahm Dues seinen Hut ab, deutete eine Verbeugung an und blickte zu Boden.

»Entschuldigen Sie, Herr Kriminalrat, entschuldigen Sie vielmals! Es ist nur … Ich … Die Aufregung!«

Brandstetter musste unwillkürlich lächeln. Er erkannte in seinem Gegenüber eine junge Version seiner selbst wieder. Dieser Eifer! Dieses Feuer! Er schüttelte den letzten Rest Schwermut ab. Offenbar gab es zu tun!

»Schon gut, Dues, halb so wild. Reichen Sie mir bitte meinen Gehstock und meinen Mantel. Unterwegs berichten Sie mir dann, was überhaupt passiert ist. Einverstanden?«

»Selbstverständlich, Herr Kriminalrat!«

Als sie in dem Einspänner saßen, der sie von der Davidwache Richtung Norden fuhr, redete Dues gegen den Lärm an, den die metallbeschlagenen Räder auf dem Kopfsteinpflaster machten. In der Nacht war etwas Schnee gefallen, doch er hatte sich auf den Straßen bereits wieder in Matsch verwandelt, nur die Bäume und Häuserdächer trugen weiße Kronen. Viel bekannt war bisher nicht. Im neuen Theater in der Nähe des Pferdemarkts, das man anlässlich des hundertsten Todestags Friedrich Schillers nach dem großen Dichter benannt hatte und das in wenigen Wochen eröffnet werden sollte, war ein Schauspieler leblos in seiner Garderobe aufgefunden worden. Der Direktor hatte umgehend nach dem nächsten Schutzmann rufen lassen, der wiederum sofort die Wache alarmiert hatte.

Die Kutsche jagte durch die Wilhelminenstraße, überquerte den Paulinenplatz, bog links in die Gärtner- und dann gleich wieder rechts in die Lerchenstraße. Vor einem imposanten Bau, der von einer markanten Rotunde gekrönt wurde, brachte der Kutscher das Gespann zum Stehen. Brandstetter und Dues stiegen aus.

»Als Kind war ich einmal hier«, sagte Dues, während er das in neuem Glanz erstrahlende Gebäude bewunderte, »als es noch ein Zirkus war.«

»Der Umbau hat Jahre gedauert«, merkte Brandstetter an, »und die Bürger der Stadt fiebern seit Monaten der Eröffnung entgegen. Ich bin gespannt, ob unser Toter etwas mit dem ganzen Trubel zu tun hat. Gehen wir hinein.«

Sie betraten das Theater durch den Haupteingang. Im Foyer kam ihnen ein auffällig gut gekleideter Mann mit entgeistertem Gesichtsausdruck entgegen, Brandstetter schloss, dass es sich um den Direktor handeln musste. Er nahm seinen Hut ab und stellte seinen Assistenten und sich vor.

»Direktor Heinrich Ammerland. Ich bin für das Ganze hier verantwortlich.« Er machte eine allumfassende Geste. »Schrecklich! Schrecklich, was geschehen ist. Eine unermessliche Katastrophe! Hüskens tot! Der große Hüskens! Ein Jahrhunderttalent! Die Hauptrolle! Unser Wilhelm Tell! So kurz vor der Premiere! So kurz vor der Eröffnung! Ich weiß nicht, wie ...«

Brandstetter warf seinem Assistenten einen schnellen Seitenblick zu, dann unterbrach er den aufgebrachten Mann.

»Werter Herr Direktor, wie wäre es, wenn Sie uns zunächst einmal zum Ort des Geschehens geleiten würden?«

»Sicher, sicher doch. Verzeihen Sie ... Es ist nur ... Das Renommee des Theaters ...« Er unterbrach sein Lamentieren selbst. »Wenn die Herren von der Kriminalpolizei so freundlich wären, mir zu folgen?«

Sie durchschritten das Foyer, in dem Handwerker letzte Hand an den Deckenstuck legten, und traten durch eine Seitentür in einen langen Gang, der tief in die Eingeweide des Theaters führte, jene Räumlichkeiten, die ein normaler Besucher nie zu Gesicht bekam. Von diesem breiten Flur aus schritten sie an zahlreichen Räumen und Werkstätten vorbei, die die unterschiedlichsten Gewerbe beherbergten: Bühnenbild, Malerei, Schreinerei, Kostümschneiderei, Brandstetter erhaschte sogar einen Blick in eine Kammer, die nichts anderes als Perücken zu beinhalten schien. Vor einer der letzten Türen hatte sich eine kleine Menschentraube gebildet, die von einem uniformierten Schutzmann zurückgehalten wurde. Als die Leute – etwa die Hälfte bestand aus Schauspielern in Kostümen – den Direktor in Begleitung zweier Kriminalbeamter bemerkten, traten sie so weit zurück, dass sich vor dem Trio eine Gasse bildete.

»Hüskens' Garderobe«, kommentierte Ammerland vielsagend und blieb stehen. Nun sah Brandstetter, dass die Tür des Raums, oder vielmehr das, was von ihr übrig war, offen stand. Er trat noch zwei Schritte nach vorn, blieb dann auf der Schwelle stehen und blickte in den Raum hinein. Auf einem türkischen Teppich lag ein wuchtiger kahlköpfiger Mann auf dem Rücken, alle viere von sich gestreckt. Der Kriminalrat drehte sich zum Direktor um.

»Schicken Sie bitte Ihre Mitarbeiter zurück an die Arbeit. Verlassen soll das Gebäude jedoch niemand, auf mögliche Zeugen kommen wir später zurück.« Ammerland nickte und machte sich daran, Brandstetters Aufforderung in die Tat umzusetzen und die Angestellten zu verscheuchen. »Dues, Sie folgen mir.«

Die beiden Männer betraten den fensterlosen Raum, wozu sie über Holzsplitter und nasse Kleidungsstücke schreiten mussten, die den Boden des Eingangsbereichs bedeckten. Das gesplitterte Holz gehörte zweifellos zu der zerstörten Tür, in die – wahrscheinlich mithilfe einer Feueraxt, die an die Flurwand lehnte – ein mehr als kopfgroßes Loch geschlagen worden war. Die nasse Kleidung, um die herum sich kleine Pfützen gebildet hatten, ignorierte Brandstetter fürs Erste. Seine ganze Aufmerksamkeit galt zunächst dem leblosen Körper, der nur mit Unterwäsche bekleidet war. Brandstetter kniete sich auf Kopfhöhe neben ihn und bedeutete Dues, es ihm nachzutun. Der junge Mann zögerte. Brandstetter sah zu ihm auf. Dues war blass im Gesicht.

»Was ist denn los, mein Lieber? Wir haben doch wahrlich schon Schlimmeres zu Gesicht bekommen.«

Dues kniete sich endlich hin.

»Das ist es nicht.«

»Was ist es dann?«

Dues fuhr sich mit dem Finger in den Hemdkragen, als wäre dieser zu eng geknöpft. Ihm war sichtlich unwohl.

»Wie soll ich es ausdrücken? Spüren Sie das nicht auch,

Herr Kriminalrat? Die Beklemmung, die dieser Raum ausstrahlt? Als wäre hier etwas Böses geschehen. Ein Grauen, eine namenlose Bedrohung ...«

»Na, na, mein guter Dues. Denken Sie immer daran: Wir Kriminaler sind Männer der Wissenschaft, des Rationalen, des Erklärbaren. Schauermärchen helfen uns bei unserer Aufgabe nicht weiter.«

»Wenn Sie es sagen.«

Brandstetter gab seinem Adlatus einen aufmunternden Klaps. »Widmen wir uns jetzt unserem Tagwerk, guter Dues, und untersuchen diesen Mann. Puls?«

Dues schien sich einen Ruck zu geben und fühlte mit zwei Fingern am Hals.

»Nicht vorhanden.«

»Atem?«

Dues legte dem Mann eine Hand auf die Brust, eine andere vor den Mund.

»Nicht wahrnehmbar.«

»Augen?«

»Offen, starr.«

»Wunden?«

»Auf der Vorderseite sind keine ersichtlich.«

»Rigor Mortis?«

Dues versuchte vergebens, einen Arm des Mannes anzuheben und die Finger zu bewegen.

»Die Leichenstarre ist voll ausgeprägt, außerdem ist der Körper bereits ausgekühlt.«

»Was schließen wir daraus?«

»Der Mann ist mausetot, und das bereits seit mehr als sechs, sieben Stunden.«

»Gut, Dues. Lassen Sie uns den Mann umdrehen. Herr Direktor, wären Sie so freundlich zu helfen?«

Zu dritt machten sie sich ans Werk, und der steife Körper des Schauspielers kam auf dem Bauch zum Liegen.

»Vielen Dank, meine Herren. Dues, was fällt Ihnen ins Auge?«

»Ebenfalls keine offensichtlichen Wunden.«

»Darüber hinaus?«

»Die Leichenflecken sind auffällig, Herr Kriminalrat.«

»Nämlich?«

»Ihre Färbung weicht vom Üblichen ab. Sie sind hellrot. Genau wie auf der Vorderseite. Normalerweise müssten sie bläulich sein. Blau ist allerdings nur ein Fleck. Der große dort am Hinterkopf.«

»Gut beobachtet. Und was sagen uns die roten Leichenflecken?«

Dues sah Brandstetter an und verzog den Mund.

»Ich fürchte, hier muss ich passen, Herr Kriminalrat.«

»Das war trotzdem ordentliche Arbeit. Lassen Sie uns den Mann zurückdrehen.«

Sie brachten den Leichnam in die ursprüngliche Position zurück. Brandstetter erhob sich ächzend aus der Hocke. Auf seiner Hose hatten sich an den Knien feuchte Stellen gebildet. Er wandte sich an den Direktor neben ihm.

»Sie haben den Mann als Hans Hüskens identifiziert?«

»Ja, das ist Hüskens, ganz zweifellos.«

»Wer hat ihn hier aufgefunden?«

»Ich selbst.«

»Allein?«

»Nein, der Hausmeister war dabei. Er war es, der auf meine Veranlassung hin die Tür eingeschlagen hat. Wir wussten uns nicht anders zu helfen. Hüskens hatte sich eingeschlossen und auf keine Rufe reagiert. Als dann der

Pförtner sagte, dass Hüskens schon am Vorabend nicht aus seiner Garderobe gekommen sei …«

»Moment einmal. Der Pförtner war auch dabei, das heißt, Sie waren also zu dritt, als die Tür gewaltsam geöffnet wurde?«

»Da waren auch noch einige der Schauspieler dabei … und unser Regisseur … Es war ehrlich gesagt ein ganz schönes Durcheinander … als Hüskens heute Morgen nicht zur Probe erschien …«

Brandstetter hob eine Hand und bedeutete Ammerländer innezuhalten.

»Lieber Herr Direktor«, sagte er, »setzen Sie sich doch bitte.« Er wies auf den einzigen Stuhl im Raum, der vor einem Tisch mit Spiegel und Schminkutensilien stand. »Dann sammeln Sie sich einen Moment und erzählen die Dinge der Reihe nach. So, wie Sie sie erlebt haben, einverstanden?«

Ammerländer nickte und nahm Platz. »Also schön«, begann er schließlich. »Von Anfang an: Wir proben seit vielen Wochen für die große Eröffnungspremiere. Hüskens gibt, wie ich schon sagte, den Tell, sprich die Hauptrolle.« Er warf kopfschüttelnd einen Blick auf den massigen, leblosen Körper. »Nun ja, er sollte den Tell geben, muss es wohl heißen, jetzt tritt Ernst Plötter, die Zweitbesetzung, notgedrungen an seine Stelle.« Er räusperte sich. »Wie mir heute Morgen berichtet wurde, kam es gestern bei den Proben zu einer lautstarken Auseinandersetzung. Hüskens und Schlotterbeck sind aneinandergeraten. Fritz Schlotterbeck ist der Regisseur des Stücks. Renommierter Mann, guter Mann, ausgebildet am Wiener Burgtheater, falls Ihnen das ein Begriff ist.«

»Worum ging es bei diesem Streit?«

»Zwei Größen ihres Metiers, die aneinandergeraten sind. Künstlerische Differenzen, sagt man wohl. Sie konnten sich leider von Anfang an nicht ausstehen, und die gegenseitige Antipathie schwelt schon seit Wochen vor sich hin. Gestern ist es offenbar explodiert. Jedenfalls ist Hüskens wutentbrannt in seine Garderobe gestürmt und hat sich darin verbarrikadiert. Natürlich hat man versucht, ihn zurück auf die Bühne zu holen, schließlich war es mitten in der Probe, da standen fünfundzwanzig Mann, die ohne ihn nicht weiterarbeiten konnten. Aber Hüskens kam nicht. Er konnte eine richtige Diva sein, wenn er wollte. Selbst als Schlotterbeck persönlich gekommen ist und sich wortreich durch die verschlossene Tür entschuldigt hat, kam er nicht heraus. Schlotterbeck solle verschwinden und ihn gefälligst in Ruhe lassen, hat Hüskens gerufen. Dabei blieb es. Der Regisseur hat daraufhin die Probe notgedrungen abgebrochen und alle nach Hause geschickt. Selbst als am Abend der Pförtner vor dem Abschließen seine übliche Runde gedreht hat, war Hüskens noch immer hier drin und ließ sich nicht zum Rauskommen bewegen. Der Pförtner teilte ihm mit, dass er jetzt alles verschließe und Hüskens dann auf den Nachtwächter warten müsse, der um zehn kommen würde, um nach draußen zu gelangen. Da war es sieben Uhr. Er nahm an, dass Hüskens in den verbleibenden drei Stunden wieder zur Besinnung kommen würde, schloss die Außentüren ab und ging nach Hause. Erst heute Morgen, als Hüskens nicht zur Probe erschienen ist, fiel ihm die Sache wieder ein und er hat mir Bescheid gegeben. Hüskens' Tür war immer noch zu. Der Nachtwächter, den wir umgehend herbeigerufen haben, wusste von nichts und hatte nichts bemerkt. Er hat seine üblichen Runden gedreht, allerdings ohne die Künstlergarderoben zu durchsuchen, warum sollte er auch? Natürlich war ich daraufhin aufs Äußerste alarmiert und habe die Tür, die von innen verriegelt war, mit Gewalt öffnen lassen. So, wie der Arme jetzt daliegt, haben wir ihn dann vorgefunden.«

Brandstetter nickte bedächtig.

»Vielen Dank, Herr Direktor. Sie haben ebenso wie Ihre Angestellten unverzüglich und umsichtig gehandelt und müssen sich keinen Vorwurf machen. Dues, seien Sie nun so freundlich und schildern mir, was Sie in diesem Raum sehen?«

Der junge Kriminalassistent tat, wie ihm geheißen. Der Raum war karg eingerichtet, offenbar fehlte auch hier noch der letzte Schliff. Die Wände waren roh verputzt, an der Stirnseite standen ein Schminktisch samt Spiegel und ein Stuhl, auf dem ein Kissen lag, an der linken Wand ein Garderobenständer, auf dem mehrere Kleidungsstücke hingen, darunter auch das Tell-Kostüm und ein auffälliger riesiger Kamelhaarmantel. Daneben ein Beistelltisch, auf dem sich eine altertümliche Armbrust befand, ein Ungetüm aus schwerem Holz. Weitere Kleidung lag auf dem Boden verstreut. An der anderen Wand befanden sich ein Kohleofen und ein Waschbecken sowie eine ungewöhnliche kleine Holztür, etwa sechzig mal achtzig Zentimeter groß, die von einem Vorhängeschloss gesichert wurde. Die einzige natürliche Lichtquelle bildete ein Oberlicht in der mehr als vier Meter hohen Decke, das gewölbte Milchglasfenster konnte über eine Winde geöffnet werden.

Der Kriminalrat bedankte sich, als Dues mit seiner Schilderung fertig war.

»Aber was ist denn nun mit Hüskens geschehen?«, fragte der Direktor. »Hat ihn der Schlag getroffen?«

Brandstetter hatte inzwischen seine Pfeife angezündet und schmauchte nachdenklich.

»Wohl kaum. Ich denke, hier waren andere Kräfte am Werk. Dues, wenn Sie so freundlich wären und den Ofen öffnen würden.«

Der Assistent kniete sich vor den Kachelofen und öffnete die Luke.

»Die Kohle ist zu Asche heruntergebrannt und der Ofen beinahe vollständig ausgekühlt, Herr Kriminalrat.«

»Dann seien Sie so gut und greifen Sie von unten in das Ofenrohr, mein Lieber.«

Dues sah ihn erstaunt an. Dann zog er seine Jacke aus, krempelte den Ärmel seines Hemds hoch und griff beherzt tastend in den rußigen Ofen.

»Da ist etwas!«, rief er erstaunt, »da steckt tatsächlich etwas im Rohr!«

Er zog und zerrte und schließlich brachte sein pechschwarz gewordener Arm ein versengtes Knäuel zum Vorschein.

»Was um alles in der Welt …?«, entfuhr es dem Direktor und er starrte auf den verkohlten Stoffklumpen.

»Ein klassischer Suizid durch Kohlenmonoxidvergiftung«, konstatierte Brandstetter. »Die hellroten Totenflecken sind für diese Todesart charakteristisch. Dazu die feuchte Kleidung auf dem Boden. Hüskens hat damit den Spalt unter der Tür abgedichtet, um den Raum luftdicht zu versiegeln. Dann hat er das Ofenrohr verstopft. Die Glut bekam nicht genügend Sauerstoff für einen richtigen Verbrennungsprozess und der giftige Rauch konnte nicht abziehen. Der Ofen hat statt Kohlendioxid tödliches Kohlenmonoxid freigegeben.«

»Ein Selbstmord, meine Güte.« Der Direktor hielt sich

die Hand vor den Mund und hatte die Augen weit aufgerissen. »Man munkelte ja, dass er nicht glücklich war, seit seine Angebetete ... ausgerechnet mit Otto Willmann, einem Schauspielkollegen hier im Hause ... aber dass er sich deswegen das Leben nimmt ... Was hat ihn nur zu einem so drastischen Schritt getrieben?«

»Wir können in die Menschen nicht hineinsehen, nicht wahr?«, sagte Brandstetter und zog an seiner Pfeife. »Ich möchte das gesamte Ensemble gerne persönlich über diese tragische Tat informieren, Herr Direktor, und vielleicht hätte ich bei der Gelegenheit auch noch die eine oder andere Frage, was die Gemütsverfassung des Herrn Hüskens in den vergangenen Tagen betrifft. Wären Sie so freundlich und würden alle, die im Hause arbeiten, im großen Saal vor der Bühne versammeln? Mein Assistent und ich stoßen dann alsbald dazu.«

»Selbstverständlich, Herr Kriminalrat, wenn Sie das für sinnvoll erachten.«

Ammerländer verließ den Raum.

Dues sah Brandstetter bewundernd an.

»Bemerkenswert, wie Sie die Situation gelesen haben, Herr Kriminaldirektor. Nur aufgrund der Färbung der Totenflecken konnten Sie den gesamten Tathergang rekonstruieren!«

»Hm«, machte Brandstetter, und dann noch einmal: »Hm.« Er setzte sich auf den Stuhl. »Sie können nun Ihre Hände waschen, mein Guter, dem Innenleben des Ofens werden wir heute kein weiteres Mal zu Leibe rücken. Aber da ist etwas anderes, das mir Sorgen bereitet.«

»Und zwar?«

»Wie hat Hüskens den Ofen überhaupt zum Brennen gebracht, nachdem er das Rohr verstopft hat? Ich sehe hier nirgendwo Zündhölzer.« Dabei sind sie doch eine so sinnvolle Erfindung, fügte er in Gedanken hinzu.

»Vielleicht hat Hüskens sie eingesteckt, bevor er sich ausgezogen hat? Soll ich seine Kleidung absuchen?«

»Ich bitte darum.«

Dues suchte. Er tastete, befühlte, leerte Taschen, drehte alles von rechts auf links und wieder zurück. In der Kleidung, sowohl in der, die feucht am Boden lag, als auch in der, die an der Kleiderstange hing, befand sich nichts als ein wenig Kleingeld, eine Tabakdose und ein Schlüsselbund. Dues suchte weiter. In den Schubladen des Schminktischs, hinter dem Ofen, auf dem Beistelltisch. Es war erfolglos, keine Streichhölzer, nirgendwo.

»Hüskens könnte sie im Ofen verbrannt haben«, schlug er schließlich vor.

»Warum sollte er das tun?«

»Oder einer der Leute, die mit dem Direktor hier im Raum waren, nachdem die Tür eingeschlagen worden ist, hat sie mitgenommen?«

Brandstetter schüttelte den Kopf.

»In einer solch dramatischen Situation steckt jemand Zündhölzer ein? Theoretisch sicherlich möglich, aber dennoch höchst unwahrscheinlich, denke ich.«

»Aber das würde ja bedeuten, dass ...«

»Dass uns jemand glauben machen will, der große Hüskens habe sich selbst das Leben genommen. Während in Wirklichkeit jedoch jemand entscheidend nachgeholfen hat.«

»Aber die hellroten Totenflecken ...?«

»... sind typisch für Kohlenmonoxidvergiftungen, das ist zweifellos richtig. Aber sie können auch noch eine zweite Ursache haben. Und zwar, wenn ein Leichnam nach dem Tod Kälte ausgesetzt wird. In diesem Fall kann dieselbe hellrote Färbung vorliegen, außer bei den winzig kleinen Flecken in der Nähe des Nagelbetts. Die sind weiterhin ...«

»... blau«, sagte Dues mit erstaunter Miene, er hatte sich erneut neben den Toten gekniet und betrachtete nun dessen Fingernägel.

»Bisweilen«, sagte Brandstetter grimmig, »sind die Dinge nicht so eindeutig, wie sie zu sein scheinen.«

»Meine Güte, das wäre ein heimtückischer Mord!«, entfuhr es Dues. »Aber wie um Himmels willen könnte der Täter vorgegangen sein? Der Direktor hat es doch ausdrücklich betont: Hüskens hat sich hier drinnen verbarrikadiert. Schauen Sie nur, wie massiv der Türriegel ist! Die Tür musste mit vielen Axtschlägen aufgebrochen werden! Unmöglich, dass jemand den Raum betreten und wieder verlassen hat! Und die kleine Luke dort in der Wand ist ebenfalls von innen gesichert, mit einem soliden Vorhängeschloss. Und das Oberlicht ist bestimmt vier Meter hoch.«

»Ein Rätsel um einen verschlossenen Raum«, sagte Brandstetter und zog genießerisch an seiner Pfeife. »Dass ich das noch erleben darf. Sagt Ihnen der Name Edgar Allen Poe etwas? Der Doppelmord in der Rue Morgue? Nun, ich denke, einen dressierten Affen können wir in unserem Fall ausschließen«, lächelte er, trat auf den Türrahmen zu und betrachtete den Metallriegel genau. »Im Übrigen stimme ich Ihnen zu, was die Tür betrifft. Dieser Riegel war von außen nicht zu öffnen. Was bleibt, ist natürlich die gar nicht so abwegige Möglichkeit, dass Hüskens seinen Mörder freiwillig hineingelassen hat. Was allerdings zu einer ähnlich schweren

Folgefrage führt: Wie kam der Täter aus der Garderobe heraus, nachdem er sein Werk vollbracht und Hüskens getötet hat?«

»Und wie hat er den Leichnam derart gekühlt, dass hellrote statt blaue Leichenflecken entstanden sind?«

»Kluge Frage, Dues. Was denken Sie?«

Der Assistent zuckte hilflos mit den Achseln.

»Ich weiß es wirklich nicht, Herr Kriminalrat.«

Brandstetter nahm auf dem Stuhl Platz, seine Knie waren wirklich nicht mehr die besten.

»Tun Sie mir einen Gefallen, mein lieber Dues. Genauer gesagt sind es sogar zwei: Lassen Sie sich vom Hausmeister aufs Dach führen und schauen Sie sich das Oberlicht dieses Raums von außen genau an. Danach finden Sie heraus, wohin diese verschlossene Luke dort in der Wand führt. Ich werde derweil die Zeit nutzen und tun, was ich am besten kann.«

»Nachdenken, Herr Kriminalrat?«

»Ausruhen, mein lieber Dues, ich werde mich in der Zwischenzeit ausruhen.«

Eine Viertelstunde später kam Dues in Begleitung des Direktors zurück.

»Ich war auf dem Dach, wie Sie es verlangt haben. Dort oben liegt eine dünne Schneedecke, vollkommen unberührt. Unmöglich, dass jemand auf dem Dach war, ohne Spuren zu hinterlassen, zumindest nicht nach gestern Abend, als es gegen sieben Uhr zu schneien begonnen hat. Und zu der Zeit war Hüskens ja nachweislich noch am Leben.«

Brandstetter nickte.

»Wie ich es mir gedacht habe. Und die Luke dort?«

»Führt nirgendwo hin, Herr Kriminalrat«, antwortete der Direktor. »Es handelt sich um einen ehemaligen Gang für die dressierten Raubtiere. Vergessen Sie nicht, dass das Theater ursprünglich einmal ein Zirkusbau war. Diese Garderobe hier war der Löwenzwinger. Bis es zu einem furchtbaren Unglück kam. Einer der Tierpfleger ist wohl unvorsichtig geworden oder hat die Löwen zu sehr getriezt. Jedenfalls wurde er bei lebendigem Leibe aufgefressen.«

Dues warf Brandstetter bei diesen Worten einen merkwürdigen Blick zu. Sehen Sie, sollte dieser Blick wohl sagen, ich habe doch gleich gespürt, dass mit diesem Ort hier irgendetwas nicht geheuer ist.

»Heute ist der Gang nach wenigen Metern zugemauert«, erklärte der junge Assistent, der schnell wieder zu Sachlichkeit zurückgefunden hatte. »Fest vermauert. Außerdem ist da ja auch das Vorhängeschloss, das von innen die Luke verschließt.«

Wieder nickte Brandstetter. Ächzend erhob er sich vom Stuhl.

»Wirklich kühl ist es hier drinnen, das tut meinen Gelenken nicht gut. Aber ich denke, ich weiß nun alles, was ich wissen muss. Der arme Hüskens kann nun fortgeschafft werden, veranlassen Sie das im Anschluss, Dues. Schade, wirklich schade, ich hätte ihn gern als Tell erlebt.« Er seufzte. »Sei's drum. Begeben wir uns nun in den Bühnensaal. Es ist Zeit, unseren heimtückischen Mörder dingfest zu machen.«

Im prächtigen Saal hatten gut und gern dreißig Menschen Platz genommen. Kostümierte Schauspieler, Bühnenarbeiter, Beleuchter, Handwerker. Brandstetter trat auf die

Bühne. Ein melodramatischer Auftritt wie ein Detektiv aus einem Groschenroman, dachte er beiläufig.

»Meine lieben Damen und Herren«, begann er. Dann berichtete er von den seltsamen Umständen, die Hüskens Tod umgaben. »Ich fürchte, wir haben in unseren Reihen einen Mörder«, schloss er seine Rede, »und ich muss Sie bitten, im Gebäude zu bleiben, bis wir den Missetäter überführt haben.« Unruhe machte sich breit, ein anschwellendes Tuscheln und Raunen. »Seien Sie unbesorgt, ich versichere Ihnen, dass niemand anderes in Gefahr schwebt. Außerdem bin ich mir sicher, dass es nicht lange dauern wird. Außer dem Direktor möchte ich folgende drei Herren bitten, meinen Assistenten und mich in Hüskens' Garderobe zu begleiten: Ernst Plotter, Fritz Schlotterbeck und Otto Willmann.«

»Meine Herren, ich würde Ihnen ja einen Platz anbieten, aber wie Sie sehen, gibt es in diesem Raum nur einen Stuhl, und den muss ich um meiner leidigen Knie willen selbst beanspruchen. Doch wie gesagt, es wird nicht allzu lange dauern.« Die drei Männer hatten sich vor Brandstetter in einer Reihe aufgestellt. Die Tür wurde von Dues und dem Schutzmann blockiert. Der Direktor gesellte sich neben den Kriminalrat.

Plotter, die Zweitbesetzung der Tell-Rolle, war groß, kräftig und hatte schütteres Haar. Schlotterbeck, der berühmte Regisseur, war ein dicklicher älterer Mann mit buschigen Augenbrauen und durchdringendem Blick. Willmann, der Schauspieler, Hüskens' Kontrahent im Werben um dieselbe Frau, war schlank, nicht sonderlich groß, hatte flachsblondes Haar und sanfte braune Augen. »Sie alle drei haben zwei Dinge gemeinsam: Erstens hatten Sie ein Motiv, Hüskens an den Kragen zu gehen, wenn auch aus verschiedenen Gründen: beruflicher Erfolg, gegenseitiger Hass, Konkurrenz in Liebesdingen. Zweitens gehörten Sie heute Morgen alle zu der Handvoll Männer, die zusammen mit dem Direktor die Tür aufgebrochen haben, hier hineingestürmt sind und den armen Hüskens leblos auf dem Boden gefunden haben.«

Plotter verzog die Mundwinkel.

Schlotterbeck starrte auf seine Schuhspitzen.

Willmann nieste und kratzte sich den Nacken.

Brandstetter blickte den dreien der Reihe nach ins Gesicht.

»Wobei das im Grunde genommen nicht stimmt«, fuhr er fort. »Denn zu den hereinstürmenden Leuten gehörten in Wirklichkeit nur zwei von ihnen.«

»Aber ich erinnere mich, dass alle drei hier mit mir im Raum waren«, wandte der Direktor ein. »Das innere Bild, wie wir alle um Hüskens' Leichnam gekniet haben, werde ich nie wieder aus dem Kopf bekommen.«

Brandstetter lächelte schmal.

»Sie haben recht, Herr Direktor, Plotter, Schlotterbeck und Willmann waren gemeinsam mit Ihnen hier in der Garderobe. Aber nur zwei sind mit Ihnen zusammen über die Türschwelle geschritten. Einer, und zwar unser Mörder, befand sich zu diesem Zeitpunkt bereits hier drin. Das tat er schon die ganze Nacht. Nachdem er am Abend nach der abgesagten Probe hierhergekommen ist, Hüskens überredet hat, ihm die Tür zu öffnen und Einlass zu gewähren. Woraufhin er sein Opfer mit einem stumpfen Gegenstand niederschlug, auf den Hinterkopf – ich vermute, er benutzte dazu die Armbrust, die dort auf dem Beistelltisch liegt –, und den Bewusstlosen anschließend erstickte, wahrscheinlich mit ebenjenem Kissen, auf dem ich sitze. Daraufhin ging es darum, die grausame und kaltblütige Tat zu verschleiern und alles wie einen Selbstmord aussehen zu lassen. Wobei ›kaltblütig‹ ein passendes Stichwort ist, denn um kaltes Blut ging es wortwörtlich. Unser Mörder ist medizinisch belesen. Er weiß, dass es zwei Dinge gibt, welche die unweigerlich eintretenden Leichenflecken hellrot statt blau werden lassen: Kohlenmonoxidvergiftungen, wie sie ein manipulierter Ofen hervorrufen kann. Der Täter ist clever. Sein Trick ist einfach. Nachdem er am Tatort das Selbstmordszenario arrangiert hat, öffnet er mithilfe der Winde das Oberlicht. Die Nacht ist kalt, es schneit sogar. Der Raum kühlt aus und mit ihm Hüskens' Leiche. Ein wenig Schnee rieselt hinein, schmilzt auf dem wenige Grad kalten Boden und erklärt die Feuchtigkeit, die wir im ersten Moment den nassen Lappen unter der Tür zugeschrieben haben. Der Täter ist geduldig, er muss nicht mehr tun, als die Nerven zu behalten und die Nacht hindurch auszuharren. Gegen die Kälte hilft der riesige Kamelhaarmantel, den Sie dort an der Garderobe sehen. Er hält warm. Und er erfüllt eine weitere Funktion. Am Morgen, als sich das Theater allmählich wieder belebt, schließt der Mörder das Oberlicht. Wahrscheinlich überprüft er ein letztes Mal sein Arrangement. Die nassen Lappen, der präparierte Ofen, Hüskens' ausgekühlter Leichnam. Als sich schließlich endlich Leute an der verriegelten Tür zu schaffen machen und die Axt zum Einsatz kommt, hüllt sich unser Mörder komplett in den an der Garderobenstange hängenden Mantel. Für einen Mann Ihrer Größe und Ihres Körperbaus ein Leichtes, ist es nicht so, Herr Willmann?«

Der Schauspieler sah den Kriminalrat entgeistert an. Dues und der Schutzmann traten auf Willmann zu und erstickten so jeden Fluchtimpuls im Keim.

»Aber ... aber ... was hat mich verraten?«, stieß der Überführte schließlich hervor.

»Ihr Niesen und Ihr Kratzen, Willmann. Sie haben sich trotz Mantel eine kräftige Erkältung eingefangen. Außerdem vermute ich, dass Sie von einer schweren Tierhaarallergie geplagt werden. Ihr Nacken, die Handgelenke, alles leuchtend rot. Der Kamelhaarmantel hat Ihnen ordentlich zugesetzt, nicht wahr? Weshalb Sie ihm, seit Sie hier in der Garderobe stehen, immer wieder unwillkürlich Blicke zuwerfen.«

Willmanns versteinerte Miene explodierte in einem weiteren Niesen.

»Führen Sie ihn ab, Dues. Der Mann hat ein beinahe perfektes Verbrechen begangen. Aber dieses *Beinahe* wird ihn nicht vor dem Schafott bewahren.«

Brandstetter erhob sich von seinem Stuhl. Er spürte bereits wieder, wie sich die Schwermut näherte, wenn auch auf Samtpfoten. Immerhin ist dies hier ein ehemaliger Löwenkäfig, dachte er. Auch wenn die wahren Bestien oft ein menschliches Antlitz haben.

9 | BÜFETT MIT SÜLZE

VON KIRSTEN PÜTTJER & VOLKER BLEECK

Im Juni 1919 eskalieren die Hungerunruhen in Hamburg, als bei einem Fleischproduzenten verdorbene Schlachtabfälle sowie Tierkadaver von Ratten, Katzen und Hunden gefunden werden. Der Verdacht kommt auf, dass daraus genau die Sülze hergestellt worden ist, die mit dem Werbespruch »von größtem Nährwert und delikatem Geschmack« angepriesen wird. Im Laufe der Proteste wird der verantwortliche Fabrikant in die Alster gejagt und kommt nur knapp mit dem Leben davon. Senat und Polizei machen die verhasste KPD verantwortlich für die Unruhen, in deren Folge es noch zu unzähligen Verletzten und 80 Toten kommen wird.

*

20. Juni 2019

»Gibst du mir mal die Flachzange?«

»Äh, wo find ich die wohl?«

»In der Kühlbox?« Rieke Peters legte leicht genervt die Schere zur Seite. »Wie wär's mit der Kiste gleich neben dir, vielleicht die, auf der ›Werkzeug‹ steht?«

Ihr langjähriger Freund und Nachbar Willy Kerner fummelte auf der anderen Seite des Kellergewölbes an einem Stativ herum. Eigentlich hätte er die handlichen Lautsprecherboxen längst installiert haben sollen in der Nische, in der eine Reihe alter Fässer stand, aber irgendwie war Willy nicht bei der Sache. Mit der Hilfe zweier Studenten hatten sie allerlei Equipment in den Tiefkeller unter einer Bar an der Ecke Clemens-Schultz-Straße und Annenstraße geschleppt und mit dem Aufbau für die Veranstaltung begonnen. Nur Willy arbeitete fahrig und unkonzentriert, war ständig abgelenkt – so kannte sie ihn gar nicht.

»Sehr komisch, Rieke, deine Witze waren auch schon besser.« Willy öffnete die Werkzeugkiste und sprang im nächsten Moment zurück. »Iiiieh, was ist das denn?«

Rieke blickte auf. »Was ist los?«

»Na das da!« Er zeigte aufgeregt in den Kasten.

Rieke kam rüber zu ihm. Da saß eine richtig fette Kellerspinne, gleich neben der Zange, die sie brauchte. Sie verscheuchte das Tier mit einer Handbewegung. »Willy, das ist eine Spinne.« Sie klopfte ihm beruhigend auf die Schulter. »Die gibt's ziemlich häufig in alten Kellern. Brauchst gar keine Angst zu haben.« Sie schnappte sich die Zange. »Geht das mit den Boxen, oder brauchen wir noch Verlängerungskabel?«

»Nee, das sollte gehen.« Willy sah sich im Gewölbe um. »Ich weiß nicht, ich find das irgendwie unheimlich hier.«

Rieke schüttelte unmerklich den Kopf. Mittlerweile ging Willy ihr mit seinen ständigen Bemerkungen, wie »spooky« das alles sei, mächtig auf den Geist. Am Anfang hatte sie noch gedacht, er wolle sie veralbern – der nur spärlich beleuchtete Raum lud dazu ein, sich Geister- und Spukgeschichten auszudenken.

»Ach, auch nicht unheimlicher als dein Keller bei uns im Haus. Nur wesentlich aufgeräumter.« Sie grinste. Willys Kellerräume, die zu seiner kleinen Dachgeschosswohnung gehörten, waren legendär vollgerümpelt. Rieke zog ihn immer damit auf, dass zu den hinteren Bereichen seit der Währungsreform – und damit meinte sie nicht den Euro – wohl niemand mehr vorgedrungen sei. Willy grummelte immer etwas von »muss ich mal bei, wenn ich Zeit hab«. Seit Willy Rentner war, und das waren auch schon ein paar Jährchen, hatte er grundsätzlich nie Zeit.

»Da! Hast du das gehört?« Willy stellte die Lautsprecherbox wieder auf den Boden. Er wiegte seine imposanten 1,90 Meter hin und her, um so die Richtung, aus der das Geräusch kam, besser orten zu können.

Rieke schloss kurz die Augen – so würden sie nie rechtzeitig fertig werden. Aber sie wollte nicht die zickige Arbeitgeberin raushängen lassen, sie war ja heilfroh, dass Willy ihr bei ihrem ersten großen Auftrag half. »Was meinst du denn? Ich hör nix.«

Willy wedelte mit der Hand. »Schsch, still!« Er lauschte angestrengt. »Da! Da isses wieder! So ein Heulen oder Raunen ...«

Rieke lachte kurz auf. »Was denn nun, heulen oder raunen? Du musst schon präzise sein mit deinen Geistern.« Sie wollte ihn noch weiter aufziehen, da hörte sie etwas. Es war eher ein Wispern oder diffuses Rufen. Sie konzentrierte sich. »Stimmt, jetzt hör ich's auch.«

Willy sprang aufgeregt auf und ab. »Bidde! Bidde! Sach ich doch!« Plötzlich verharrte er wieder. »Und was ist das?«

Rieke horchte noch einen Moment, schließlich drückte

sie Willy schmatzend einen Kuss auf die Wange. »So, und jetzt brauchst du dich auch nicht mehr zu fürchten.« Sie deutete hinauf zu den Fensterschächten. »Das kommt von der Straße.«

Zwar war sie selbst nicht sicher, ob das die einzige Erklärung für die seltsamen Töne im Keller war, aber es half ja nichts. Schließlich hatte sie ein Fest zu organisieren und konnte sich nicht mit unheimlichen Phänomenen abgeben. Sie gab sich einen Ruck, lief die Treppe hoch und öffnete die Tür zum darüberliegenden Keller der Bar. Deutlicher hörte man lautes Rufen und eine Art Schlachtruf: »Hoch die internationale Solidarität!«

Rieke kam zurück. »Das ist eine Demo, vom B5. Die sind wieder für oder gegen irgendwas, das weiß man ja nie so genau.« Sie hatte nichts gegen die Leute vom autonomen Kulturzentrum, die sich viel und gerne und immer lautstark engagierten. Nur manchmal hätte sie sich von den Aktivistinnen und Aktivisten die so vehement eingeforderte Toleranz und Solidarität für deren Umgebung und Nachbarn gewünscht. Auf die wurde im Zweifel nämlich keine Rücksicht genommen.

»Meinst du?« Willy war noch nicht überzeugt. »Das klang vorhin irgendwie anders, unheimlicher.«

Rieke klopfte ihm auf die Schulter. »Mein Küchenfenster geht auf einen Hinterhof, der ist wie ein Schalltrichter. Wenn sich da drei Leute ganz normal unterhalten, glaubst du, da ist ein Volksaufstand im Gange.«

Willy schüttelte nachdenklich den Kopf und machte sich wieder an die Arbeit. Rieke sah auf die Uhr. Sie mussten sich wirklich ranhalten, viel Zeit blieb nicht mehr.

*

Eine Woche zuvor

Ihre 55 Jahre sah man Rieke Peters nicht an – mit ihrer modischen Kurzhaarfrisur, sportlichen Figur und ebensolchen Klamotten wirkte sie wesentlich jünger. Trotzdem hatte es sie erwischt – nach 27 Jahren in Festanstellung war sie entlassen worden, weil sie zu alt und zu teuer war. Natürlich hatte man das anders formuliert, Umstrukturierungen, Outplacement, diese modernen Begriffe, die im Grunde nur eines bedeuteten: dass man raus war.

Rieke hatte sich daraufhin entschlossen, sich einen lang gehegten Wunsch zu erfüllen, oder es zumindest zu versuchen: ihr eigenes Geschäft, ein gehobener Cateringservice. Gekocht hatte sie immer gerne – und gut –, organisieren konnte sie auch, etwas Startkapital hatte sie in Form ihrer nicht üppigen Abfindung ebenso zur Verfügung.

Jetzt saß sie beim Bezirksamt, um ihren Gewerbeschein zu beantragen, ohne den sie mit »GourmetPeters«, wie sie ihr Geschäft nennen wollte, nicht loslegen konnte. Sie gähnte und schaute leicht genervt auf ihre Armbanduhr. Eine Stunde wartete sie bereits, sie musste aufpassen, dass sie nicht einschlief, trotz der unbequemen Plastikschalensitze. Vielleicht würde ein Kaffee sie wieder wach machen, obwohl das Gebräu aus dem Behördenautomaten sicher scheußlich schmeckte. Rieke stand auf und öffnete die Tür, als ein Mann schwungvoll um die Ecke kam und fast mit ihr zusammengestoßen wäre. Er konnte gerade noch stoppen, ließ dabei jedoch einen Stapel Unterlagen fallen, den er unter den Arm geklemmt hatte. Er fluchte leise, brummte eine Entschuldigung und begann, alles wieder aufzusammeln. Rieke wollte ihm helfen und griff nach den Papieren, die verstreut auf dem Boden lagen. Beim

Aufsammeln warf sie unauffällig einen Blick auf die Blätter und reichte sie dem Fremden. Der bedankte sich und fing umständlich an, den Stapel zu sortieren.

Rieke nahm all ihren Mut zusammen und sprach ihn an: »Entschuldigen Sie, es geht mich ja wirklich nichts an ...«
Der Mann sah sie nicht unfreundlich an. »Ja, stimmt. Aber fragen Sie ruhig trotzdem.«
Rieke deutete auf das oberste Blatt, auf dem Details zu einer Veranstaltung aufgelistet waren. Darunter hatte jemand mit dickem roten Filzstift »Caterer??? Klären!!!« geschrieben.
»Suchen Sie vielleicht jemanden, der das Catering für Ihre Veranstaltung übernimmt? Rein zufällig habe ich nämlich eine Firma, die das anbieten könnte.«
Er lachte. »Aha, rein zufällig?« Einen Moment schien er zu überlegen, schließlich meinte er: »Na ja, wenn Sie mit mir da drüben einen Kaffee trinken gehen, könnten wir darüber reden, rein zufällig natürlich. Ich bin nämlich tatsächlich etwas in der Bredouille ...« Er zeigte auf die Kladde, die sie unter den Arm geklemmt hatte. »Oder haben Sie noch zu tun?«
»Nein, nein, ich bin fertig«, log Rieke. »Tatsächlich war ich gerade auf der Suche nach einem starken Kaffee.«

Jakob Heil, so stellte er sich ihr vor, war ein Unternehmer, Mäzen und Hanseat alter Schule, gekleidet in lässiger Eleganz, die aussah, als habe er sich am Morgen achtlos die erstbeste Klamotte übergeworfen. Was Rieke gefiel. Auch, dass er gleich zur Sache kam: »Ich plane ein Event, eine Mischung aus literarischer Lesung und ... ja ... Abenteuer. Könnten Sie sich vorstellen, in solch einem Rahmen zu agieren?«

»Wie groß wäre der Rahmen denn?« Rieke nippte an ihrem Getränk, das schwarz, stark und genau richtig war.

»Etwa hundert Leute. Mit Büfett und Bar. Einem etwas ausgefallenen Büfett, muss ich dazu sagen.« Heil stellte seinen Kaffee ab. »Am Schluss der Veranstaltung gibt es die Lesung, vorher eine Art, nun ja …«, er schien nach Worten zu suchen, »… eine Art Schnitzeljagd. Oder vielleicht besser Rollenspiel.« Er nickte. »Ach so, und das Ganze soll in einem Keller stattfinden, einem alten Tiefkeller auf St. Pauli, dem sogenannten Koopmannschen Eiskeller.«

»Aber das ist nicht so eine Sexgeschichte, oder?« Das war Rieke rausgerutscht, doch tatsächlich klang das Ganze im ersten Moment etwas halbseiden. Das merkte Heil wohl ebenfalls, der sie erst fast erschrocken ansah und dann laut loslachte.

»Nein, um Gottes willen!« Er schüttelte den Kopf. »Aber Sie haben ganz recht, man könnte auf so etwas kommen. Ich erkläre Ihnen das in aller Kürze: Die Location ist der alte Pesthofkeller unter dem ›Möwe Sturzflug‹, gleich um die Ecke vom Millerntor.« Er sah sie an, als frage er sich, ob ihr klar sei, dass dort das Stadion des Fußballvereins FC St. Pauli zu finden war. Rieke nickte nur, sie kannte die Stehplätze bei Pauli sicher besser als er.

»Das, was ich da eben Rollenspiel genannt habe, ist eher etwas, das die Leute heute in einem sogenannten ›Escape Room‹ machen: Sie lösen Rätsel oder Aufgaben und gelangen so in den nächsten Raum oder auf die nächste Ebene. Aber darum müssen Sie sich gar nicht kümmern, das mache ich selbst.«

Rieke nickte nur und vermutete, dass mit »ich selbst« sicherlich eine von ihm engagierte Eventagentur gemeint war.

Heil fuhr fort: »Eigentlich macht das eine von mir engagierte Eventagentur, die liefern alles an und bauen selber auf. Sie müssten sich nur ums Essen, die Getränke, die Technik und um den reibungslosen Ablauf der anschließenden Lesung kümmern.«

»Was ist das denn für eine Lesung?« Rieke fragte nicht ohne Grund, sie hatte schon Veranstaltungen erlebt, bei denen Blut geflossen war.

»Keine Sorge.« Heil schien zu ahnen, was sie dachte. »Wir nennen es ›Hochkultur im Tiefkeller‹, vielleicht wird eine Reihe daraus. Jedenfalls haben wir zum Start eine ganz tolle Autorin gewinnen können.« Er sah sie erwartungsvoll an. »Sie kennen ›Die Bachstelze‹?«

Rieke brauchte einen winzigen Moment, um zu realisieren, dass das nicht der Name der Autorin, sondern der Titel des Buches war. »Äh, nein, nicht. Hab ich aber, glaub ich, von gehört ...«

»Bestimmt! Es gab nur hymnische Besprechungen, von ›ZEIT‹ bis ›aspekte‹. Jedenfalls liest sie im Anschluss an das Escape-Spiel. Beim Catering wäre mir allerdings wichtig, dass das Büfett ganz besonders ist. Ich denke zum einen an vegetarische Angebote, zum anderen an Alternativ-Food wie frittierte Heuschrecken, getrocknete Grillen oder Insekten-Burger. Haben Sie damit Erfahrung?«

Rieke war froh, überhaupt zu wissen, was er meinte. Sie hatte natürlich von diesen Produkten gelesen und ein paar Reportagen darüber gesehen. Probiert hatte sie solches Essen aber noch nie und hätte im Moment nicht gewusst, wo sie so etwas herbekommen könnte.

»Ja, klar, kenne ich.« Sie lächelte ihr überzeugendstes Kein-Problem-Lächeln.

»Super.« Heil freute sich. »Könnten Sie sich vorstellen, diesen Auftrag zu übernehmen? Ich würde Ihnen alle nötigen Unterlagen per Mail schicken, mit einem Honorarangebot, natürlich. Wo liegt denn Ihr Satz?«

Rieke verschluckte sich und musste husten. Darüber hatte sie noch nicht wirklich nachgedacht. Doch bevor sie antworten konnte, hatte er ihr seine Visitenkarte in die Hand gedrückt. »Ach, das klären wir noch, die Details bekommen Sie von meinem Büro, zögern Sie nicht, meine Assistentin zu behelligen, wenn Sie noch Fragen haben.« Er nickte Rieke zuversichtlich zu.

Ihr war klar, dass dies bedeutete, dass man *ihn* gefälligst nicht behelligen solle. Sie war unschlüssig. Das klang danach, dass man sich ständig mit irgendwelchen Vorzimmern herumschlagen musste, wenn irgendwas unklar war. Oder mit irgendwelchen Rechtsabteilungen, wenn der Herr aus irgendeinem Grund nicht bezahlen wollte.

Aber als am nächsten Tag tatsächlich die Mail mit den Eckdaten und dem in Aussicht gestellten Honorar ankam, wischte Rieke alle Zweifel zur Seite. Wenn Jakob Heils Büro sich nicht um eine Stelle vertan hatte, war das ein verdammt gutes Angebot. Eines, das eine noch nicht einmal offiziell angemeldete Geschäftsfrau nicht ablehnen konnte.

*

21. Juni 2019

Der Tiefkeller unter der Bar auf St. Pauli war ein imposantes Gebilde von ineinander übergehenden Räumen mit hohen Decken und Bögen, dazu gab es etliche dunkle

Abseiten und finstere Nischen. Einige Wände waren durch die Jahre schwarz geworden, man roch Feuchtigkeit und Erde. Nicht eben der ideale Arbeitsplatz. Seit ein paar Stunden war Rieke dabei, Tische und Stühle aufzustellen, das Büfett aufzubauen und alles für die Veranstaltung vorzubereiten. Sie reckte sich, ihr tat der Rücken weh. Glücklicherweise hatte Willy sich kurz zuvor verabschiedet, seine Spukgeschichten und das ewige »Hör mal!« waren ihr irgendwann gehörig auf die Nerven gegangen. So hatte sie nur noch mitbekommen, wie er im Weggehen verkündete, er wäre morgen wieder da, »aber nur, wenn's nich' mehr spukt!«

Sie trank gerade den letzten Rest kalten Kaffee, als sie etwas vernahm, ein Wispern oder Flüstern. Sie schaute sich irritiert um. Hatte gerade wirklich jemand ganz leise »Rieke« gerufen? War Willy zurückgekommen, hatte er etwas vergessen? Sie sah niemanden und lauschte angestrengt auf weitere Geräusche. Kam das wieder von der Straße? Das konnte nicht sein, die Tür zum darüberliegenden Keller war definitiv zu, Rieke hatte sie selbst geschlossen, weil es nach kurzer Zeit biestig zog und auch irgendwie unangenehm roch.

Da! Da war es wieder! Als hätte jemand »Rieke« in den pfeifenden Wind geflüstert. Sie hörte ein Poltern, gefolgt von einem Geräusch, als würde ein großes Holzfass über Steinboden gerollt. Riekes Herz klopfte, sie spürte, wie ihre Kopfhaut zu kribbeln anfing, ihr Mund war plötzlich ganz trocken. Und war da nicht ein seltsam süßlicher Geruch von fauligem Fleisch? Willy hatte recht, irgendetwas Unheimliches war hier im Gange.

Im nächsten Augenblick gab es einen lauten dumpfen Schlag, gefolgt von einem Poltern. Für einen Moment setzte ihr Herz aus. Sie blickte in die Ecke, aus der das Geräusch gekommen war, doch erkennen konnte sie nichts, zu dunkel war es in den hinteren Gewölbeteilen. Sie nahm all ihren Mut zusammen, holte ihr Smartphone aus der Tasche und schaltete die Taschenlampenfunktion ein. Das Licht erfasste die Gitterboxen, in denen die Dekorationen und Requisiten für das Rollenspiel lagerten, die Mitarbeiter der Eventagentur hatten sie zwischenzeitlich angeliefert. Sie würden demnächst einen Teil des Tiefkellers und des oberen Kellers entsprechend ausstatten. Sie leuchtete weiter nach hinten – und sah, was so gepoltert hatte: Eine schwere Holzkiste war herabgestürzt. Der Inhalt hatte sich über den Boden verteilt. Rieke stutzte. Wie konnte das passieren? Warum fiel die Kiste ausgerechnet jetzt runter? Irgendetwas musste sich bewegt haben, denn die Gitterbox stand schon den ganzen Tag dort. Sie atmete geräuschvoll aus und machte sich daran, die Sachen aufzuklauben. Es hatte keinen Sinn, länger darüber nachzudenken. Was auch immer das Ding zu Fall gebracht hatte, sollte sie nicht länger interessieren. Sie stellte die Kiste hin und schob sie neben die Box. Während sie Kerzenleuchter, Fotoalben und Bücher einsammelte, warf sie einen neugierigen Blick auf die extra angefertigten Requisiten. Sie war ganz beeindruckt von der Liebe zum Detail und der Mühe, die man sich gegeben hatte. Rieke wusste nur, dass das Motto »Hamburg vor 100 Jahren« lautete, es sich also um Ereignisse des Jahres 1919 drehte. Offensichtlich ging es um eine Familiengeschichte, in den Fotoalben standen unter Schwarz-Weiß-Bildern mit gezacktem Rand, solche, die Rieke von ihrer Oma noch gut kannte, in geschwungener Schreibschrift Kommentare wie »Sommer 1919: Ida und Emilie im Garten« oder »Der Krieg ist aus – raus aufs

Land!«. Auf dem Foto sah man eine Gruppe verhärmt aussehender, dennoch fröhlich winkender Menschen auf einem Leiterwagen.

Sie räumte alles zurück in die Kiste und wollte sich wieder an ihre Arbeit machen, als ihr ein Gegenstand ins Auge fiel, der noch ein Stück weiter hinter der Kiste im Halbdunkel lag. Sie musste sich ziemlich lang machen, um heranzukommen. Im nächsten Augenblick hatte sie eine rechteckige Zigarrenkiste in der Hand, beklebt mit einer verzierten Banderole in Gold, Silber und Rot, die das Licht reflektiert hatte. Sie las den Firmennamen: »Goesen & Fuchss«. Ob der Name echt oder ausgedacht war? Jedenfalls sah es sehr authentisch aus. Rieke hob vorsichtig den Deckel, roch den Tabak und erwartete eine Reihe von Zigarren – bestimmt mit Bauchbinde, dachte sie noch, sie erinnerte sich, dass ihr Opa immer Zigarren mit Bauchbinde geraucht hatte. Doch da waren keine Zigarren, nur braunes Packpapier, darunter ein Schwarz-Weiß-Foto und eine schmale braune Kladde, vielleicht so groß wie ein Schulheft, und sehr geschickt auf alt gemacht.

Rieke hielt das Foto unter Willys Arbeitslampe, die stärker war als ihr Smartphonelicht. Sie erkannte erst beim zweiten Hinsehen, wo die Aufnahme entstanden sein musste – und war in diesem Moment echt beeindruckt von dem, was die Eventagentur geleistet hatte. Das Foto wirkte alt und war offenbar vom oberen Absatz der Treppe zum Keller aufgenommen worden. Im Vordergrund ein schnauzbärtiger Mann mittleren Alters in weißer Montur, mit weißem Käppi und fleckiger Lederschürze, der fast provozierend in die Kamera grinste. Hinter ihm standen weitere, jüngere Männer, ebenfalls in der weißen Montur mit Lederschürze. Ein Dickerer auf der rechten Seite schien fast aus dem Bild zu fallen, ein schlaksiger Kerl im Hintergrund hatte den Arm erhoben – man konnte nicht mit Bestimmtheit sagen, ob er in die Kamera winken oder den Fotografen verscheuchen wollte.

Rieke registrierte mit steigender Faszination die Details – das war der Koopmannsche Eiskeller, ganz eindeutig. War das Foto wirklich alt oder handelte es sich um eine nachgestellte Aufnahme? Wenn es echt sein sollte, hätte sie nur zu gerne gewusst, aus welchem Jahr es war. Sie drehte das Foto herum, doch in diesem Licht war nichts zu erkennen.

Sie nahm die Kladde in die Hand. Auch sie schien alt, die Seiten vergilbt. Sie schlug den ersten Eintrag auf, er war vom 20. Juni 1919.

»Liebes Tagebuch«, stand da, »heute musste ich wieder in den Keller, den, der ganz tief unten liegt. Immer soll ich die Leuchter und Silberschüsseln der Herrschaft unten in den großen Schrank einräumen, nie die blöde Magda! Ich glaube, Herr Hatzon hat etwas gegen mich, immer läßt er mich die schlimmen Arbeiten tun! In den Keller geh ich nich gern, da ist es unheimlich und stinkt furchtbar. Und das weiß er ganz genau ...«

Rieke war fasziniert. Was war das für eine Geschichte, die sich die Agentur da ausgedacht hatte? Sie blätterte vorsichtig weiter und wollte das Buch bereits zurücklegen, als ihr plötzlich etwas auffiel. Sie las den Absatz im Ganzen, nein, sie hatte sich nicht verlesen.

Da stand: »Heute habe ich mich zu sagen getraut, daß ich nich mehr in den dunklen Keller will. Aber Frau Wöhr, die uns Hausmädchen einteilt, sagte nur: Hör gut zu, Rieke Peters, du machst, was man dir sagt, und damit basta!«

Rieke ließ das Heft sinken. Was sollte das? Hatte Jakob Heil etwa seine Eventagentur ihren Namen in dieses Rollenspiel einbauen lassen? Da hätte er sie wenigstens informieren, ja um Erlaubnis bitten müssen! Rieke war geschockt und ein bisschen enttäuscht. War das wieder nur so ein Chef-Machtspiel? Darauf würde sie ihn gleich morgen ansprechen. Rieke gähnte und sah auf die Uhr. Sie musste los, um mit dem Insekten-Lieferanten alles Weitere zu besprechen. Sie griff nach ihrer Umhängetasche – und stopfte das Tagebuch in einem Impuls mit hinein.

*

22. Juni 2019

Riekes Termin mit Heil entwickelte sich völlig anders als gedacht. Ihr Telefonat mit dem Lieferanten hatte den Super-GAU ergeben: Er konnte nicht liefern. So ganz genau verstand sie die Gründe, die er wortreich angeführt hatte, zwar nicht, das Ergebnis war dasselbe: Sie stand da ohne das, was ihr Kunde verlangte.

Der war zu spät und schlecht gelaunt angekommen, musste eigentlich gleich weiter, deshalb kam Rieke gar nicht dazu, Heil auf die Namensgleichheit und das Tagebuch anzusprechen. Im Schnelldurchlauf sah er sich die Location an, nickte immer wieder etwas abwesend und war eigentlich wieder auf dem Weg nach oben, als er ganz nebenbei fragte: »Und mit dem Büfett läuft alles?«

Rieke überlegte kurz, ob sie nicht einfach schwindeln sollte, aber das war nicht ihre Art. Also blieb sie bei der Wahrheit: »Nicht ganz, es gibt Probleme mit dem Lieferanten.« Sie versuchte, zuversichtlich auszusehen. »Er kann nicht rechtzeitig liefern. Aber ich denke, da wird sich eine Lösung finden.«

Heil sah ihr unmittelbar in die Augen, zum ersten Mal am heutigen Tag. »So, das denken Sie? Und ich sage Ihnen was: Sie finden besser eine Lösung. Für mich sind alle Elemente es-sen-zi-ell«, er betonte jede Silbe überdeutlich, »ich wiederhole: es-sen-zi-ell für das Gelingen des Abends. Da gibt es keine Kompromisse.« Er nahm seine Ledertasche. »Haben wir uns verstanden?«

Rieke hasste dieses Chefgehabe, das hatte ihr in den letzten Jahren bereits ihren alten Job immer unerträglicher gemacht, aber als Freiberuflerin – noch dazu mit ihrem ersten, richtig großen Auftrag – konnte sie sich nicht viel Opposition erlauben. Sie hielt seinem Blick stand und erwiderte mit fester Stimme: »Natürlich. Wenn ich etwas zusage, halte ich das.«

Heil nickte zufrieden. »Gut, dann machen Sie weiter. Ich muss weg.« Er rauschte ab und würdigte Willy, der gerade zur Tür hereingekommen war, keines Blickes.

Willy sah ihm nach und fragte eher neugierig: »Was war denn das für 'ne Nummer?«

Rieke schüttelte den Kopf und sammelte ihre Unterlagen ein. »Frag nicht. Sag mir lieber, woher ich getrocknete Heuschrecken und Hamburger-Patties aus Mehlwürmern herbekommen soll.«

Willys Blick sprach Bände. Er brauchte einen Moment, das Gehörte zu verarbeiten. Seine Antwort bestand aus einem einzigen Wort: »Warum?«

»Na, weil ich die für das Büfett brauche, nicht mehr viel Zeit habe und meine gerade erst gestartete Karriere gleich den Bach runter geht, wenn das alles platzt.«

»Okay, das verstehe ich.« Willy nickte bedächtig mit dem Kopf. »Eigentlich wollte ich nur wissen, warum jemand so etwas essen sollte. Ist das so was wie diese widerliche Dschungelsache im Privatfernsehen, wo sie hundert Euro bekommen, wenn sie frittierte Affenklöten essen?«

Rieke musste unweigerlich lachen, das Wort »Affenklöten« hatte sie noch nie von Willy – oder einem anderen Menschen aus ihrem Umfeld – gehört. »Nein, das ist Teil der Veranstaltung, hat irgendwas mit Nachhaltigkeit zu tun, glaube ich.« Sie zuckte die Schultern. »Übrigens bin ich sicher, dass die im Fernsehdschungel mehr als hundert Euro bekommen.«

»Das will ich hoffen. Für sie«, grummelte Willy. »Früher hat man ein Kofferradio gewonnen, wenn man wusste, wie die Hauptstadt von Niedersachsen heißt. Aber ich versteh trotzdem nicht, wie man freiwillig so ein Getier essen kann. Dann lieber Grünkernbratlinge.«

Rieke hob beide Hände. »Ich hab mir das nicht ausgedacht, das ist komplett auf dem Mist von Herrn Heil gewachsen. Du kennst das doch: Wes Brot ich ess, des Lied ich sing.« Sie schlug spielerisch mit einem Küchenhandtuch nach ihm. »Ach so, und: Hannover.«

Willy sah sie verständnislos an. »Wieso Hannover?«

»Na, die Hauptstadt von Niedersachsen. Krieg ich jetzt mein Kofferradio?«

Am Abend stieß sie in ihrer Tasche wieder auf das Tagebuch. Zum Glück hatte Jakob Heil die Requisiten nicht kontrolliert, sie glaubte nicht, dass er überhaupt wusste, welche Geschichten sich die Eventagentur ausgedacht hatte. Trotzdem wollte sie sich natürlich ungern dabei erwischen lassen, dass sie Sachen einfach mit nach Hause nahm, ihr reichte der Ärger wegen des Büfetts.

Sie begann, in den Aufzeichnungen zu blättern, es war gar nicht so einfach, die geschwungene, verschnörkelte altdeutsche Schrift zu entziffern. Ihre Namensvetterin schilderte in ihrem Tagebuch die unheimlichen Geräusche, die sie im Keller hörte, wenn sie dort arbeitete. Rieke musste an Willy denken, der sich ja als ähnliche Bangbüx gezeigt hatte. Dann stolperte sie über ein Wort – stand da wirklich etwas von Sülze?

Rieke holte eine Lupe und las den Eintrag vom 24. Juni 1919:

»Liebes Tagebuch, gestern ist beim Abtransport eines der Stinkefässer aus dem Keller kaputtgegangen und der widerlichste Fleischabfall, den man sich nur vorstellen kann, ergoss sich über unseren Hof. Gedärm, Katzenköpfe, Reste von Hunden, Ratten, einfach furchtbar! Dann haben sie den Herrn Heil aus dem Haus gezerrt und wollten ihn auf dem Rathausmarkt aufknüpfen! Sie haben ihn dann in die Alster geworfen, aber die Polizei konnte ihn rausfischen. Ich finde ja, daß er eine Abkühlung verdient hat, manchmal guckt er uns Dienstmädchen so ganz komisch an ... Aber den Tod hat er gewiss nicht verdient, auch wenn das natürlich ganz schlimm ist, wenn er wirklich diese ganzen Abfälle in unsere Sülze gemacht hat. Auch wenn alle hungern – das tut man nicht! Wenn ich etwas zu sagen hätte, würde ich ihn mir schon vorknöpfen und sagen: Jacob Heil, das ist niederträchtig und widerlich, fressen Sie Ihre Sülze mal schön selber ...«

Rieke legte das Heft zur Seite. Sie ahnte, was die Macher hinter diesem Spiel vorhatten: Sie wollten auch

Heil integrieren. Oder hatte er das vielleicht sogar verlangt? War er egozentrischer, als sie gedacht hatte?

Sie sah auf die Uhr, es war schon spät. Aber es half ja nichts, das Problem mit dem Lieferanten musste gelöst werden, sonst konnte sie den gesamten Auftrag vergessen. Sie musste wohl eine Nachtschicht einlegen und nach möglichem Ersatz im Internet recherchieren.

*

23. Juni 2019

Am nächsten Morgen gegen 10 Uhr war es tatsächlich geschafft. Sozusagen auf den letzten Drücker fand sie einen Lieferanten, der neben Rote-Bete-, Möhren- und anderen Gemüsebratlingen die gesuchten Insekten-Burger anbot, lustigerweise in der Nähe von Hannover. Schließlich hatte sie den Verantwortlichen mit Engelszungen am Telefon dazu überreden können, die Bestellung sehr kurzfristig auszuliefern.

Es gab noch einiges zu tun, deshalb hatte sie noch einmal auf ihre beiden studentischen Aushilfskräfte Finn und Max zurückgreifen müssen. Das schmälerte zwar ihren Gewinn – sie bezahlte beide fair –, allein mit Willys Hilfe hätte sie das nicht geschafft. Außerdem hatte sie die beiden Jungs vom ersten Moment ihres Kennenlernens gemocht, die im Gegensatz zu vielen ihrer Altersgenossen ganze Sätze bilden konnten, und zwar ohne dass sie nach jedem dritten Wort »Digger«, »Alter« oder »Bro« einfügten.

Finn schraubte gerade den Tisch für die großen Warmhaltebehälter aus Edelstahl zusammen. »Max, bringst du mal die Schelldingse rüber?«

Rieke musste innerlich grinsen. Die beiden wussten, dass die richtige Bezeichnung der Behältnisse »Chafings« lautete, nur fanden sie »Schelldings« viel lustiger.

Max reagierte nicht. Plötzlich hörte man im hinteren Kellerbereich ein Poltern, gedämpft, aber deutlich. »Was machst du denn, Mann?« Finn richtete sich auf. »Pass bloß auf, die Schelldingse sind teuer!«

»Was willst du denn?« Max kam die Treppe hinunter, in den Händen eine Kiste mit Kerzen und Tischdeko.

Finn sah ihn verblüfft an und blickte dann in die Richtung, aus der das Geräusch gekommen war. Er sagte zu Rieke: »Ist Willy irgendwo dahinten?«

Sie schüttelte den Kopf. »Willy kommt erst nachher mit den Elektrosachen.« Sie schaute ebenfalls in die Ecke des Kellers. »Irgendwas war da gerade, ich spinn doch nicht!«

Finn zog sein Smartphone aus der Hosentasche und leuchtete ins Dunkel. Aber man konnte nichts erkennen.

»Da ist sicher irgendwo irgendwas umgefallen.« Max stellte die Kerzenleuchter auf und grinste. »Oder irgendwer.«

Sie machten weiter, doch Rieke konnte ihr komisches Gefühl nicht abschütteln. Vorhin hatte sie wieder den Eindruck gehabt, den Geruch von verdorbenem Fleisch zu riechen, oder bildete sie sich das inzwischen ein? Als die Jungs oben eine Zigarette rauchen gingen, wäre sie am liebsten mitgegangen, auch wenn sie schon seit bald zwanzig Jahren nicht mehr rauchte. Sie ging zur Wasserkiste, um eine neue Flasche zu holen. Da hörte sie wieder ein Geräusch; als ob etwas langsam über den Boden rollte. Sie fasste die Wasserflasche fester und sah, was die Ursache war: Eine Kerze war aus der Halterung gekippt und rollte langsam den langen Tisch hinunter. Rieke fing sie auf und steckte sie wieder in den Kerzenständer. So mach ich dem Spuk ein Ende, dachte sie.

*

24. Juni 2019

Rieke hatte die ganze Nacht hindurch in ihrer kleinen Küche Insekten-Patties gebraten. Zum Glück war die bestellte Ware tatsächlich noch rechtzeitig geliefert worden. Wirklich anfreunden konnte sie sich mit diesem besonderen Produkt nicht, obwohl sie es nach erster Überwindung probiert und für geschmacklich gar nicht so schlecht befunden hatte.

Jetzt war sie dabei, das Büfett im Tiefkeller vorzubereiten, heute Abend würden dort rund hundert Gäste sitzen. Jakob Heil hatte sie gleich morgens angerufen, um sicherzugehen, dass alles klappte. Wahrscheinlich hatte er nicht geglaubt, dass sie es so kurzfristig noch schaffen würde, aber das war ihr egal. Letzte Nacht hatte sie das Tagebuch ausgelesen, irgendwann war die Reichswehr angerückt und hatte auf alle und alles geschossen, was sich nicht in den Hauseingängen verstecken konnte, ziemlich dramatisch, es gab Tote.

Inzwischen war das Buch zusammen mit der Zigarrenkiste wieder ordentlich verstaut in der hintersten Gitterbox. Sie wusste ja nicht genau, wo es ursprünglich gelegen hatte – egal, die Leute der Eventagentur würden es finden, wenn sie gleich auftauchten.

Auch Willy erwartete sie jeden Augenblick, eigentlich hätte er längst da sein müssen, dachte Rieke, während sie einen etwas widerspenstigen Stecker in die Steckerleiste presste. Im nächsten Moment gab es einen lauten Knall, und es wurde stockdunkel.

Rieke suchte nach ihrem Telefon, das irgendwo auf dem Tisch liegen musste. Sie stieß sich den Knöchel an einem Stuhl und fluchte. Das hatte ihr gerade noch gefehlt. Sie hoffte, dass nur die Sicherung rausgeflogen war. Was, wenn das bis heute Abend nicht zu beheben war? In diesem Fall würde die ganze Geschichte ins Wasser fallen. Sie merkte, wie ihr Magen rebellierte. Mist, sie wusste nicht einmal, wo der Sicherungskasten war. Sie tastete sich weiter durchs Dunkel, machte einen Schritt nach vorn, stolperte und fiel der Länge nach hin.

»Rieke, hallo? Warum is'n das so dunkel?« Willy stand oben an der Treppe und leuchtete mit einer Taschenlampe hinunter. »Ist der Strom weg?«

»Sieht ganz so aus«, antwortete Rieke erleichtert, obwohl man von Sehen nicht sprechen konnte. »Plötzlich war alles schwarz.«

Willy stieg vorsichtig im Dunkel die Treppe hinunter, der Strahl der Taschenlampe tanzte gespenstisch auf und ab, hin und her. »Wo bist du denn?«

Rieke richtete sich auf und überprüfte kurz ihre Körperteile – alles noch dran, sie hatte sich nur ein bisschen den Arm geprellt. »Hier, alles okay.«

Der Lichtstrahl blendete sie, bis Willy die Lampe zur Seite drehte. »'tschuldigung. Ich guck mal nach den Sicherungen.« Er verschwand im hinteren Teil des Kellers.

Rieke stand auf und hörte in diesem Moment wieder das Wispern. Sie blickte zu Willy, doch diesmal schien der nichts bemerkt zu haben, und sie würde den Teufel tun, ihn darauf aufmerksam zu machen. Wahrscheinlich hatte sie es sich nur eingebildet.

Im Kopf überschlug sie kurz, für was sie Strom brauchte: Zapfanlage, Warmhalteplatten, Musikanlage, Licht – keine Frage, wenn Willy den Strom nicht wieder ans Laufen brachte, war's das mit der Veranstaltung. Und mit ihrem Honorar.

Willy stand vor einer Art Wandschrank, etwa in der Größe eines handelsüblichen Briefkastens, soweit das im Schein der Lampen zu erkennen war. Rieke hatte mittlerweile ihr Smartphone gefunden, die Taschenlampenfunktion aktiviert und hielt das Licht auf die Reihe schmutzig weißer Porzellansicherungen. Willy stand davor und kratzte sich am Hinterkopf. »Mann, die sind sicher hundert Jahre alt.« Er begann, an einer der Fassungen herumzuschrauben.

»Gab's da schon Strom?« Rieke dachte an die Rieke im Jahr 1919, die ihr Tagebuch immer im Schein der Öllampe geschrieben hatte. »Pass bloß auf!«

Willy ignorierte sie und betrachtete eingehend die Sicherung in seiner Hand. »Ich glaube, selbst wenn wir so ein historisches Teil finden, fliegt uns die ganze Sache spätestens heute Abend wieder um die Ohren. Da könnten wir auch einfach einen dicken Nagel reinhauen.«

Rieke hatte überhaupt keine Ahnung von solchen Sachen, vermutete aber, dass das keine gute Idee wäre und höchstwahrscheinlich ein Witz sein sollte.

Willy überlegte noch, dann schien er einen Entschluss gefasst zu haben und nahm Rieke an der Hand. »Komm mal mit rauf, ich hab für den Notfall noch so Campingleuchten mit Gaskartuschen, dann kannst du hier wenigstens weitermachen.«

Rieke folgte ihm ergeben. »Und du?«

Willy lächelte verschmitzt. »Ich hab da eine Idee. Lass mich man machen.«

Rieke ließ ihn machen. Schließlich hatte sie noch genug andere Dinge zu tun, und in ein paar Stunden kamen die Gäste. Und es dauerte nicht lange, da hatte Willy das Stromproblem gelöst. Wie, das blieb sein Geheimnis. Auf Nachfrage grummelte er nur etwas von »Überbrückungsstrom«, »Nachbarschaftshilfe« und »wie damals in der Hafenstraße«. Egal, jedenfalls funktionierte es.

Der Abend wurde ein voller Erfolg, obwohl er an Rieke regelrecht vorbeirauschte. Sie hatte eine Million Dinge zu erledigen, von dem Spiel selbst kriegte sie kaum etwas mit, ihr fiel nur irgendwann auf, dass das Tagebuch wohl doch keine Rolle zu spielen schien. Vielleicht hatten sie sich anders entschieden. Rieke fand das schade, sie hatten die Aufzeichnungen der Rieke aus dem Jahr 1919 ziemlich beeindruckt. Wenn sich's ergab, wollte sie jemanden der Eventleute darauf ansprechen.

Noch lief das Dinner. Die Insekten-Burger und Snacks lösten erwartbare Reaktionen aus: Die einen waren sehr angetan und dozierten über Nachhaltigkeit und Eiweißgehalt, die anderen wiesen die angebotenen Teller fast angeekelt zurück. Rieke musste an die Fässer der »Sülze-Aufstände« denken – ob die hungernden Massen damals wohl Insekten gegessen hätten oder ebenfalls auf die Barrikaden gegangen wären?

Irgendwann stand Jakob Heil vor ihr und gratulierte: »Toll, Frau Peters, so hatte ich mir das vorgestellt. Vielleicht machen wir tatsächlich eine ganze Veranstaltungsreihe daraus, das hatte ich ja bereits angedeutet. Was halten Sie davon?«

Sie konnte nur stumm nicken. Das würde ihren Laden ganz schön nach vorne bringen.

Heil blickte sich um. »Wobei ich zugeben muss«, er zögerte einen Moment und sprach leiser weiter, »dass ich diesen Keller am Anfang ziemlich unheimlich fand. Ich hatte den Eindruck, Stimmen und Geräusche zu hören.« Er lachte, es klang immer noch unsicher. »Albern, nicht?«

Rieke schüttelte den Kopf und wollte ihm gleich von ihren und Willys Beobachtungen erzählen, als Claudia, eine der Organisatorinnen der Eventagentur, zu ihnen kam, in der Hand die Zigarrenkiste. »Ist die von euch?« Sie hielt sie Rieke hin. »Die ist wohl versehentlich unter unsere Sachen geraten, sorry.«

Rieke nahm das Kästchen entgegen: »Ich dachte, die ist von euch.« Sie öffnete den Deckel und nahm Foto und Tagebuch heraus. »Gehörte das nicht zum Spiel?«

Claudia hielt das Foto vorsichtig ins Licht. »Nein, ich glaube das ist wirklich alt.« Sie drehte es neugierig hin und her. »Das ist hier im Keller. Krass.«

Heil hatte das Tagebuch aufgeschlagen und blätterte darin. »Scheint echt zu sein.« Er las in dem Eintrag. »Rieke Peters?« Er sah Rieke an. »Eine Verwandte?«

Sie schüttelte den Kopf. »Nicht, dass ich wüsste.« Sie wandte sich Claudia zu. »Ich war überzeugt, ihr hättet euch das alles ausgedacht.«

Claudia lachte. »Du überschätzt uns. Aber das ist wirklich eine tolle Idee, ich glaube, ich muss demnächst ins Staatsarchiv!«

Rieke drehte sich zu Jakob Heil um. »Wenn ich ehrlich bin, hatte ich ja Sie im Verdacht, meinen Namen für Ihre Veranstaltung benutzt zu haben ...« Für einen Moment schloss sie die Augen, erst jetzt wurde ihr bewusst, wie müde sie war.

Als sie die Augen wieder öffnete, blickte sie in die Gesichter der Metzger aus dem Foto. Rieke selbst stand auf dem obersten Absatz der Treppe, die Männer kamen von unten auf sie zu.

Sie wollte aufschreien, brachte aber keinen Ton heraus.

Ein immer noch lächelnder Metzger machte einen Schritt auf sie zu, streckte seinen Arm aus und schüttelte sie überraschend sanft an der Schulter.

»Hallo, aufwachen, geht's Ihnen nicht gut? Ich glaube, Sie sind eingeschlafen.«

Rieke sah den freundlichen Mann verständnislos an. Verwirrt rappelte sie sich auf und blickte sich um. Sie saß im Wartebereich des Bezirksamts, auf dem Boden lagen ihre Unterlagen für die Anmeldung ihres Gewerbes.

Der Mann, offenbar ein Behördenmitarbeiter, deutete auf ihre Zettel. »Ich glaube, Sie sind längst dran. Alle anderen sind schon weg. Zu wem müssen Sie denn?«

Rieke hob ihre Sachen auf und hielt dem Mann das Schreiben hin. Er warf einen kurzen Blick darauf und nickte. »Ah, zu Herrn Heil, da haben Sie's nicht weit, der sitzt gleich hier vorn.« Er deutete auf eine Bürotür gleich gegenüber des Wartebereichs. Rieke erkannte das Namensschild: »Jakob Heil, Gewerbeanmeldungen«.

Verwirrt bedankte sie sich, stand auf und ging vorbei an dem Veranstaltungsplakat, das an der Glastür ihr gegenüber hing: »Als die Hungernden auf die Barrikaden gingen: Die Sülze-Aufstände in Hamburg 1919 – Vortrag am 24. Juni 2019 im Koopmannschen Eiskeller, St. Pauli«. Rieke klopfte an die Tür. Eine Idee für eine Veranstaltung hatte sie. Und eine Location.

*

Im Koopmannschen Eiskeller, zuweilen Pesthofkeller genannt, der sich noch heute unter der Bar »Möwe Sturzflug«, Ecke Clemens-Schultz-Straße/Annenstraße, in Hamburg-St. Pauli, befindet, wurde im 19. Jahrhundert zeitweise tatsächlich Fleisch für die Weiterverarbeitung aufbewahrt und mit Eisblöcken gekühlt. Der Tiefkeller ist einmal im Jahr am »Tag des offenen Denkmals« zu besichtigen. Die für den »Sülze-Aufstand« verantwortlich gemachte Firma des beschuldigten Fabrikanten Jacob Heil lag in einem anderen Hamburger Stadtteil. Heil wurde am 25. Oktober 1919 zu drei Monaten Gefängnis und 1.000 Reichsmark Strafe verurteilt. Nach seiner Entlassung aus der Haft gründete er eine neue Firma für Fleischproduktion.

10 | EIN EHRENTAG

VON JÜRGEN EHLERS

Der 426,5 Meter lange »alte« Hamburger Elbtunnel wurde von 1907 bis 1911 gebaut. Der Bau erfolgte in 24 Metern Tiefe unter Druckluft im Schildvortrieb. Heute ist der Elbtunnel ein Museumsstück. Er wird zurzeit aufwendig restauriert. Die Oströhre ist bereits fertiggestellt, die Arbeiten an der Weströhre sollen bis 2024 abgeschlossen werden.

*

24. Juni 1909

Senator Wohlfarth stand gemeinsam mit seiner Gattin auf dem Elbhang oberhalb der Landungsbrücken und blickte hinunter auf das rege Treiben auf dem Fluss.

»Welch ein herrlicher Anblick«, sagte Elsgarth Wohlfarth.

Ihr Mann lächelte. Von hier oben hatte man in der Tat einen eindrucksvollen Blick auf den Hafen, der sich immer weiter ausdehnte. Es war nicht mehr möglich, all die Arbeiter, die auf der anderen Elbseite gebraucht wurden, per Fähre über das Wasser zu transportieren, und so hatte man den Bau einer festen Elbquerung in Angriff genommen. Der Senator hatte einen nicht unerheblichen Einfluss darauf gehabt, dass man sich für den Bau eines Tunnels anstelle einer Brücke entschieden hatte, obwohl der Tunnel viel teurer war als die Brücke, und schon bevor überhaupt der erste Spatenstich erfolgte, hatte er gut verdient an dem Projekt.

»Dies wird die erste Unterquerung eines Flusses in Europa«, versicherte er seiner Frau. »Ein Bauwerk, das in seiner Einmaligkeit Hamburgs Rolle als Weltstadt unterstreicht.«

Streng genommen stimmte das nicht. Es gab inzwischen den Glasgow Harbour Tunnel und einen Tunnel unter der Themse in London, aber wer wusste das schon? Seine Frau jedenfalls nicht. Sie hörte nicht zu, sondern genoss die schöne Aussicht.

Wohlfarth war nervös. Er zückte zum wiederholten Mal seine Taschenuhr. Er war nicht zum Vergnügen an diesem ganz normalen Werktag ans Elbufer gewandert. Gleich war es so weit. Er hatte das Problem mit den Technikern der Baufirma diskutiert, ohne natürlich zu erläutern, was er vorhatte. Der Tunnel wurde unter einem Überdruck von 2,4 Bar gebaut. Das war nicht unproblematisch. Es führte dazu, dass ständig Luft an der Sohle des Flusses austrat, was unerwünschte Strudel und Auskolkungen im Flussbett hervorrief. Es war offensichtlich, was geschehen würde, wenn man den Druck erhöhte. Und als Dr. David Lindtner vom Hafenkrankenhaus hinunter zur Baustelle ging, um seinen täglichen Inspektionsgang durch die Tunnelröhre anzutreten, hatte Wohlfarth unten angerufen und angeordnet, in einer Viertelstunde den Druck probeweise für ein paar Minuten auf 5 Bar zu erhöhen. Gleich war es so weit. Jetzt! Mitten in der Elbe schoss plötzlich eine fast zehn

Meter hohe Wassersäule in die Höhe. Frau Wohlfarth schrie erschrocken auf. »Mein Gott, was ist das?«

»Ein Ausbläser!«, rief ihr Mann bemerkenswert regungslos. »Eine Katastrophe«, fügte er sicherheitshalber hinzu. Die Wassersäule war inzwischen in sich zusammengebrochen. Wohlfarth wusste, dass in diesem Moment der Tunnel in rasender Geschwindigkeit volllief.

»Aber das ist ja furchtbar! Die armen Menschen da unten!«, rief Elsgarth, entsetzt über die Teilnahmslosigkeit ihres Mannes.

»Ich habe immer und immer wieder darauf hingewiesen«, behauptete Wohlfarth, »dass sie vorsichtig sein sollen mit der Druckluft. Aber sie haben ja nicht auf mich gehört«, sagte er kalt. »Und jetzt ist es zu spät. Alle, die dort gearbeitet haben, die sind jetzt tot.«

»Wie entsetzlich! Und der junge Doktor, der ist doch auch gerade nach da unten gegangen, das habe ich eben noch gesehen. Glaubst du, dass der auch …?«

»Alle tot«, bestätigte ihr Mann. Hoffentlich. Vor allem der Doktor. Der wusste einfach zu viel, von Berufs wegen, und wenn der damit jemals an die Öffentlichkeit ging – es wäre nicht auszudenken!

*

David stand vorn, wenige Meter von der Schildbrust entfernt, als er urplötzlich ein unheimliches Rumoren hörte. Was war das? Ihm fuhr ein Schauer über den Rücken, er spürte die Gänsehaut. Die Ortsbrust bewegte sich. Dann ein lauter Knall und anschließend ein Zischen. Der Tunnel hatte ein Leck bekommen. Die Luft entwich.

»Raus!«, schrie der Vorarbeiter. »Die Elbe kommt!«

Aber niemand konnte raus. Die Pressluft strömte mit ungeheurer Gewalt durch das Leck, sog alles mit sich in Richtung Fluss. David wurde umgerissen. Er klammerte sich verzweifelt an das Stahlgerüst der Tunnelröhre. Mit letzter Kraft hielt er sich fest. Jeden Moment musste das Wasser kommen.

Aber die Elbe ließ sich Zeit. Der Überdruck, der das Wasser zurückhielt, nahm langsam ab. Die Arbeiter ließen die Streben los, an denen sie sich festgehalten hatten, und rannten. Fünf Sekunden. Auch David löste sich aus der Erstarrung, lief zur Leiter und kletterte nach oben auf den Notsteg, der gut zwei Meter unter der Oberkante der Tunnelröhre verlief. Acht Sekunden. Das Wasser kam nicht. David hatte den Notsteg erreicht. Zehn Sekunden. Jetzt donnerte die Flut heran. Zögernd erst, dann immer rascher drangen Wasser und Erde in den Tunnel ein. David hastete in Richtung Ausgang. Die Beleuchtung fiel aus. Aber da vorn war endlich die Druckschleuse. David stürzte als Letzter hinein, einer der Arbeiter schloss die Luke hinter ihm. Alle waren in Sicherheit.

»Das war knapp«, bemerkte der Arbeiter.

»Keine Panik«, sagte David. Hier konnte ihnen das Wasser nichts mehr anhaben. Das Problem war der viel zu schnelle Druckabfall. Aber David spürte keinerlei Beschwerden. So wie es aussah, war er noch einmal davongekommen. Auch alle Arbeiter verließen die Druckschleuse unversehrt.

*

Zu dritt trafen sie sich bei Carstens, dem Reeder, um die Lage zu besprechen. »War das nötig?«, wollte Carstens wissen.

»Absolut.« Der junge Baurat Horndorfer war schon immer ein Freund direkter Aktion gewesen.

Sie waren sich alle einig, dass der Arzt ausgeschaltet werden musste, aber zu dem Anschlag auf die Tunnelbaustelle hatte Wohlfarth sich allein entschlossen, ohne die anderen zu konsultieren. Er hatte plötzlich das Gefühl, dass seine Freunde ihn im Stich ließen. Er sagte: »Es tut mir leid, wenn ich euch durch meine Eigenmächtigkeit vor den Kopf gestoßen haben sollte. Aber ich war mir bewusst, dass dies eine riskante Aktion war, und ich wollte euch nicht in Gefahr bringen.«

»Das war sehr uneigennützig von dir«, bemerkte der Reeder. Carstens hatte noch niemals erlebt, dass Senator Wohlfarth uneigennützig handelte. »Aber wie dem auch sei, lasst uns noch einmal auf den Punkt zurückkommen, warum wir hier zusammensitzen. Unser Ziel ist es, dass unser Freund Wohlfarth der nächste Bürgermeister wird. Natürlich kann man nie voraussagen, wie die entscheidende Abstimmung im Senat ausgeht, aber da unser Freund gewissermaßen der Vater des Elbtunnels ist, der Erbauer unseres neuen Wahrzeichens, hat er natürlich hervorragende Aussichten.«

Horndorfer nickte. Auch er war getrieben von übermäßigem Ehrgeiz. Er wollte im Leben mehr erreichen als einfach nur seine Beamtenstelle als Baurat. Aber wie der Reeder hatte er zur gegenwärtigen Regierung des Stadtstaates keine ausreichenden Beziehungen.

Carstens fuhr fort: »Wenn Wohlfarth Bürgermeister werden soll, ist es unbedingt erforderlich, dass nicht der kleinste Schatten auf den Ruf unseres Freundes fällt. Wir alle wissen, dass er den Tunnelbau gegen alle Widerstände durchgesetzt hat. Wir alle wissen, dass die Arbeiten im nächsten Jahr termingerecht abgeschlossen werden, und wir wissen auch, dass die veranschlagten Kosten eingehalten werden. Damit dies möglich war, mussten gewisse Risiken in Kauf genommen werden.«

»Erhebliche Risiken«, ergänzte Horndorfer.

»Ja. Uns allen war klar, dass das Arbeiten unter Druckluft gesundheitliche Gefahren birgt. Die Arbeiter müssen ein- und ausgeschleust werden. Je langsamer das geht, desto besser ist es für ihre Gesundheit. Je schneller es geht, desto geringer die Kosten, denn solange die Arbeiter in der Druckschleuse sitzen, kosten sie nur Geld. Und Menschen sind ersetzbar, ungelernte Arbeiter können wir aus Russland unbegrenzt nachbekommen, Geld nicht.«

Wohlfarth nickte. Besser hätte er es selbst nicht formulieren können.

»Das hat zwangsläufig zu Auseinandersetzungen mit dem zuständigen Mediziner geführt. Der Herr Lindtner, den wir aus Berlin geholt haben, war ja kein Spezialist für das Arbeiten unter Druckluft, und wir haben ihn so spät wie möglich engagiert. Dass es eine ›Caisson-Krankheit‹ gibt, das hat er erst im Laufe seiner Untersuchungen beim Tunnelbau herausgefunden.«

»Ja, das hat er«, bestätigte Wohlfarth. »Ich hatte ihm zunächst einmal über unseren Freund, den Professor Ronneburg, geraten, das Ausschleusen der Arbeiter so weit wie möglich abzukürzen, weil es sonst leicht zu Erkältungskrankheiten kommen könnte. Aber Lindtner hat viel zu schnell gemerkt, dass das genau der falsche Weg war, und er hat die Zeiten für das Ein- und Ausschleusen immer weiter verlängert. Das alles natürlich in ständiger Kooperation mit mir.«

»Ich nehme an, das war eine ganz besondere Art von

Kooperation«, bemerkte Horndorfer und lachte sarkastisch. »Ihr habt beide in entgegengesetzte Richtungen gezogen.«

»So würde ich das nicht ausdrücken«, widersprach der Senator. »Aber jedenfalls ist bei dem Doktor dieser Eindruck entstanden. Und es hatte ja eine ganze Menge Erkrankungen gegeben, wie sie eben beim Arbeiten unter Druckluft entstehen und wie sie ja auch zum Beispiel bei Tauchern nicht unbekannt sind. Als wir das dritte Todesopfer hatten, hatten wir eine sehr unerfreuliche Auseinandersetzung, und Lindtner hat sich erdreistet, mir damit zu drohen, sich an die Öffentlichkeit zu wenden. Er habe jede einzelne meiner Anweisungen genau dokumentiert, im Wortlaut, mit Datum und Uhrzeit.«

»Und da hast du nachgegeben«, stellte der Reeder fest.

»Was sollte ich anderes machen? Inzwischen sind die Arbeiten unter Druckluft ja fast abgeschlossen, und es hat keine weiteren Todesfälle gegeben, jedenfalls nicht unmittelbar auf der Baustelle, sodass wir zunächst einmal glimpflich davongekommen sind.«

»Aber die Unterlagen dieses Arztes sind selbstverständlich weiterhin eine Bedrohung«, ergänzte Carstens. »Und wenn unser Freund Wohlfarth das Bürgermeisteramt anstrebt, dann könnte ihm eine Veröffentlichung dieser Daten einen Strich durch die Rechnung machen.«

»Warum holen wir nicht einfach die Unterlagen aus seiner Wohnung? Jetzt, während seiner Arbeitszeit, wäre doch eine günstige Gelegenheit.«

Wohlfarth schüttelte den Kopf. »Zu unsicher«, sagte er.

»Wir müssen es ja nicht selbst machen. Auf St. Pauli bekommt man für relativ wenig Geld Spezialisten für solche Dinge.«

Wohlfarth winkte ab. »Das kann schiefgehen. Wir wissen ja gar nicht, wo er die Sachen aufbewahrt. Nein, ich habe eine bessere Idee. Am 29. März nächsten Jahres erfolgt der Durchschlag der ersten Tunnelröhre. Es gibt eine großartige Feier. Emmy Weusthoff, die Tochter des verstorbenen Senators, ist selbstverständlich eingeladen. Und Lindtner ...«

»Den können Sie doch nicht einladen. Der hat überhaupt keine Funktion. Der ist ... Arzt.« Es klang abwertend, wie der alte Reeder das sagte.

»Sicher, es wäre ungewöhnlich, ihn einzuladen. Aber ich gehe davon aus, dass er gern an der Feier teilnehmen würde. Es wäre für ihn eine Gelegenheit, Fräulein Weusthoff wiederzusehen. Ich weiß, dass er ein Auge auf sie geworfen hat. Natürlich hat er nur sehr selten eine Gelegenheit, sie zu sehen. Sie bewegt sich ja in anderen Kreisen. So etwas wie ganz normale Ärzte kommen da nicht vor. Und wenn wir Lindtner nun als Sicherheitsaufsicht einstellen ...«

»Wozu das denn? Rechnen Sie mit Zwischenfällen? Dann sollten wir die Polizei einschalten.«

»Nein, eben gerade nicht die Polizei. Die können wir nicht gebrauchen. Ich habe einen Drohbrief aus Russland erhalten ...« Er zog ein doppelt gefaltetes Schreiben aus der Tasche. Horndorfer registrierte, dass die Handschrift dieses angeblichen Briefes aus Russland der Handschrift des Senators sehr stark ähnelte.

Wohlfarth fuhr fort: »Die Witwe eines Arbeiters hat Rache geschworen. Ich halte es durchaus für möglich, dass sie hier in Hamburg auftaucht. Und dann ist mein Leben keinen Pfifferling mehr wert ...«

Carstens verzog das Gesicht. »Das ist doch völlig abwegig«, sagte er.

Wohlfarth lächelte. »Das ist keineswegs abwegig. Ich

habe meine Beziehungen spielen lassen und eine geeignete Dame in St. Pauli ausfindig gemacht. Ebenso einen Scharfschützen. Es ist alles arrangiert.«

Der alte Reeder schüttelte den Kopf. »Davon halte ich gar nichts. Zumindest nicht, solange wir hier vollständig im Dunkeln gelassen werden. Sie sollten uns in die Einzelheiten Ihres Planes einweihen …«

Baurat Horndorfer fiel ihm ins Wort. »Ich glaube, es ist für uns alle besser, wenn der Herr Senator uns nicht einweiht.«

*

Einen Tag nach Ostern, am 29. März 1910. Der feierliche Durchstich der ersten der beiden Elbtunnel-Röhren erfolgte nicht etwa in der Tunnelmitte, sondern am südlichen Ende, direkt neben den St. Pauli-Landungsbrücken. Der Senator machte einen zufriedenen Eindruck. Er konnte zu Recht zufrieden sein. Der Tunnel war rechtzeitig fertig geworden, und Doktor David Lindtner war tatsächlich erschienen. Der Senator erläuterte ihm den Ablauf der Festlichkeiten.

»Wer ist das Kind?«, fragte David.

»Das ist Anna, die Tochter des Baurats Wendemuth. 13 Jahre alt. Sie wird gleich die Sprengladungen zünden, mit denen die Wand durchbrochen wird.«

David runzelte die Stirn. Er hatte nicht gewusst, dass die Mauer gesprengt werden sollte. Was konnte bei einer Sprengung nicht alles passieren! Und dann noch ein Kind als Sprengmeister! Die Mauer hätte man genauso gut mit einem Vorschlaghammer einschlagen können. Aber die Herrschaften liebten es dramatisch.

»Bitte alle etwas weiter zurücktreten!«

Die Ehrengäste wichen zurück. War der Sicherheitsabstand nicht viel zu klein? Da stand das Mädchen, festlich herausgeputzt, und bevor David überhaupt begriff, was geschah, hatte sie den Signalschuss für die erste Sprengung ausgelöst. Ein Blitz und ein gewaltiger Donnerschlag. Staub wirbelte durch die Luft, David hustete; er hatte in der vordersten Reihe gestanden. Jubel brach aus. Dabei war nur ein kleines Loch in die Mauer gesprengt. Es folgte die zweite Sprengung, dann die dritte ... Jedes Mal wurde das Loch ein Stück größer.

Die fünfte Sprengung – nichts. Die erwartete Explosion blieb aus. Stimmengemurmel. Der Senator trat nach vorn. »Meine Herrschaften, bitte haben Sie einen Moment Geduld. Die Dynamitpatrone hat versagt, wir müssen daher eine Sicherheitspause von 10 Minuten einlegen. Das ist Vorschrift. Danach geht es gleich weiter.«

Einer der Zimmerleute im Hintergrund brummte: »Das bedeutet Unglück!«

David sah sich um. Es war ganz unmöglich, in diesem Gedränge den Senator zu schützen. Es gelang ihm ja nicht einmal, in der Nähe des Mannes zu bleiben. Aber die Herrschaften in Frack und Zylinder sahen nicht so aus, als würden sie jemandem nach dem Leben trachten. Selbst David hatte sich einen Frack ausgeliehen. Er war etwas zu eng. Und der Zylinder – konnte man sich eine unpraktischere Kopfbedeckung vorstellen? Doch alle hielten sich an die ungeschriebene Kleiderordnung. Bis auf die Leute vom Bau; die waren mit dunkler Weste und Melone erschienen.

Der junge Mann neben Frau Senator Wohlfarth war ganz offensichtlich ihr Sohn. Frau Wohlfarth sagte: »Dies ist ein Ehrentag für deinen Vater. Für uns alle. Ich bitte dich, August, fang nicht wieder an, irgendetwas von den Hereros zu erzählen.« Und an den Reeder Carstens gerichtet, der neben ihr stand, sagte sie zur Erläuterung: »Er war ja bei der Schutztruppe in Deutsch-Südwest. Hat in Afrika zu viel Sonne abbekommen, da haben sie ihn zurückgeschickt.«

In dem Augenblick krachte die fünfte Sprengung. Der Durchgang war offen.

»Das Erinnerungsfoto!« Das war der Fotograf. »Bitte alle einmal vor dem Durchbruch aufstellen. Die junge Dame bitte nach hinten, direkt in den Mauerdurchbruch!« Dort hatten Arbeiter rasch ein kleines Podest herangezogen, sodass das Kind erhöht und gut sichtbar dastand. Jemand drückte dem Mädchen einen großen Blumenstrauß in die Hand.

Während der Fotograf im Hintergrund auf einem Gerüst stand und schräg von oben seine Fotos machte, schrieb neben David ein Reporter seinen Bericht für die »Hamburger Neuesten Nachrichten«. David las: »Mit Riesenschritten strebt die Menschheit der Vervollkommnung ihrer Einrichtungen zu. Der Mensch hat gelernt, die Luft zu beherrschen, der heutige Tag zeigt ihn als souveränen Beherrscher der Tiefe ...«

August unterhielt sich mit dem Vorstand der Geographischen Gesellschaft. Der Senator fuhr verärgert dazwischen. »Bist du schon wieder bei deinen Hereros, August? Ich hatte dich doch gebeten ...«

August tat, als habe er seinen Vater nicht gehört. Er sagte so laut, dass es jeder vernehmen konnte: »General von Trotha hatte angekündigt, innerhalb der Grenzen des Deutschen Schutzgebietes werde von jetzt ab jeder

Herero erschossen. Das war ein Befehl. Und dann haben wir sie in die wasserlose Wüste gejagt, Männer, Frauen und Kinder …«

»Halt den Mund, August! Hast du auch nur einen einzigen Herero erschossen?«

»Nein.«

»Dann sei glücklich und rede nicht solchen Unsinn.«

August drehte sich wortlos um und verschwand in der Menge. David wusste, dass Leute aus dem Krieg zurückgekommen waren, die die schrecklichen Dinge nie wieder loswurden, die sie gesehen hatten. Bei einem sensiblen Menschen wie August reichte schon ein Schießbefehl, um ihn für immer aus dem Gleichgewicht zu bringen.

*

Nachdem noch weitere Fotografien gemacht worden waren, ging die Gesellschaft allmählich zurück an die Erdoberfläche. Das anschließende Festbankett fand im Restaurant der St. Pauli-Landungsbrücken statt. David war sich bewusst, dass seine Einladung zu dieser Feier keine »richtige« Einladung war. Er war keiner der offiziell geladenen Gäste, sondern er sollte sich lediglich um die Sicherheit der Veranstaltung kümmern. Dazu fühlte er sich als Mediziner kaum in der Lage. Und die Pistole, die Wohlfarth ihm gegeben hatte – einfach lächerlich! Aber es hatte ihn gereizt, bei dem entscheidenden Moment dabei zu sein, wenn die Wand zwischen den beiden Tunnelröhren durchschlagen wurde, und auch die anschließende Feier hatte ihn gereizt, all diese Affen im Frack, die sich wichtigtaten. Das alles ließe sich wunderbar in einem Gemälde verarbeiten. Dabei malte David nur noch selten. Die Zeiten, in denen er gehofft hatte, sich als Künstler einen Namen zu machen, waren lange vorbei.

Die Feier hatte ihn jedoch nicht nur als Künstler angezogen. Emmy würde anwesend sein. Er hatte Emmy Weusthoff seit fast einem Jahr nicht mehr gesehen. Wusste sie, dass er kommen würde? Was würde sie sagen? Würde sie sich noch an ihn erinnern?

»Lindtner ist ein Maler«, sagte ein Mann, von dem David nur den Rücken sehen konnte. »Ich habe seine Bilder gesehen. Bürgermeister Petersen wäre besser beraten gewesen, sich von ihm porträtieren zu lassen als von diesem Max Liebermann.«

»Ich habe nicht gewusst, dass er überhaupt ein Maler ist!«

»Liebermann?«

»Nein, Lindtner. Ich denke, er ist Arzt.«

»Arzt und Maler. Er hat unsere bezaubernde Emmy Weusthoff gemalt. Ein wunderschönes Bild. Ich möchte nicht wissen, wie viele Tage sie dafür Modell sitzen musste!«

David schmunzelte. Emmy hatte ihm überhaupt nicht Modell gesessen. Er hatte sie aus dem Gedächtnis gemalt. Wo war sie jetzt? Bei dem Tunneldurchbruch eben auf der Baustelle hatte er sie nirgends gesehen.

*

Während die geladenen Gäste die Platzkarten studierten, stand David unschlüssig herum. Er kannte fast keinen der Anwesenden. Das hier, das war ganz offensichtlich ein Freudenfest, und es schien ihm vollkommen unwahrscheinlich, dass irgendjemand diese Veranstaltung stören könnte.

David stand auf und ging umher. Die Gesprächsfetzen, die er im Vorübergehen aufschnappte, drehten sich fast ausschließlich um den Handel und um die Kolonien. Der Reeder Woermann, den David aus dem Krankenhaus kannte, sagte gerade: »… versprechen wir uns für den Handel einen starken Aufschwung. Dass wir das Kolonialinstitut 1908 nach Hamburg bekommen haben, ist wirklich …«

Ein glatzköpfiger Kaufmann nickte eifrig. Ein anderer Mann sagte: »… nicht nach Indien. Nein, auf keinen Fall. Haben Sie den Bericht in den ›Mittheilungen der Geographischen Gesellschaft‹ nicht gelesen? Ratten in den Unterkünften! Und dann die Krankheiten …«

Da drüben standen die Wohlfarths. Frau Wohlfarth fragte gerade ihren Mann: »Warum ist eigentlich der Kaiser nicht hier? Zur Einweihung der Süderelbbrücke ist er nach Harburg gekommen, in die tiefste Provinz, und hier – hier fehlt er!«

Der Senator lächelte. »Dies ist ja nicht die Einweihung des Elbtunnels, dies ist nur der Durchstich. Warten wir einmal ab, was im nächsten Jahr passiert.«

Und Emmy? Es war nicht schwer, Emmy zu finden. Es gab nur wenige Frauen unter den geladenen Gästen, und nur eine von ihnen war jung und schön. »David!« Natürlich hatte sie den Arzt längst entdeckt. »Das ist eine Überraschung. Ich habe nicht gewusst, dass Sie auch geladen sind.«

*

Da für David kein Platz am Tisch der Honoratioren war, stand Emmy kurzerhand auf und ging mit ihm zu dem

kleinen Tisch am Eingang, der für ihn vorgesehen war.
»Ich denke, Sie sind Arzt und kein Portier«, fragte sie amüsiert.

David erklärte ihr, auf welche Weise seine Einladung zu dieser Feier zustande gekommen war. Emmy fand das Ganze einfach lächerlich.

»Es ist nicht so unsinnig, wie Sie glauben«, entgegnete David. »Die Tunnelbauer haben sich nicht nur Freunde gemacht. Besonders unter den Arbeitern.«

»Ich denke, der Bau des Elbtunnels war eine hervorragende Verdienstmöglichkeit«, sagte Emmy.

»Das ist wohl wahr«, entgegnete David. »Aber das gilt natürlich nur für diejenigen, die jetzt noch am Leben sind.«

Emmy wusste nicht, dass es Tote gegeben hatte.

David erklärte ihr die Zusammenhänge. Es musste mit Druckschleusen gearbeitet werden, und jeder, der in den Tunnel hinein oder nach der Arbeit wieder heraus wollte, der musste sich in diesen Schleusen langsam an die veränderten Bedingungen auf der anderen Seite gewöhnen.

»Und das ist problematisch?«

David nickte. »Es gibt Leute, die die Druckveränderungen besser verkraften, und es gibt andere, die damit größere Probleme haben. Übergewicht ist schlecht. Alkoholkonsum ist noch viel schlechter. Und so kommt es, dass eine ganze Reihe von Arbeitern die sogenannte ›Caisson-Krankheit‹ bekommen hat.«

Davon hatte Emmy noch nichts gehört. David setzte sie ins Bild.

»Juckreiz, damit geht es los. Dann kommen Gelenkschmerzen dazu. Auch Muskelschmerzen, etwa so wie ein Muskelkater. Das geht hin bis zu Lähmungen. Bewusstseinstrübungen treten auf. Ohnmacht. Und wenn man Pech hat, ist man am Ende tot.«

»Das ist ja furchtbar.«

David nickte. »Drei Tote hat es gegeben«, sagte er. »Das heißt, wahrscheinlich sind es mindestens vier Tote gewesen. Die drei Männer, die nachweislich an der ›Caisson-Krankheit‹ litten, die haben die Baustelle nicht mehr lebend verlassen. Ein weiterer Arbeiter ist ein paar Tage später gestorben, und da kann man nicht sicher nachweisen, ob es nicht eine andere Todesursache gewesen ist.«

Emmy wunderte sich, dass sich unter diesen Umständen überhaupt Leute gefunden hatten, die bereit waren, auf dieser Baustelle zu arbeiten.

»Für Geld tun Menschen alles«, sagte David. »Und wer mehrere Jahre lang auf solch einer Baustelle arbeitet, der ist hinterher ein gemachter Mann. Gezahlt werden bis zu 76 Pfennig pro Stunde. Dazu kommt noch die monatliche Druckluftprämie von 100 Mark. Damit ist der Arbeitslohn für die Tunnelarbeiter dreimal so hoch wie für andere Arbeiter. Das gilt für das Deutsche Reich. Und für Russen sind die gezahlten Beträge geradezu astronomisch. Natürlich hat die Tunnelbaugesellschaft gewusst, dass es Unruhe geben könnte, wenn Informationen über das Gesundheitsrisiko an die Öffentlichkeit dringen. Immerhin ist alles ja noch recht glimpflich abgegangen. Nur vier Tote bei insgesamt 4.000 Arbeitern. Deshalb hat man keine Hamburger eingesetzt, sondern Arbeiter aus dem Osten. Aber in meinen Augen sind das auf jeden Fall vier Tote zu viel. Und es wird nicht bei diesen vier Toten bleiben. Die Arbeit unter Druckluft verursacht Langzeitschäden. Wie die sich auswirken, werden wir nie erfahren.«

»Und jetzt befürchtet man, dass möglicherweise irgendein Angehöriger der Toten hier auftauchen könnte, um die Verantwortlichen zur Rechenschaft zu ziehen?«

»Es hat einen Drohbrief gegeben. Aber keine Angst, ich passe auf, dass nichts passiert!«

»Sie passen auf?«, fragte Emmy amüsiert.

David zeigte ihr die Pistole, die ihm der Senator gegeben hatte.

Emmy wurde ernst. »Ich ahne schlechte Dinge«, sagte sie. »Besonders wenn alle so fröhlich und ausgelassen sind, denke ich daran, wie rasch das alles umschlagen kann. Und 1910 ist ein schicksalhaftes Jahr. Haben Sie es nicht gehört? Der Halleysche Komet kommt. Im April.«

»Der geht auch wieder!«, versicherte David unbeschwert.

Emmy schüttelte den Kopf. »Die Wissenschaft hat festgestellt, dass der Schweif des Kometen Dicyan enthält. Das ist sehr giftig. Und wenn der Schweif des Kometen die Erde berührt, wird das Dicyan in Blausäure umgewandelt, und alle Menschen müssen sterben.«

»Unsinn!« Davon hatte David noch nie etwas gehört, und er war sich sicher, dass das nicht passieren würde.

*

Den Mann in normaler Arbeitskleidung, der sich am Hintereingang des Restaurants zeigte, bemerkte David erst, als sich einer der Kellner auf ihn zubewegte, ganz offensichtlich, um ihn aus dem Raum zu schicken.

Der Kellner sagte irgendetwas; der Arbeiter schüttelte den Kopf. Der Kellner sah sich suchend um, offenbar, um einen seiner Kollegen herbeizuwinken. David machte sich auf den Weg. Der Arbeiter im Eingang war kein Mann, sondern eine Frau. Eine junge Frau, die plötzlich eine Pistole in der Hand hielt. Der Kellner schrie auf.

David zog seine Waffe und schoss über sie hinweg. Die Lampe über der Tür zerplatzte. Glassplitter regneten auf die Frau nieder. Eine Sekunde lang starrte sie David an, dann wandte sie sich ab und rannte.

»Sie hat gefragt, wer der Senator ist!«, stammelte der Kellner. David stieß ihn zur Seite und folgte der Bewaffneten. Wo war sie? Da vorn! Sie wandte sich nach links und rannte in Richtung des Tunneleingangs.

»Bleiben Sie stehen!« David raste hinter ihr die Treppe hinunter. Er kam dennoch zu spät. Er sah nur noch, wie die Frau in der Tunnelröhre verschwand. Er rannte hinterher.

Die Tunnelröhre war nur schwach beleuchtet. Eine Gruppe von Arbeitern war damit beschäftigt, Fliesen an die Wand zu bringen. Zwei der Männer sahen die Frau kommen, wollten sie aufhalten. Die Unbekannte schoss in die Luft, und die Männer sprangen aus dem Weg.

David rannte hinter der Frau her. Er war schneller als sie. Sie waren fast am südlichen Ende des Tunnels angelangt, als sie David kommen hörte. Sie fuhr herum, richtete die Pistole auf ihren Verfolger.

»Lassen Sie den Unsinn«, sagte David. »Geben Sie mir die Pistole.«

Aus dem Dunkel des Tunnels hörte man eilige Schritte. »Waffe weg!« Zwei Arbeiter kamen David zur Hilfe.

Die Frau schüttelte den Kopf. Sie hielt die Waffe auf ihn gerichtet, aber David war sich sicher, dass sie nicht schießen würde. Er trat noch einen Schritt näher. Er würde ihr einfach die Pistole aus der Hand …

In dem Augenblick riss die Frau die Pistole hoch und wollte den Lauf auf ihren Kopf richten. David schlug sie ihr aus der Hand. »Schluss jetzt!«, sagte er. Er bückte sich und hob die Pistole auf. Die Frau rührte sich nicht.

David steckte beide Pistolen ein. »Alles ist gut«, sagte er. »Nichts ist gut!« Die Frau weinte. »Mein Andrzej ist tot, und hier wird gefeiert!«

Andrzej war ihr Verlobter gewesen. Die beiden kamen aus einem Dorf westlich von Warschau. Andrzej hatte das Geld verdienen wollen, das sie brauchten, um heiraten zu können, um endlich unabhängig zu sein von Eltern und Schwiegereltern. Das war gescheitert. Nach seiner Ankunft in Hamburg hatte der junge Mann seiner Maria einen euphorischen Brief geschrieben. Sein zweiter Brief einen Monat später klang schon weniger optimistisch. »Die Arbeit ist schwer«, hatte er geschrieben. »Alle Muskeln tun mir weh. Aber ich gebe nicht auf, ich mache weiter.« Einen Monat später war er tot.

»Von dem Geld, das er mir überwiesen hat, habe ich die Pistole gekauft«, sagte Maria. »Ich wollte sie totschießen, seine Mörder. Alle.« Sie war noch immer voller Wut.

David versuchte, sie zu besänftigen. »Es ist gut, dass das nicht geklappt hat«, sagte er. »Es gibt keine Mörder. Niemand hat gewollt, dass Arbeiter zu Schaden kommen. Es war ein Unglück. Und es ändert nichts, wenn du deshalb jemanden erschießt. Es bleibt ein Unglück, und die Toten werden nicht wieder lebendig.«

Maria antwortete nicht.

»Fahr zurück nach Hause«, sagte David sanft. »Du hast dein Leben noch vor dir. Mach etwas daraus. Ich bin mir sicher, dass auch dein Andrzej es nicht anders gewollt hätte.«

»Was weißt du schon!«, sagte sie trotzig. Aber sie weinte nicht mehr.

»Geh nicht zurück durch den Tunnel. Von diesem Ende hier in Steinwärder kommst du mit der Fähre zurück auf die andere Elbseite ...«

»Ich weiß.«

»Dann geh direkt zum Hauptbahnhof und nimm den nächsten Zug nach Berlin. Und von dort ...«

Die junge Frau schüttelte den Kopf. »Ich habe gar kein Geld mehr. Die teure Pistole und die Fahrt nach Hamburg ...«

David gab ihr, was er an Geld bei sich hatte. Er hoffte, dass das für die Fahrkarte reichen würde. Mehr konnte er nicht für sie tun. Er hoffte, dass sie rechtzeitig weg war, bevor die Polizei mit ihren Ermittlungen begann. Denn dass dieser Anschlag zur Anzeige kommen würde, hielt David für sicher.

»Danke.« Die Frau nahm das Geld, drehte sich um und ging.

David ging langsam zurück. Er war noch nicht weit gekommen, als er vor sich im Halbdunkel Stimmen hörte. »Schiefgegangen«, sagte jemand. »Die Arbeiter sind dazwischengekommen. Ich konnte nichts machen. Ich konnte sie doch nicht alle ...«

»Still jetzt!« Das war eindeutig die Stimme des Senators. Die beiden waren sich offensichtlich nicht der Tatsache bewusst, wie weit der Schall im Tunnel trug.

David ahnte allmählich, dass man ihn hereingelegt hatte. War der ganze Zwischenfall etwa arrangiert worden, um ihn aus dem Weg zu räumen? Das Beste würde sein, wenn er die Feier verließ, seine Sachen packte und sofort aus Hamburg abreiste. Aber im nächsten Augenblick kam es ihm albern vor, was er dachte. Und außerdem wäre es ein Abschied von Emmy gewesen. Nein, er würde bleiben.

Bis David den Tunnelausgang erreicht hatte, war der Senator verschwunden. Stattdessen stand August Wohlfarth am Fuß der Treppe. Er wirkte irgendwie verloren, fand David.

August sagte: »Da sind Sie ja. Mein Vater schickt mich. Ich soll die Pistole einsammeln.«

*

Nach der offiziellen Feier fuhr die ganze Gesellschaft mit dem Staatsdampfer weiter nach Blankenese, um dort den Tag in Sagebiels Fährhaus würdig abzuschließen. Während sie an Bord gingen, hörte David mit, wie der Senator zu seiner Frau sagte: »Erschrick nicht, Elsgarth. Es hat ein Unglück gegeben. August hat sich in den Kopf geschossen.«

»Um Gottes willen!«

»Er ist nicht tot. Er ist nur schwer verletzt. Sie haben ihn ins Hafenkrankenhaus gebracht. Ich kann hier jetzt nicht weg. Kümmerst du dich bitte darum?«

Elsgarth Wohlfarth war entsetzt über die Kälte ihres Mannes. Ohne ein Wort wandte sie sich ab und ging zurück an Land.

David schüttelte den Kopf. Was für ein Ungeheuer, dieser Senator! David erwog, ebenfalls von Bord zu gehen, aber er wusste, dass er nichts für den armen August tun konnte. Er war kein Spezialist für Kopfverletzungen, und im Hafenkrankenhaus war der junge Mann auf jeden Fall gut aufgehoben. David setzte sich neben Emmy. Sie

hatte von dem Selbstmordversuch nichts mitbekommen.
»Neben mir ist noch frei«, sagte sie.

Ihnen gegenüber nahm wenig später der Senator Platz. Er lächelte in die Runde, gerade so, als sei nichts geschehen. Anschließend deutete er auf David und sagte zu Emmy: »Der junge Mann hat mein Leben gerettet.«

Das war glatt gelogen.

»Er ist großartig«, sagte Emmy.

David sah sie forschend an. War das auch gelogen? Nein, er spürte, dass sie es ernst meinte.

Irgendetwas musste er jetzt sagen. »Ich habe gar nichts tun können«, versicherte David. »Ich habe nur eine Lampe zerschossen und eine arme verwirrte Frau durch den Tunnel gescheucht, das ist alles.«

»Immer bescheiden!« Der Senator lachte. Er war trotz allem zufrieden. Plan A hatte nicht funktioniert, aber es gab ja noch einen Plan B. Während sie hier saßen und Kaffee und Wein tranken, war der bestellte Einbrecher längst in Lindtners Wohnung und hatte hoffentlich inzwischen die verräterischen Aufzeichnungen des Arztes sichergestellt.

David zog die Stirn kraus. Er wünschte, Emmy und er wären weit weg von diesen ganzen Honoratioren. Am liebsten hätte er dem Senator den Wein ins Gesicht geschüttet und geschrien, was für ein Schwein er sei, sodass es alle hören konnten. Stattdessen trank er sein Glas mit einem Zug aus. Dann sagte er unvermittelt: »Ich habe übrigens noch bei Professor Virchow in Berlin studiert.«

»Ein vorzüglicher Wissenschaftler«, nickte der Senator. Es war ganz offensichtlich, dass Virchow ihn nicht interessierte.

David registrierte, dass Emmy ihn besorgt ansah. Er wusste, dass er nicht viel Alkohol vertrug. Aber sollte er deshalb den Mund halten? Nein, das musste jetzt heraus: »Rudolf Virchow hat als Chirurg den ganzen Menschen auseinandergenommen, aber eine Seele hat er nicht gefunden. Das war übrigens ein Politiker, den er damals seziert hat.«

»Virchow ist tot«, sagte Wohlfarth, um dieses Thema abzuschließen.

David ließ sich nicht beirren. Er sah den Senator an: »Und wissen Sie was, Herr Senator? Ein Gewissen hat er bei diesem Politiker auch nicht gefunden!«

*

Während die Angaben über den Tunnelbau den Tatsachen entsprechen, sind die beschriebenen Machenschaften der Politiker, selbstverständlich, frei erfunden.

11 | EINE NACHT MIT MARIA

VON RENÉ JUNGE

Im »Hamburger Berg«, einer Seitenstraße der weltberühmten Reeperbahn in Hamburg, befindet sich eine Kneipe, die als »Goldener Handschuh« berühmt und berüchtigt ist.

1953 öffnete die wohl bekannteste Spelunke der Stadt ihre Pforten. Seit jeher war der Goldene Handschuh eine zweite Heimat für gestrandete Existenzen und die harte Trinkerszene vom Kiez.

In den Jahren von 1970 bis 1975 fand Friedrich Paul Honka, besser bekannt unter dem Namen Fritz Honka, hier viele seiner Opfer. Als einer der gefährlichsten Serienmörder seiner Zeit ging er in die Kriminalgeschichte ein.

Auch heute existiert der Goldene Handschuh noch. Betritt man ihn, könnte man glauben, die Zeit sei dort seit Honkas Tagen stehen geblieben. Allzu leicht kann man sich vorstellen, dass sich eine ähnliche Geschichte jederzeit wiederholen könnte.

Doch für die Menschen, die hier einkehren, ist die Kneipe auch ein Stück Heimat. Hier muss sich niemand verstellen und jeder kann so sein, wie er möchte. Gerade an den Wochenenden ist der Goldene Handschuh heute ein Schmelztiegel aller gesellschaftlichen Schichten, die gemeinsam feiern und das Leben zelebrieren.

※

»Nein Mann, da gehe ich ganz bestimmt nicht rein. Guck dir bloß die Typen an, die da vor der Tür abhängen.«

Max verzog angewidert das Gesicht, als er auf die Kaschemme auf der anderen Straßenseite zeigte.

»Spielverderber«, brummte Klaus Rubicek enttäuscht und folgte seinem Kollegen widerwillig.

»Ich will doch nur ein paar Minuten gucken«, versuchte er es noch einmal, aber Max winkte ab und beschleunigte seine Schritte sogar noch. »Vergiss es«, riet er Klaus. »Es ist sowieso schon halb zwei in der Nacht, und ich bin alle. Ich muss echt dringend ins Bett.«

Klaus überholte seinen Kollegen und stellte sich ihm in den Weg. »Dann lass mir wenigstens die Pille da, die der Typ im Club dir zugesteckt hat.«

Max verdrehte die Augen. »Ehrlich? Du weißt doch gar nicht, was das für ein Zeug ist. Aber gut, du bist erwachsen. Hier hast du das Ding. Bitte bring dich damit nicht um.«

Max zog sein Portemonnaie hervor und gab Klaus die pinkfarbene Pille.

Klaus griff danach und warf sie sich in den Mund. »Danke, mein Freund.« Er grinste.

»Aber du gehst nicht in den Goldenen Handschuh«, ermahnte ihn sein Kumpel. »Der Laden ist gefährlich, habe ich gelesen.«

»Versprochen«, log Klaus. Dann verabschiedeten sich die beiden Männer und Klaus ging den Weg zurück. Der

Goldene Handschuh war nur etwa fünfzig Meter entfernt und er würde es sich ansehen, egal, was Max davon hielt.

In diesem Laden hatte der Serienmörder Fritz Honka in den Siebzigern seine Opfer gefunden. Mittlerweile gab es einen Roman und ein Theaterstück darüber und Klaus war von beiden fasziniert. Die Chance, sich diesen legendären Ort aus der Nähe anzusehen, würde er sich nicht entgehen lassen.

Schon von Weitem konnte er sehen, dass vor der Tür ein dichtes Gedränge herrschte. Ein paar zwielichtig aussehende Kerle standen vor dem Laden und unterhielten sich lautstark.

Klaus näherte sich der Gruppe mit wild pochendem Herzen. Er war nicht sicher, ob das an den bedrohlich wirkenden Männern lag oder an der Pille, die er geschluckt hatte.

Jedenfalls fühlte er sich mit seinem schicken Business-Anzug ziemlich deplatziert.

Er passierte die Gruppe und warf einen schnellen Seitenblick durch die Tür ins Innere der Kneipe, ohne langsamer zu werden.

Drinnen, das hatte er erkennen können, war es voll, aber keineswegs überfüllt. Sofort aufgefallen war ihm eine Frau, die von ihrem Platz am Tresen aus direkt in Richtung des Eingangs gesehen hatte. In dem kurzen Augenblick, in dem sich ihre Blicke begegnet waren, glaubte er, dass sie ihm zugezwinkert hatte.

Klaus lief, das Gesicht der Frau noch vor Augen, ein paar Meter weiter die Straße hinauf und drehte dann wieder um.

»Scheiß drauf, das ziehe ich jetzt durch«, murmelte er entschlossen und näherte sich wieder dem Eingang. Die

Männer davor beachteten ihn überhaupt nicht, als er an ihnen vorbei durch die Tür ging und in eine Welt eintauchte, die Gefahr und Nervenkitzel versprach.

Aus der Musikbox dröhnte ein Ballermann-Hit, und der Rauch von dutzenden Zigaretten brannte Klaus sofort in den Augen. In den Tabakrauch mischten sich die Aromen von Bier, Schweiß und Cannabis. Plötzlich wurde ihm furchtbar schwindelig. Das musste an der dicken Luft liegen, dachte er und schwankte zum Tresen, um sich festzuhalten.

»Was darf es denn sein?«, erkundigte sich der Barmann, als er ihn sah. Der Typ hatte Unterarme wie Popeye, die bunt tätowiert waren, und er trug dünne weiße Stoffhandschuhe zu einem weißen Hemd.

»Äh, mach mal ein Bier«, antwortete Klaus benommen.

»Dann krich ich zwei dreißich bidde«, sagte der Kellner und stellte eine Flasche Astra auf den Tresen.

Klaus gab ihm drei Euro. »Stimmt so«, murmelte er und nahm sich das Bier. Verstohlen sah er zu der Frau am anderen Ende des Tresens hinüber. Beobachtete die ihn etwa?

»Na, hast du Bock auf die Alte?« Eine Hand legte sich auf seine Schulter, und Klaus drehte sich um. Hinter ihm stand ein verwahrloster alter Mann mit verfilztem und nikotingelbem Vollbart, der ihn listig angrinste.

»Was? Nein«, versicherte Klaus ihm und spürte, wie er rot wurde.

»Die ist doch noch ganz gut in Schuss«, fuhr der Kerl unbeirrt fort. »Besser als 'ne Taschenmuschi allemal.« Er lachte dreckig, doch das Lachen ging in einen rasselnden Hustenanfall über.

Klaus nutzte den Moment, sich von dem unangenehmen Typen zu entfernen. Er sah sich um und fand einen freien Tisch neben der Musikbox. Klaus griff sich sein Bier vom Tresen und setzte sich. Wenn der alte Knacker ihm folgen sollte, würde er eben wieder aufstehen und noch weiter in den Laden hineingehen. Doch der abgehalfterte Trinker schien ihn bereits wieder vergessen zu haben, als sein Hustenanfall endlich abklang. Er sah sich noch kurz verwirrt um, kratzte sich am Bart und wendete sich dem Spielautomaten zu, der in der Ecke zwischen Tresen und einer Sitzbank am Fenster hing.

Der Trubel war so lebhaft wie in jedem anderen Laden, in dem er heute mit Max gewesen war, aber etwas war anders hier. Die Fröhlichkeit der Menschen wirkte blass und hoffnungslos. Hinter jedem brüllenden Lachen lauerte die nächste Depression, und jedes Glas konnte für einen von ihnen das letzte sein. Der ganze Schuppen wirkte so morbide und elend, dass man es körperlich spüren konnte.

Aber vielleicht täuschte er sich auch und in Wirklichkeit war er die verlorene Seele. Diese Menchen hier hatten wenigstens keine der Verpflichtungen, die sein eigenes Leben manchmal wie ein goldenes Gefängnis wirken ließen. Vielleicht waren sie es, die wahrhaft frei sind, dachte er.

Klaus wurde plötzlich verdammt müde und der Schwindel wurde stärker.

Ich muss mal kurz die Augen zumachen, sagte er sich, verschränkte die Arme vor sich auf dem Tisch und legte seinen Kopf darauf ab.

Er merkte, wie er abdriftete. Klaus war kurz davor, in einen tiefen Schlaf zu fallen.

Du kannst hier nicht einpennen, ermahnte ihn seine innere Stimme schroff. Die Penner werden dich bis auf die Unterwäsche ausplündern.

Klaus schreckte hoch und blickte sich gehetzt um. Diese verdammte Pille verwirrte seine Sinne. Alles um ihn herum erschien plötzlich zu bunt, zu laut und hyperrealistisch.

Er tat ein paar tiefe Atemzüge und nahm einen kräftigen Schluck von seinem Bier.

Es dauerte eine Minute, bis er sich besser fühlte.

Und dann war da wieder sie.

Sie saß immer noch auf ihrem Barhocker an dem schmalen Durchgang zwischen dem Tresen und dem Gang, der offenbar zu den Toiletten führte.

Klaus hatte keine Ahnung, warum ihn ausgerechnet die – offensichtlich nicht mehr taufrische – Erscheinung so in ihren Bann zog.

Sie war bestimmt in ihren Fünfzigern, oder sie war erst Mitte Dreißig und hatte sich einfach schon komplett ruiniert, wer konnte das sagen? Ihr Gesicht war früher sicher einmal hübsch gewesen. Irgendwie war es das auch jetzt noch. Die Falten um ihren Mund waren bereits deutlich ausgeprägt, aber ihre Augen waren überraschend wach. Zwar wirkten sie unter dem blauen, dick aufgetragenen Lidschatten etwas verloren, aber ihrem lebendigen Glanz tat das keinen Abbruch.

Sie sah ihn an und prostete ihm dezent zu.

Klaus erhob seine Flasche und nickte in ihre Richtung. Er nahm einen Schluck. Sie machte einen Kussmund und winkte ihn heran, wobei sie auf den leeren Hocker neben sich klopfte. Mit der anderen Hand spielte sie aufreizend an einer Brosche, die sie links an ihrer Bluse trug. Es war ein übertrieben großes, auffallend billiges Stück, das wie eine Königskrone aussah.

»Oh Mann«, flüsterte er und stand auf. Wollte er sich

wirklich auf so eine einlassen? Sie war auf jeden Fall eine Säuferin, das konnte er ihr an der Nasenspitze ansehen. Und wenn das stimmte, dann hatte sie kein Interesse an ihm, sondern bloß an seinem Geldbeutel. Sicher wollte sie einen ausgegeben haben.

Trotzdem ging er rüber zu ihr und setzte sich neben sie.

»Na, schöner Mann«, begrüßte sie ihn mit rauchiger Stimme. »Ich bin Maria. Und du?«

»Max«, log Klaus und stieß mit ihr an. Er würde hier sicher nicht seinen richtigen Namen nennen. Wenn mit dieser Frau heute noch was ging, sollte sie wenigstens nichts über ihn wissen. Er hatte wenig Lust darauf, dass sie irgendwann vor seiner Tür stand und ihn anbettelte.

»Was machst du denn hier so?«, erkundigte sich Klaus und bemühte sich, tatsächlich interessiert zu klingen.

Eine Hand legte sich auf sein Knie und wanderte sofort weiter nach oben. Maria rückte näher an ihn heran.

»Vielleicht suche ich nach einem wie dir«, gurrte sie ihm zu.

»Einem wie mir?«, fragte er skeptisch. »Was bin ich denn für einer?«

Sie winkte ab. »Zu viel reden ist nicht gut. Trinken wir was. Zahlst du eine Runde? Ich nehme einen Sekt.«

Das war ja klar, dachte Klaus. Er bestellte trotzdem. Die Alte hatte ihre Hand mittlerweile in seinem Schritt liegen und machte keine Anstalten, sie da wieder wegzunehmen.

Komm schon, eine Nutte wäre teurer, sagte er sich und stieß erneut mit Maria an. Ihm war merkwürdig leicht im Kopf.

Klaus stellte fest, dass es ihm hier drin gefiel. Alles war ranzig und dreckig, und der Laden war voller Verlierer und Leute, die er sonst nicht mal mit der Kneifzanke anfassen würde. Aber das machte ja gerade den Reiz aus. Hier war er wie ein Adliger. Jemand, der Geld in der Tasche hatte und sich nicht fragen musste, wo der nächste Drink herkommen würde.

Es gefiel ihm, sich erhaben zu fühlen.

»Süßer, gehst du noch mit mir mit?«, fragte Maria ihn plötzlich.

Für einen Moment war Klaus vollkommen perplex. Er hatte sich die ganze Zeit gefragt, wie er es am besten anstellen konnte, sich an sie ranzuschmeißen und sie zu einem One-Night-Stand irgendwo in einem billigen Stundenhotel zu überreden. Und nun fragte sie ihn einfach so.

»Äh, ja«, sagte er unsicher. »Wohin denn? In ein Hotel oder so?«

Maria schüttelte den Kopf und zog ein Schlüsselbund aus ihrer abgewetzten Handtasche. »Nee, zu mir natürlich«, raunte sie ihm verschwörerisch zu und wackelte mit dem Schlüssel vor seiner Nase herum. »Haste jetzt Lust oder nicht?«

Natürlich hatte er. Maria war eigentlich viel zu alt für ihn, der Lack war lange ab, sagte er sich, und sie roch wie eine ganze Brauerei, aber ja – er wollte sie. Es war unerklärlich, aber sie hatte ihn irgendwie berauscht.

Wahrscheinlich will sie Geld dafür, schoss es ihm durch den Kopf. Klar, sie hat gefragt, ob ich mitgehe. Nutten fragen sowas.

»Ich bin keine Nutte«, zischte sie ihn an.

Klaus zuckte zusammen. Hatte er laut gedacht? Nein, das hätte er gemerkt.

Scheiß Alkohol, jammerte sein Verstand, als er seine Felle davonschwimmen sah. Sie würde einfach aufstehen und gehen.

Doch stattdessen packte ihn ihre Hand nur noch stärker im Schritt. Dabei sah sie ihm direkt in die Augen und leckte sich die rissigen Lippen. »Ich bin keine Nutte«, wiederholte sie flüsternd. »Aber ich bin ein schmutziges Mädchen. Magst du schmutzige Mädchen, Klaus?«

Klaus? Hatte er ihr doch irgendwie seinen richtigen Namen verraten? Er erinnerte sich nicht. Alles wirkte plötzlich wieder verschwommen und unscharf. Ihre eben noch rissigen Lippen erschienen ihm von einer Sekunde auf die andere plötzlich voll und blutrot. Ihre Augen waren wie Brunnen, in denen er zu ertrinken drohte. Und immer wieder hallte es in seinem Kopf nach – Magst du schmutzige Mädchen, Klaus?

»Ja, schmutzige Mädchen machen mich an«, flüsterte er heiser.

Maria zog ihre Hand zurück und stand auf. Sie ging in Richtung Ausgang, wobei sie sich immer wieder auffordernd nach ihm umdrehte.

Wie ferngesteuert erhob er sich und folgte ihr.

Das Nächste, woran er sich später erinnern würde, war, dass sie sich durch Seitenstraßen immer weiter vom Kiez entfernten. Unterwegs blieb Maria mehrfach stehen und zog ihn in unbeleuchtete Hauseingänge, wo sie sich an ihn drängte und ihm Obszönitäten zuflüsterte.

Diese Frau war der Wahnsinn. Seine Sehnsucht flüsterte ihm ein, dass dies die Nacht seines Lebens werden könnte.

Schließlich lotste sie ihn in ein Mietshaus, zog ihn die Treppe hinauf und schloss eine Tür auf.

Klaus versuchte, sich zu erinnern, in welcher Straße sie sich befanden oder wenigstes, wie sie hergekommen waren, aber es gelang ihm nicht. Dieses Haus hätte fünf

Minuten oder fünf Stunden von der Kneipe entfernt stehen können. Alles war so unwirklich. Die Zeit schien unerklärliche Sprünge zu machen.

»Setz dich aufs Bett, Fritz«, sagte sie. »Ich gehe nur schnell unter die Dusche.«

»Wer ist Fritz?«, fragte er und lachte nervös. Vermutlich war sie nicht ganz dicht, aber das machte ihm jetzt auch nichts mehr aus. Er zog sich aus und lief im Zimmer auf und ab, während er auf das Rauschen der Dusche hörte.

Die Wohnung war heruntergekommen. Das Zimmer war verwahrlost, aber das Bett war überraschend ordentlich und wohlriechend. Der Linoleumboden klebte, und in der Küche stapelte sich dreckiges Geschirr in der Spüle, das konnte Klaus durch die offene Tür erkennen.

Aber da war noch etwas. Auf Zehenspitzen schlich er in die Küche.

Dort hingen alte, vergilbte Zeitungsartikel. Maria hatte sie mit Magneten an dem schrottreifen Kühlschrank befestigt.

Klaus trat näher heran, um die verblichenen Zeilen lesen zu können.

Fritz Honka – gibt es noch ein Opfer?, stand als Überschrift über einem der Artikel.

»Das ist ja irre«, flüsterte Klaus und bekam eine Gänsehaut. Ausgerechnet Honka. Wo er gerade aus der Kneipe gekommen war, in der er damals seine Opfer angesprochen hatte. Anscheinend war auch Maria von diesem Thema fasziniert. Ob das der Grund war, warum sie dorthin ging?

Er las weiter. *Die zweiundfünfzigjährige Maria Wotersen aus Hamburg-St. Pauli wird seit zwei Monaten vermisst. Sie wurde zuletzt in Begleitung des gefassten Serien-*

mörders Fritz Honka gesehen. Die Polizei befürchtet, dass Wotersen das fünfte Opfer des Mannes sein könnte, den der Volksmund den Blaubart von Altona nennt.

Klaus stutzte. Von einem fünften Opfer hatte er zuvor noch nie gehört. Weder der Roman noch das Theaterstück über Honka erwähnten das.

Er ging noch dichter heran, um das unscharfe Foto der Vermissten, das unter dem Artikel in Schwarz-Weiß abgedruckt war, besser sehen zu können.

»Diese Augen«, murmelte er nachdenklich. So unscharf das Bild war, so sehr zog es ihn in seinen Bann. Es war, als wären die Augen lebendiger als der Rest des Gesichts.

Beinahe hätte er die Brosche übersehen, die sie auf dem Bild an ihrer Bluse trug.

»Was für ein hässliches Ding«, brummte er, doch plötzlich durchzuckte es ihn wie ein elektrischer Schlag.

Er kannte diese Brosche.

Und er erkannte jetzt auch das Gesicht.

Entsetzt prallte er zurück, taumelte einige Schritte rückwärts durch die Küche und fiel auf das schmutzige Geschirr.

Das war Maria. Seine Maria, mit der er hergekommen war und die jetzt unter der Dusche stand.

Das ist nicht möglich, protestierte sein Verstand. Du bist besoffen und halluzinierst.

Doch aus irgendeinem Grund war er hier drin mit einer Frau, die vor über vierzig Jahren Fritz Honka zum Opfer gefallen war.

In diesem Moment bemerkte er, dass die Dusche nicht mehr lief.

Er hörte, wie hinter ihm jemand atmete. Gehetzt drehte er sich um und stöhnte gequält auf, als er sie erblickte.

Dort stand seine Maria, um Jahrzehnte gealtert, mit einem Fleischermesser in der Hand. Sie grinste ihn böse an und krächzte: »Na, Fritz. Wieder eine aufgerissen? Wolltest wieder eine kaltmachen? Pech gehabt. Dieses Mal wirst du kaltgemacht.«

Wie im Wahn erhob sie das Messer und stürzte kreischend auf ihn zu.

Klaus wich dem Angriff aus. Er duckte sich weg und machte einen schnellen Schritt zur Seite. Das rettete ihm sein Leben.

Maria stürzte mit dem Kopf voran in die Spüle und schrie wütend auf. Klaus rannte aus der Küche durch das Zimmer zur Tür. Er riss sie auf und rannte ins Treppenhaus. Wahrscheinlich war sie direkt hinter ihm. Wenn er sich umdrehen würde, wäre er tot. In kopfloser Panik flog er geradezu die Treppen hinab, immer knapp davor zu stolpern und hinzufallen.

Endlich fand er sich draußen auf der Straße wieder. Die kühle Nachtluft schlug ihm ins Gesicht. Er rannte noch bis zur anderen Straßenseite und drehte sich erschöpft um. Wenn sie immer noch hinter ihm her war, würde er sich ihr jetzt stellen müssen. Sie war nur eine ausgezehrte alte Nutte. Auch wenn sie ein Messer hatte, würde er es schaffen, sie zu überwältigen.

Aber sie war nicht da.

Hatte er das alles nur geträumt? Was zur Hölle tat er hier nur?

»Mir geht es schon besser«, redete er sich gut zu und stolperte ein paar Schritte die Straße hinauf. »Ich brauche nur etwas frische Luft.«

Er beschleunigte seine Schritte und orientierte sich. Jetzt erkannte er wieder, wo er sich befand. Von hier aus waren es nur wenige Minuten zurück zum Kiez. Er kannte die Gegend und begriff nicht, dass er vorhin, auf dem Weg hierher, nicht gewusst hatte, wo er war.

Was auch immer ihm passiert war – die Antwort würde er sicher im Goldenen Handschuh finden. Irgendjemand dort musste doch gesehen haben, wie er rausgegangen war und ob er dabei in Begleitung gewesen war.

Maria konnte immer noch mit dem großen Messer in ihrer Wohnung stehen.

Klaus verfiel in einen leichten Trab. Am liebsten wäre er gerannt, aber dafür war ihm viel zu schwindelig.

Er hätte auf Max hören und diese Kaschemme niemals betreten sollen.

Klaus lief durch die dunklen Straßen und näherte sich von der Kleinen Freiheit kommend wieder der Reeperbahn. Die Bilder spukten immer noch durch seinen Kopf. Die Brosche mit der Krone, Marias tiefgründige Augen, das Fleischermesser, der vergilbte Zeitungsartikel über die vermisste Maria Wotersen – alles war so verdammt real. Traumbilder verblassten schnell, aber dieser Trip schien nie zu enden.

In der Kneipe würde er seine Antworten bekommen.

Jetzt rannte Klaus doch. Zwar trugen ihn seine wackligen Beine kaum, aber der Wille trieb ihn vorwärts.

Drei Minuten später bog er wieder in den Hamburger Berg ein und erblickte schon von Weitem den immer noch hell erleuchteten Eingang des Goldenen Hanschuhs.

Mit pochendem Herzen ging er darauf zu. Von drinnen dröhnte immer noch derselbe Ballermann-Hit zur Tür hinaus auf die Straße.

Gab es denn kein anderes Lied in dieser verdammten Jukebox?

Dieselben Männer standen vor dem Laden und führten immer noch dasselbe Gespräch.

Er blieb neben dem Eingang stehen und atmete einige Male tief durch. Wieder da reinzugehen schien ihm plötzlich gar keine gute Idee mehr zu sein.

Jetzt komm schon, trieb er sich an. Ich muss wissen, ob ich verrückt geworden bin. Da drin bekomme ich sicher Antworten.

Beherzt machte er den letzten Schritt und trat durch die Tür.

Nichts hatte sich verändert. Dieselben Leute taten dieselben Dinge zur selben Musik. Es war, als wäre der Laden in einer bizarren Zeitschleife gefangen. Nur dieses Mal wirkte die Atmosphäre nicht mehr so düster und morbide auf ihn. Die Wirkung der Pille hatte nachgelassen und ließ ihn die Dinge wieder mehr so sehen, wie sie tatsächlich waren. Diese Menschen hier hatten wirklich Spaß, stellte er verblüfft fest.

»Was darf es denn sein?«, erkundigte sich der Barmann, als er ihn sah.

Klaus lachte irre auf. »Mach mal ein Bier«, rief er ihm aufgekratzt zu. Schlimmer konnte es heute nicht werden, also konnte er auch ein Bier trinken.

In diesem Moment fiel sein Blick auf das Ende des Tresens, sein Herz setzte aus. Es fehlte wirklich nicht viel, und er hätte sich nass gemacht.

Auf dem Barhocker, auf dem er selbst vorhin gesessen hatte, saß ein anderer Mann. Dieser andere Mann hielt eine Frau im Arm. Klaus konnte ihr Gesicht nicht sehen, aber sie drehte ihm ihre linke Seite zu.

Und da war die Brosche. Die hässliche billige Brosche mit der albernen Krone.

»Maria«, krächzte er ungläubig.

War Maria nicht in ihrer Wohnung geblieben? Wie war sie dann so schnell wieder hierhergekommen? Das war unmöglich.

Die Frau löste sich von dem Mann und wendete Klaus das Gesicht zu.

Sie grinste ihn mit rissigen Lippen spöttisch an. Doch schon im nächsten Moment waren sie wieder so voll und rot, wie Klaus sie in Erinnerung hatte. Es war, als veränderte sich ihr Gesicht vor seinen Augen. Und auch die ganze Kneipe veränderte sich. Alles verschwamm zusehends, und die Welt schien einen Riss zu bekommen, durch den die Realität in einen dunklen Raum gesaugt wurde.

Maria bleckte die Zähne und erhob ihr Glas. »Hallo, Fritz«, rief sie mit rauchiger Stimme. »Wo warst du denn?«

Das war der Moment, in dem sich sein Verstand endgültig zu verabschieden schien. Er kreischte und nässte sich ein.

Dann wurde ihm schwarz vor Augen.

»Hey Kumpel, aufwachen.«

Jemand rüttelte an ihm. Klaus schreckte hoch. Verständnislos blickte er zu dem Barkeeper auf. Seine Hände mit den weißen Stoffhandschuhen packten ihn am Kragen und zogen ihn hoch.

»Geh nach Hause, du hattest genug«, blaffte ihn der Typ mit den tätowierten Unterarmen an.

Klaus war vollkommen desorientiert.

Es war totenstill in der Kneipe. Die Jukebox spielte nicht mehr.

Maria war fort. Auch der Mann, mit dem sie dort gesessen hatte. Außer ihm und dem Barkeeper waren alle weg.

Durch die Tür fiel Tageslicht in den nach kaltem Rauch und abgestandenem Bier stinkenden Raum.

»Los jetzt«, herrschte ihn der Mann an und schob ihn zur Tür.

Auf dem Gehweg empfing ihn die grelle Morgensonne. Benommen torkelte er die Straße hinauf. Klaus nahm sich vor, nie wieder einen Fuß in diese Kneipe zu setzen. Doch er ahnte schon, dass er sich dem Reiz dieses Ortes nicht auf Dauer würde entziehen können. Diese Kneipe war eine Legende und Legenden ließen einen nun mal nicht los.

12 | MARTHE UNDERGROUND

VON REGULA VENSKE

Wer den Hamburger Hauptbahnhof in Richtung City/Spitalerstraße verlässt und vielleicht in einem der neu eröffneten Cafés auf dem umgestalteten Bahnhofsvorplatz am Steintorwall einen Kaffee trinkt, ahnt vermutlich nicht, dass sich darunter – schräg hinter/unter Gleis 14 – eine dreistöckige unterirdische Luftschutzbunker-Anlage befindet. Erbaut wurde der Bunker zwischen 1941 und 1944 hauptsächlich für durchreisende Bahngäste. In Zeiten des Kalten Krieges wurde er für den Fall eines Atomangriffs hochgerüstet und hätte gerade einmal 2.702 Zuflucht Suchenden für 14 Tage einen (durchaus fragwürdigen) Schutz gewährt. Noch heute ist dieser größte Tiefbunker Hamburgs als Schutzraum für den Katastrophenfall vorgesehen. Derzeit gibt es Pläne, ihn für ein paar Jahre, bis zum Beginn neuer U-Bahn-Bauarbeiten, als Ort für Kunstausstellungen zu nutzen.

*

»Sind Sie klaustrophobisch drauf? Dann lassen wir das mit der Tür. Nach allem, was man so hört, sollen Krimiautoren ja recht hasenfüßig sein.«

Der Mann lachte, und Marthe ärgerte sich. Und beeilte sich zu sagen, dass sie a) sowieso kein Krimiautor, sondern eine Auto*rin* sei, und b) selbstverständlich nicht unter Klaustrophobie leide. Während sie sprach, wusste sie, dass sie nicht die ganze Wahrheit sagte und dass der Mann neben ihr, Andy, es ebenfalls wusste. Er mochte schon so viele Besucher, in Gruppen oder einzeln, durch den Tiefbunker hinter dem Hamburger Hauptbahnhof geführt haben, dass er die Symptome sicherlich kannte, mit denen die Angst sich verriet. Das Zögern im Gang, wenn die Leute die Treppe runterstiegen, die Schweißperlen auf der Stirn, das vergebliche Räuspern, bevor sie etwas sagten. Auch Marthes Stimme war es wahrscheinlich anzuhören, wie unwohl sie sich an diesem Ort fühlte – dem größten nach dem Zweiten Weltkrieg wieder instand gesetzten Tiefbunker in Hamburg. Leider stellte sie, wenn es um klaustrophobische Anwandlungen ging, keine Ausnahme dar, Krimiautor oder -autorin hin oder her.

Unterdes war Andys Kollege in den Nebenraum gegangen und nur durch eine kleine Aussparung in der Wand zu sehen.

»Okay, also dann, treten Sie mal zurück!«, sagte Andy und streckte seine linke Hand mit einer schiebenden Bewegung nach hinten.

Marthe gehorchte und trat einen Schritt zurück, obwohl sie bereits hinter dem Guide stand, einige Meter entfernt von der Tür. Die mit Leuchtschrift auf die Wand gemalten Worte *Von der Tür zurücktreten* und *Finger weg Quetschgefahr* sprachen eine deutliche Sprache. Im nächsten Moment schlossen sich die beiden Türen des Bunkers mit einem lauten Rumms.

»Da sind neun Bar auf den Türen«, sagte ihr Führer. »Das entspricht einem Druck von 90 Meter unter Wasser.« Marthe nickte beeindruckt, wenngleich sie sich unter diesen Angaben nicht wirklich etwas vorstellen konnte. Allerdings reichte ein bloßer Blick auf die in giftigem Gelb und Schwarz gestrichenen Türen völlig aus, um zu begreifen, dass sie von Hand nicht zu öffnen wären.

»Spätestens jetzt wird den meisten unserer Gäste etwas mulmig zumute«, erklärte Andy. »Hier kommst du jedenfalls allein nicht mehr heraus. Wir gehen natürlich immer nur zu zweit in den Bunker. Bei Gruppen muss einer gucken, dass keiner der Besucher verloren geht.«

Durch die Sprechanlage war ein Quäken zu hören. Freilich konnte Marthe nicht verstehen, was Andys Kollege – hieß er Mark? – sagte. In ihren Ohren spürte sie ein leichtes Sausen. Sie zwang sich, ruhig zu atmen. Bloß nicht umkippen. Bloß nicht ...

»Keine Sorge, die Tür geht gleich wieder auf«, sagte Andy in ihre Gedanken hinein. »Es sei denn, Marko hätte vor, uns noch eine Weile zu zweit schmoren zu lassen.«

Wieder lachte er sein übertriebenes Lachen, als hätte er den tollsten Witz aller Zeiten erzählt. Irgendetwas stimmte nicht mit diesem Lachen, dachte Marthe, aber sie hatte keine Zeit, weiter darüber nachzudenken. Die Türen schwangen wieder auf, und im nächsten Moment gesellte sich der zweite Guide wieder zu ihnen. »Alles so weit gecheckt«, bedeutete er seinem Kollegen. Andy nickte.

»Ich hoffe, wir konnten Ihnen einen kleinen Einblick in die Geschichte und Funktionsweise dieses einzigartigen Bunkers vermitteln. Wahrscheinlich denken Sie wie wir, dass man im Falle eines Atomkriegs wohl besser dran gewesen wäre, wenn man gleich das Zeitliche gesegnet hätte. Aber jetzt ist es eigentlich ganz gemütlich hier unten, finden Sie nicht?«

Nun kicherte auch sein Kollege, und Marthe grinste widerwillig mit.

»Wir haben noch einen kleinen Abschiedstrunk vorbereitet, extra für Sie«, sagte Andy. »Schließlich wollen wir gut wegkommen in Ihrer Kurzgeschichte. *Die gruseligsten Orte in Hamburg*, das wird ja eine schöne Reklame für unseren Verein.«

Marthe warf einen Blick auf ihre Armbanduhr. Eigentlich wollte sie schnellstmöglich raus aus dem Bunker, zurück ans Tageslicht und an die frische Hamburger Luft, den erquickenden Nieselregen. Doch wollte sie nicht unhöflich sein. Schließlich hatten sich die beiden jungen Männer nach Feierabend extra für sie freigenommen, da die letzte offizielle Führung in diesem Jahr bereits vor zwei Wochen stattgefunden hatte. Es war nur dem rührigen Verleger zu verdanken, der die Anthologie mit spannenden Hamburger Kurzgeschichten veröffentlichte, dass diese Sonderführung für sie noch zustande gekommen war. Marthe vermutete, dass er dafür eine kleine Spende an den Verein abgedrückt hatte. »Ich habe noch einen Termin«, sagte sie zögernd. »Aber gut, ja, ein Viertelstündchen kann ich wohl noch erübrigen.«

»Wunderbar«, sagte Andy. »Das reicht ja völlig.« Er und sein Kollege wechselten einen Blick, der Marthe zwar auffiel. Deuten jedoch konnte sie ihn erst viel später.

*

Als Marthe wieder zu sich kam, tat ihr der Kopf weh, und sie wusste nicht, wo sie sich befand. Sie lag auf dem Boden, aber wo? War dies der Fußboden? War sie in ihrem Hotelzimmer? Es war so hart ... Ihr Blick fiel auf eine Schrift schräg über ihr an der Wand. *Urinal-Stand. Bitte sauber halten. Keine Wasserspülung.*

Ehe sie die letzte Zeile ganz entziffern konnte, kam es ihr hoch, und das nicht zum ersten Mal, wie sie sodann feststellen musste. Offenbar hatte sie die Pissrinne auf der Männertoilette bereits einmal missbraucht und war sodann auf dem Boden davor zusammengesunken.

Was war nur passiert?

Der Atombunker. Kein Zweifel, sie war noch im Bunker. Die altmodische, an Sütterlin erinnernde Schrift, die abgestandene Luft, der Geruch. Aber wo waren ihre beiden Führer? Die ließen sie doch nicht einfach ohnmächtig auf dem Fußboden liegen! Vielleicht holen sie gerade einen Arzt? Oder irgendetwas aus dem Erste-Hilfe-Schrank auf der Krankenstation? Wenngleich das Wort Station reichlich übertrieben war für das kleine Kabuff, das im Ernstfall für über 1.000 Menschen hätte ausreichen sollen.

Ein schriller Stich hinter ihrer Schläfe gemahnte sie, nicht so viel zu denken. Ruhig bleiben. Atmen. Den Kopf noch einmal vorsichtig zu Boden senken, sich auf den angewinkelten rechten Arm stützen. Es war lange her, seit sie einen Erste-Hilfe-Kurs besucht hatte, doch daran erinnerte sie sich und gab sich selbst den Befehl. Stabile Seitenlage, Marthe!

Was war mit ihr passiert?

*

Als sie das nächste Mal wieder zu sich kam, fühlte sich ihr Kopf etwas besser an, aber starker Durst quälte sie. Die Küche. Der Teepunsch. Sie hatte mit Andy und Marko aus bunten Plastikbechern getrunken, die noch zur originalen Einrichtung gehörten. Langsam kehrten die Erinnerungen zurück. Sie hatte mit den beiden Guides auf Marthes geplante Kurzgeschichte angestoßen und auf die *Hamburger Unterwelten e.V.*, den gemeinnützigen Verein, dessen Mitglieder sich ehrenamtlich engagierten und, wie Andy und Marko, Führungen auf den Spuren des Kalten Krieges in den Tiefbunker unter dem Bahnhofsvorplatz am Steintorwall anboten. Oder auch andere Touren, durch Altonas Unterwelt etwa oder in Deutschlands größtes verbunkertes Hilfskrankenhaus vor den Toren der Stadt im schleswig-holsteinischen Wedel. Auch der Luftschutzraum unter dem Bismarck-Denkmal war eine Weile im Angebot gewesen, konnte jedoch derzeit nicht besichtigt werden, da das Denkmal sich neigte und »der Kerl«, wie Andy sich ausgedrückt hatte, der Überholung bedurfte.

Vorsichtig rappelte sie sich auf. Sie war ein wenig wackelig auf den Beinen, doch es ging, wenn sie sich mit der Hand an der Wand abstützte und langsam vorantastete. Glücklicherweise brannte das Licht. Wenngleich man sich auch im Dunkeln würde orientieren können. Ein Kilometer Leuchtfarbe war im Bunker verstrichen worden, hatte Andy erzählt. Komisch, dass ihr das jetzt einfiel. Und komisch, dass sie überhaupt über das Licht nachdachte. Warum hätte sie allein im Dunkeln zurückbleiben sollen? Warum war sie überhaupt hier allein? Wo steckten die beiden Männer?

»Andy?«

Ihre Stimme klang heiser und viel zu leise. Sie räusperte sich.

»Andy? Marko? He, wo seid ihr? Das ist nicht lustig, hört ihr? Mir geht es ...«

Gerade noch rechtzeitig bremste sie sich ab. Bloß nicht zugeben, dass es ihr nicht gut ging. Die sollten sich nicht einbilden, einen blöden Scherz mit ihr treiben zu können. Niemals Schwäche zeigen!

»... mir geht es am Arsch vorbei, falls ihr das witzig findet.«

Außer ihrer Stimme war nichts zu hören. Ärger stieg in ihr hoch. Was sollte das! Selbst wenn sie Hilfe holen, sie konnten sie doch nicht einfach allein lassen! Wie lang war sie überhaupt ohnmächtig gewesen? So eine bodenlose ...

»Scheiße!«, fluchte sie laut. Meistens fühlte sie sich besser, wenn sie das hässliche Wort einmal ausgesprochen hatte. Im Moment jedoch schien Fluchen nichts zu nützen. Ein neuer Gedanke schoss ihr durch den Kopf. Was, wenn es auch den beiden anderen schlecht gehen sollte? Vielleicht konnten sie keine Hilfe holen, weil sie selbst zusammengebrochen waren? Aber was war der Grund? Waren etwa giftige Stoffe in der Luft? Was hatte Andy noch mal über die Lüftung erzählt? Zuluft, Abluft, Fortluft, Schutzluft ... Was für seltsame Wörter hatte sie heute gehört. Trafoabluft, Küchenabluft, WC-Abluft, Dieseleinfüllanlage, Fäkaliennotauswurf ...

Endlich hatte sie die für einen so großen Bunker unverhältnismäßig kleine Küche erreicht. Nur zwei Kochplatten für 2.700 Leute! Beziehungsweise nein, der Bunker insgesamt bot Platz für 2.702 Leute, pro Bunkerhälfte wären es also nur 1.351 Personen gewesen. Na egal, nach zwei Tagen hätten die Platten spätestens den Geist aufgegeben, wären durchgeschmort gewesen, und die Notsuchenden hätten die Ungarische Gulaschsuppe kalt aus der

Dose löffeln und ihre Notration-Kekse statt mit warmem mit kaltem Wasser zu einer halbwegs essbaren Pampe vermischen müssen. Angeblich schmeckte sie wie recycelte Telefonbücher, so hatte Andy gesagt. Da hatte sie ihn noch für einen witzigen jungen Mann gehalten.

Auf dem Beistelltischchen neben der Kochplatte, neben dem Gefäß, in dem sich zwei Dosenöffner und zwei Kochlöffel befanden, standen noch die drei benutzten bunten Becher, aus denen sie getrunken hatten. Seltsam, nur ihr Becher, der rote, war leer. Die beiden anderen Becher, blau und gelb, waren noch voll fast bis zum Rand. Hatten die beiden etwa gar nichts getrunken? Die geblümte Thermoskanne, aus der Marko den Punsch eingegossen hatte, war verschwunden.

Scheiße. Sie dachte es noch einmal, langsam und laut. Hatten die Burschen ihr irgendein Zeug im Punsch untergejubelt? Aber wozu und weshalb?

Vorsichtig stellte sie den blauen Becher, den sie, durstig, wie sie war, instinktiv ergriffen hatte, wieder ab. Auch wenn sie noch so durstig war, sie sollte besser nicht daraus trinken. Auf dem Boden neben dem Tisch stand ein Sechserpack Halbliterflaschen mit Mineralwasser, noch in einer Plastikfolie verschweißt. Das war zwar keine umweltfreundliche Verpackung, aber vielleicht war das Wasser ansonsten in Ordnung? Marthe riss und zerrte und stach endlich mit einem der Dosenöffner Löcher ins Plastik, bis es ihr gelang, die Folie aufzureißen.

Gierig trank sie die erste der kleinen Flaschen leer. Danach merkte sie, dass ihre Knie wieder nachgaben. Erschöpft lehnte sie sich gegen die Wand und schloss die Augen.

Nach einer Weile hatte sie sich so weit beruhigt, dass sie wieder einen Gedanken fassen konnte. Sie sollte sich ein wenig umsehen. Vielleicht steckten die beiden irgendwo. Irgendeine Erklärung musste es doch geben. Sie befand sich schließlich nicht in einem Roman oder einer Kriminalgeschichte, sondern in der Realität. Und in der Realität blieb man nicht allein in einem musealen Atombunker übrig.

*

Unterdes klingelte irgendwo in Süddeutschland ein extra für diesen Zweck besorgtes Prepaid-Mobiltelefon.
Er meldete sich. »Am Apparat.«
»Hallo, äh, Chef. Hier ist Andy Borutzki. Ich wollte nur sagen, äh ...«
»Ja, ich höre ...«
»Ja, also, es ist alles nach Plan verlaufen so weit.«
»Gut. Dann weiter so.«
Er wollte das Gespräch wegdrücken, aber aus dem Gerät war noch ein Nuscheln zu hören. »Moment, äh, Chef. Meinen Sie wirklich, dass wir das weiter durchziehen sollen?«
»Na sicher. Und ich meine das nicht nur. Wir haben es so verabredet.« Der Kerl wollte doch nicht etwa aussteigen? Oder ging es ihm darum, den Preis hochzuhandeln?
»Nun, äh, es kommt uns ein wenig hart ... Ich meine, Marko und ich dachten ...«
»Überlassen Sie das Denken mir, junger Mann. Ich weiß genau, was ich tue. Wir bleiben weiter im Plan.«
»Na ja, ich dachte ...«
»Melden Sie sich morgen früh um 10.00 Uhr wieder auf dieser Nummer. Bis dahin lassen wir sie zappeln.«
Schlafen Sie gut, wollte er noch hinzufügen, aber unwillkürlich hatte er das Gespräch selbst beendet. *Chef* ... Er

musste lachen. Wer hätte gedacht, dass man ihn noch mal so anreden würde?

*

Bereits nach wenigen Schritten bekam Marthe es auf ihrem Rundgang derart mit der Angst zu tun, dass sie sich in einen der Schlafsäle flüchtete. Dieser Bunker war hammerhart. Bis zu 80 Meter lange Gänge, insgesamt 150 Räume, 14.000 Kubikmeter Beton. 500 Tonnen Eisenbewehrung hatte man für den Bau dicht verwoben. Das Ergebnis waren eine 2 Meter dicke Blaustahlbetondecke und bis zu 3,75 Meter starke Betonwände. Und also kein Handyempfang. Und nirgendwo die Möglichkeit, sich einzuschließen. Nicht im Zimmer des Bunkerwarts, nicht in den Schlafsälen und nicht auf der Krankenstation. Und auch nicht auf den Toiletten, denn die Planer hatten daran gedacht, jedwede Möglichkeit zum Suizid zu verhindern.

Ihr war immer noch oder von Neuem speiübel, und so hatte sie beschlossen, sich auf das mittlere eines der Dreier-Etagenbetten zu legen. Bequem war freilich etwas anderes. Wenn sie die Zahlen, die sie vorhin in ihre Kladde notiert hatte, noch richtig im Kopf hatte, so waren die Betten 1,80 Meter lang, in der Liegefläche aber nur 1,68 Meter, und 60 Zentimeter breit, die Liegefläche hingegen nur 45. Sehr anschaulich hatte Andy zudem geschildert, wie unangenehm sich bei Vollbelegung nach kurzer Zeit die Luftverhältnisse im Bunker gestaltet hätten. Die dünnen Moltex-Decken, von denen jeder Schützling eine erhalten hätte, hätten nicht zum Wärmen gedient, sondern um sich vor dem Schweiß des über einem Schlafenden zu schützen oder zu verhindern, dass der eigene Schweiß nach unten getropft wäre. Im Bunker herrschte ganzjährig zwar nur eine Temperatur von 12 Grad Celsius, durch die Eigenwärme der Menschen – der *Insassen*, dachte Marthe – hätten sich aber schnell tropische Verhältnisse entwickelt. Offenbar erbrachte jeder Erwachsene eine Wärmeleistung von 100 Watt, was immer man sich darunter vorstellen sollte.

Jetzt allerdings war ihr kalt. Und kaum lag sie, verspürte sie Druck auf der Blase.

Noch einmal aufstehen und zur Toilette gehen, dahin, wo die dunklen Schatten lauerten? Die Worte »*Keine Wasserspülung*« blitzten vor ihr auf. Sie versuchte, sich abzulenken.

Während der Führung hatte sie mit der Handykamera ein Foto des Begleitschreibens gemacht, das den Decken beilag. Jetzt konnte sie es noch einmal in Ruhe studieren.

Sehr verehrter Reisefreund! Diese Moltex-Decke – aus einem neuartigen Material hergestellt – ist in dem Bestreben geschaffen worden, Ihnen zu günstigen Bedingungen eine hyggelig ... – Quatsch, Marthe ... Sie ermannte sich, ... *eine hygienisch einwandfreie Reisedecke zu bieten, die leicht ist und gute Wärmeeigenschaften besitzt.*

Wir hoffen, daß Ihnen diese Decke auf der Hin- und Rückfahrt gute Dienste leistet. Auch nach Ihrer Reise werden Sie in Ihrem Garten oder auf dem Balkon noch Freude an der Moltex-Decke haben.

Angenehme Reise in unserem Liegewagen und gute Erholung!

Welch ein Hohn! Im Falle eines Atomkrieges wären die Menschen im Bunker längst auf ihrer letzten Reise gewesen. Und hätten es über kurz oder lang selbstverständlich gewusst. Hätte man ihnen zum Abschied nicht besser ein erbauliches Dichterwort mit auf den Weg geben sollen? Oder zur Ablenkung wenigstens eine Denksportaufgabe oder einen Witz? »Was ist der Unterschied zwischen Menschen und Mäusen? – Menschen haben die Atombombe erfunden, aber Mäuse würden niemals eine Mausefalle erfinden ...«

Was sollten die Leute noch bekommen? Jeder ein bretthartes, blau-graues Grubenhandtuch und ein Fünftelstückchen Hautschutzseife, vulgo Kernseife genannt. Jeder sollte einen weißen Essnapf erhalten und einen Löffel – natürlich weder Messer noch Gabel, wegen der Selbstmordgefahr. Jeder einen bunten Plastikbecher im Stil der Siebzigerjahre sowie zwei Rollen Toilettenpapier. Und eine *Plastiktragetasche, weiß*, um alle Habseligkeiten darin zu verwahren.

Marthe schüttelte sich. Wie hätte man sich das vorstellen sollen? Vor ihrem inneren Auge erschien eine junge Frau in Jeans und einem Knautschlackmantel auf schicken Plateausohlen mit wippendem Pferdeschwanz. Eine Verkäuferin bei Karstadt vielleicht, die am frühen Morgen ihr Kind in den Kindergarten gebracht hatte und nun zu ihrer Arbeitsstelle hetzte. Plötzlich: der Bombenalarm. ABC-Alarm, früher hatten samstags um 12.00 Uhr oft zur Probe die Sirenen geheult, Marthe erinnerte sich gut. Wann hatte das eigentlich aufgehört mit den Probealarmen? Nach 1990 war das Bunkerbauprogramm eingestellt worden, und 2007 waren die Bunker insgesamt aufgegeben worden, wenn sie sich richtig erinnerte. In ihrer Jugend hingegen hatte es sogar Förderprogramme für private Schutzraumanlagen gegeben, nach dem Motto: »Der kluge Mann baut tief ...«

Der jungen Frau aus ihrer Fantasie wäre keine Zeit mehr geblieben, um ihren privaten Schutzraum, so sie denn einen gehabt hätte, zu erreichen, geschweige denn, um ihr Kind zu holen. Nicht einmal Zeit, um zu überlegen, was sie machen sollte, hätte sie gehabt. Längst wurde sie in Marthes Gedanken von einem Grüppchen wildfremder Leute mitgerissen, jemand gab die Parole »Zum Steintorwall!« aus. Auf ihren Plateausohlen kam sie nicht so schnell mit, wurde von zwei Männern, die hinter ihr drängelten, umgerannt und von einem Dritten wieder hochgezogen. »Kommen Sie, schnell!«

Vor dem Eingang zum Bunker entsprechend große Drängelei, wahrscheinlich Rangeleien – bei der Operation »Gomorrha«, den britischen Luftangriffen auf Hamburg im Zweiten Weltkrieg, waren 55 Leute vor dem Bunker ums Leben gekommen, weil sie vor dem Eingang totgetrampelt worden waren, hatte Andy berichtet. Allein die Entfüllung des Südteils habe eine Stunde gedauert, so voll sei der Bunker gewesen. *Entfüllung*, das war so ein Wort, das sie in ihrer Geschichte unterbringen musste, wenn sie endlich wieder daheim wäre und an ihrem Schreibtisch säße. Wenn ..., dachte Marthe. Und wenn nicht? Wenn sie aus diesem Verlies nicht wieder herauskommen sollte? Sie verbot sich den Gedanken sogleich, konnte allerdings nicht verhindern, dass er sich im Hintergrund festsetzte und nur darauf lauerte, sich bei nächster Gelegenheit wieder zu melden.

Nachdem sie sich eine Weile auf dem Bett, wenn man es denn so nennen wollte, hin und her geworfen hatte, beschloss sie, die Liegestatt zu verlassen. *Dornröschenqualität*, um es mit Andy zu sagen, war etwas anderes. In den Jahren nach dem Krieg war der Bunker bis 1957 als Hotel genutzt worden, wobei der Begriff *Hotel* freilich ebenfalls irreführend war. Bei seinem einführenden Vortrag hatte Andy einige Fotos gezeigt, die das Elend dieser überfüllten Notunterkunft drastisch vor Augen geführt hatten. Aufgrund der hohen Luftfeuchtigkeit hatte sich an den Wänden Schimmel gebildet, die Matratzen waren sichtlich durchgelegen, und den Menschen auf den Fotos war anzusehen, dass sie sich angesichts der ausgebombten Häuser und des Wohnungsmangels vielleicht glücklich schätzen mussten, ein Dach überm Kopf zu haben; Glück sah jedoch anders aus. Im Vergleich zu damals hatte sie es jetzt im Grunde recht kommod. Was war sie für ein verweichlichtes Wesen! Typisch Wohlstands-Boomer, dachte Marthe. Dennoch stand sie auf. Nicht nur war es zu unbequem. Man war zu wehrlos im Liegen. Besser war es, sich in den Wartesaal zu setzen und die Zeit zum Schreiben zu nutzen. Zwar brauchte sie zum sorgfältigen Formulieren ihren Laptop. Doch ein paar Stichworte konnte sie in die Kladde notieren.

Das kurioseste Detail in den Wartesälen, in denen Stuhlreihen hintereinander festgeschraubt waren, waren die Sicherheitsgurte. Anders als die mit grauen Gummiringen abgepolsterten Kopfstützen – ein Bauwerk konnte sich bewegen – ergaben die Gurte nicht den geringsten Sinn. Da hatte wohl ein findiger Unternehmer einen guten Kontakt ins Hamburger Rathaus besessen. Ob man den Namen der Firma herausfinden konnte? Marthe machte sich einen Vermerk für weitere Recherchen, wenn sie wieder daheim war. *Wenn*, da war es wieder, das vermaledeite Wörtchen.

Schon einmal war sie eingeschlossen gewesen und hatte mehrere Tage und Nächte in einem kalten Kirchlein in Mecklenburg-Vorpommern zubringen müssen. Damals hatte ihre Diät aus Messwein und Oblaten bestanden und sie hatte zwar nicht ihr Handy bei sich gehabt, dafür aber hatten ihr eine Bibel, Gesangbücher, Gemeindebriefe und Kirchenprospekte interessanten Lektürestoff geboten. Nun gab es Wasser und Kekse aus einer Atomkriegsnotration und einen kleinen Flyer. Das war gegenüber damals keine Verbesserung, zumal ihr Handy ihr hier unten nichts nützte. Als sie einen Blick auf das Display warf, bekam sie einen weiteren Schreck. Der Akku war fast leer, offenbar hatte das Gerät während der gesamten Führung nach verfügbaren Netzen gesucht. Die namenlose Frau aus Marlen Haushofers Roman »Die Wand« fiel ihr ein. Die war über Nacht durch eine gläserne Wand von der gesamten Außenwelt abgetrennt worden. Dafür hatte sie ein Ferienhäuschen und schöne Landschaft drumherum sowie verschiedene Tiere besessen. Einen Hund, ein paar Katzen, eine trächtige Kuh. Am Ende war ein aggressiver Mann in ihre Idylle eingedrungen und hatte ihren kleinen Stier mit einer Axt erschlagen. Am schlimmsten aber war es dem Helden in diesem Roman von Peter James ergangen, wie hieß der noch gleich? Seine Freunde wollten ihm zur Feier seines Junggesellenabschiedes einen Streich spielen und hatten ihn in einen viktorianischen Sarg gesteckt und in einem offenen Grab auf einem Friedhof zurückgelassen, während sie kurz einen Abstecher in eine Dorfkneipe machen wollten. Ein Sarg aus viktorianischer Zeit, das bedeutete, dass der Mann ein Luftloch zum Atmen hatte und ein Glöckchen zum Läuten. Leider waren die Freunde auf der Fahrt zu ihrem Umtrunk mit dem Auto verunglückt, und niemand kam wie geplant, um den Bräutigam zu befreien. In der Zwischenzeit regnete es ununterbrochen auf den Friedhof und in sein Grab hinein und das Wasser stieg und stieg, erst in seinem Grab und dann auch im Sarg ...

Ein Schwindelgefühl ergriff sie, und Marthe musste wieder die Augen schließen. Atmen, Marthe, ruhig atmen! Nur nicht der Klaustrophobie nachgeben! Nicht weiter an Peter James' furiose Geschichte denken! Dessen Held hatte schließlich überlebt, und auch sie war am Ende heil aus der Kussewitzer Kirche herausgekommen.

Um Beherrschung und Konzentration ringend, nahm sie sich den Flyer des Vereins *Hamburger Unterwelten* vor.

*

»Entschuldigung, dass ich Sie so spät noch mal störe. Ich bin es noch mal, Chef. Der Andy. Also, Marko und ich ... Die Frau tut uns ...«

»Papperlapapp. Wissen Sie, wie spät es ist, Mann? Es bleibt bei unserer Verabredung. Morgen früh um zehn rufen Sie mich an. Und keine Minute eher. Wird schon schiefgehen. Gute Nacht.«

»Ja, Entschuldi...«

Der Chef hatte bereits aufgelegt, die Leitung war tot.

*

Von: Anonymus
An: Marthe Flachsmann
Betr.: Ihre Lebensversicherung

Werte Marthe Flachsmann,
wir hoffen, Sie fühlen sich in Ihrer Unterkunft so wohl als nur möglich. Für Wasser und Essen ist gesorgt, auch stehen Moltex-Decken in ausreichender Zahl zur Verfügung.

Im Krankenraum sind noch Vorräte an Psychopharmaka und Schmerzmitteln, sollten Sie welche benötigen. Ebenso sind Vlieswindeln und Damenbinden für den Fall etwaiger weiblicher Unpässlichkeiten entsprechend vorhanden. Als ausgefuchste Krimiautorin werden Sie nicht vorschnell in Panik geraten, falls aber doch, so bedenken Sie bitte, dass ein großer Teil der Weltbevölkerung Sie um Ihre heutige Nachtstatt beneiden dürfte.
Morgen Vormittag erhalten Sie weitere Instruktionen. Sollten Sie nicht einschlafen können, denken Sie gern schon einmal in Richtung Lösegeld nach.

Mit freundlichen Grüßen, der Ihrige

Inzwischen hatte Marthe den kleinen Brief, der herausgefallen war, als sie den Unterweltenflyer aufgeschlagen hatte, mindestens ein Dutzend Mal rauf und runter gelesen, ohne dessen Botschaft zu verstehen. War sie entführt worden, wollte man Lösegeld von ihr erpressen? Ja, wussten diese Burschen denn nicht, dass bei den meisten Autoren nichts zu holen war, und bei ihr, Marthe, erst recht nicht? Warum war sie denn vor ein paar Jahren aus Hamburg weggezogen in ein Kaff, von dem sie zuvor noch nie etwas gehört hatte? Etwa wegen des schönen Wetters im Münsterland? Nein, sie hatte sich nach einer Mieterhöhung schlicht und ergreifend die Hamburger Wohnung nicht mehr leisten können und war dankbar gewesen, als zur selben Zeit das Angebot eines entfernten Bekannten sie erreichte, mit ein paar anderen Leuten in eine Alten-WG zu ziehen, die er und seine Frau damals gerade gründeten. Marthe war mit Abstand die Jüngste von allen. Hätte sie Geld, gar Lösegeld übrig, so hätte sie nicht freiwillig ihre gemütliche Eimsbüttler Wohnung mit einem Quasi-Altenheim in Rothenvenne getauscht! Aber das konnten diese Schwachmaten natürlich nicht wissen.

Wenngleich das Schreiben nicht nach Andy und Marko klang. Die waren zu jung für diesen verquollenen Stil. *Der Ihrige* ... Wer, bitte schön, sollte das sein? Auch wenn Marthe nicht arm an Erfahrungen und Männerbekanntschaften war, so kannte sie doch niemanden, der sich je als *der Ihrige* bezeichnet hätte. *Der Ihre*, das wäre freilich etwas anderes gewesen, da wären ihr durchaus einige Männer eingefallen. Die schrieben ihr allerdings andere Briefe.

Betr.: Ihre Lebensversicherung ...

Tja, da würde sie den Ihrigen enttäuschen müssen. Eine Lebensversicherung besaß sie nicht, sie war froh, wenn sie von Monat zu Monat gerade so über die Runden kam. Ein Kollege hatte sich einmal als Tagelöhner bezeichnet, und sie hatte ihn um diese Formulierung beneidet. Eine Tagelöhnerin, das war sie, sie lebte von der Hand in den Mund. Nur deshalb hatte sie diese kleine Auftragsarbeit angenommen! Einen Hungerlohn würde sie dafür erhalten. Zum Schnäppchenpreis von 58 Euro hatte sie ein Hotelzimmer für eine Nacht angemietet, 20 Euro kostete die billigste Hin- und Rückfahrt mit dem Bus. Wenn sie die Spesen und die anfallenden Steuern vom Honorar abzog, blieb gerade mal ein kleines Taschengeld übrig. Lebensversicherung und Lösegeld waren Worte, die für sie allenfalls in der Fiktion, nicht aber in ihrem Alltag vorkamen. Da gab es stattdessen Gespräche unter Kollegen über die Künstlersozialkasse und die Armut vieler Autoren im Alter, über Durchschnittsverdienste, die unter dem Mindestlohn lagen, die Einbrüche der Verkaufszahlen auf dem Buchmarkt, Raubkopien von E-Books im Internet und die Notwendigkeit, das Urheberrecht als Errungenschaft der europäischen Aufklärung zu verteidigen. *Denken Sie in Richtung Lösegeld nach ...* In was für einen kapitalen Schlamassel war sie nur geraten!

Während Marthe noch nachdachte, füllte sich der Saal um sie herum mit immer mehr Menschen. Sie trugen graue Overalls und hatten graue Gesichter. Ein mittelgroßer Mann ihren Altes nahm Platz auf dem Sitz neben ihr und legte ihr vertraulich eine schrundige Hand aufs Knie. »Nicht erschrecken«, sagte er. »Wir sind die Glücklichen. Wir sind die 4,7 Prozent der Hamburger Bevölkerung, die einen Schutzplatz abgekriegt haben. Freilich gibt es für die da draußen ebenfalls einen Trost. Es gibt kein menschliches Bauwerk, das der menschlichen Waffengewalt standhalten kann. Wir stehen allein gegen die Bombe. Vielmehr sitzen wir.«

Er lachte, und mit ihm lachten auch die anderen Grauen um sie herum. Das Lachen füllte den Bunker und schwoll an, bis Marthe merkte, dass sie selbst mitlachte. Sie musste sich die Seite halten, die vom Lachen schmerzte, doch noch immer wollte und wollte das Lachen, das aus ihr herausdrängte, nicht enden.

Der Graue neben ihr tätschelte ihr Knie. »Soll ich Ihnen noch was verraten? Ich habe mich ins Zimmer des Bunkerwarts geschlichen. Wollte ihm seine Waffe entwenden, um mich totschießen zu können. Aber wissen Sie was? Der Bunkerwart ist unbewaffnet. Das ist das einzige Pech, das wir jetzt haben. Nach zwei Wochen wird man uns rausjagen, wenn wir uns bis dahin nicht gegenseitig abgemurkst haben. Dann müssen wir uns in nichtverstrahlte Gebiete durchschlagen. Kennen Sie vielleicht den Weg? Vielleicht könnten wir ja gemeinsam ...«

Mit Entsetzen sah Marthe, wie sich der Mann vor ihren Augen in Luft auflöste und mit allem Grauen um sie herum verschmolz. Sie wollte ihm noch etwas hinterherrufen, »Warten Sie, ich habe ja eine Pist...« Im nächsten Moment war sie wieder allein.

*

Als das Mobiltelefon klingelte, war er noch im Bad. »Hatten wir nicht 10.00 Uhr gesagt?«

»Ja, guten Morgen, Chef, bitte um Entschuldigung. Ich habe gerade mit meinem Kollegen gesprochen, und wir hatten die Idee, ob nicht Sie nach Hamburg kommen und die Frau aus dem Bunker ...«

Sobald er sich den Rasierschaum abgewischt hatte, unterbrach er den Anrufer. »Hören Sie, das ist ausgeschlossen, wie soll ich denn so schnell nach Hamburg kommen? Ich bin am anderen Ende der Republik.«

»Uns ist das so peinlich ...«

»Ach Unfug, das ist eine ganz normale Frau, die wird froh sein, wenn sie da raus ist. Ihr geht wie verabredet rein, gebt ihr meinen Brief und lasst sie laufen.«

»Und wenn sie zur Polizei ...«

»Nein, nein, das macht die nicht. Ich kenne meine Autoren. Die geht stracks nach Hause und setzt sich an ihren Schreibtisch. Endlich hat sie ein Thema.«

»Also, ich ... wir ...«

»Ihr wollt sie doch jetzt nicht weiter quälen. Mensch, ermannen Sie sich! Geht hin und lasst sie frei! Und nicht vergessen, ihr den Brief zu geben. Wiederhören.«

Er beendete das Gespräch und griff nach dem Fläschchen Aftershave Eau de Toilette. Wenn es einen Gott gab, so war er es selbst. Der Verleger. Der Auftraggeber. Der Chef. Der große Unbekannte im Hintergrund. Und der Einzige, der die Hintergründe kannte. In Wahrheit hatte es nie einen Entführungsfall gegeben. Diese Autorin hatte lediglich einen kleinen Schubs erhalten. Die Erfahrung würde ihrem Werk gut bekommen. Sie würde sich endlich an existentiellere Themen heranwagen, nicht mehr nur an der netten harmlosen Oberfläche der Dinge kratzen. Und wenn sie zukünftig in dem Glauben lebte, er habe ihr das Leben gerettet, indem er einen Batzen Lösegeld für sie abgedrückt hätte, so konnte das nicht schaden. Fortan würde sie bei ihren Vertragsverhandlungen nicht mehr so aufmüpfig bessere Bedingungen verlangen, sondern würde ihm aus der Hand fressen. Sollte keiner mehr behaupten, Verleger und Autoren seien zweierlei Menschenklassen. Dies war der Beginn einer wunderbaren Freundschaft.

Er griff noch einmal zum Handy und drückte die Wahlwiederholung. »Danke nochmals, Andi«, sagte er, als der andere sich meldete. »Und vergesst nicht, mir die Kontonummer Eures Vereins durchzugeben, damit ich Euch eine kleine Spende zukommen lassen kann.«

*

Als sich um zehn vor neun die Bunkertür öffnete, stand Marthe bereit. Mochte sein, dass der Bunkerwart damals unbewaffnet gewesen war. Sie war es nicht. Seit einem Abenteuer vor einigen Jahren hatte sie immer eine kleine Damenpistole bei sich, außer, wenn sie mit dem Flugzeug verreiste. Die alte Thusi, die ein lebenslanges Wohnrecht im Wasserschlösschen von Rothenvenne innehatte, hatte ihr die Waffe nach einem gemeinsam aufgeklärten Fall geschenkt, der sie bis nach Mecklenburg-Vorpommern und Schweden geführt hatte. Thusi hatte sie in einer Keksdose auf ihrem Bücherregal aufbewahrt, aber in Ermangelung einer Keksdose fand Marthe, dass der angemessene Platz für dieses kleine handliche Teil nunmehr ihr Rucksack war. Und manchmal ihre Jackentasche. Es verlieh ihr ein Gefühl von Sicherheit, wenn sie spätnachts mit dem Fahrrad unterwegs auf dem Heimweg in ihr Dorf war. Natürlich hatte sie nicht vorgehabt, je damit zu schießen. In gewisser Weise war es witzig, dass erst der graue Mann sie an das Vorhandensein ihrer Waffe erinnert hatte.

»Hände hoch«, sagte Marthe, als Andy und Marko vor ihr standen. »Und jetzt da hinein.«

»Warten Sie, das ist ein Missverständnis«, rief Andy. »Marko und ich können alles erklären.«

Aber Marthe hörte ihn nicht. In ihren Ohren hatte wieder das Sausen eingesetzt. Sie musste all ihre Konzentrationsfähigkeit aufbringen, um den Hahn zu spannen und zu zielen. Sie würde sich auf Notwehr berufen.

*

Sämtliche Personen sind frei erfunden. Ich danke den Mitarbeitern des Vereins Hamburger Unterwelten e.V. für die hervorragende sachkundige und außerdem sehr freundliche Gruppenführung durch den Tiefbunker am 14.12.2019. In bester Erinnerung sind mir außerdem die Krimilesungen geblieben, die einige KollegInnen und ich dort vor einigen Jahren absolvieren durften. Etwaige Feh-

ler in der Darstellung des Bunkers sind allein meinem schlechten Gedächtnis angesichts der Fülle der Informationen geschuldet. Ich freue mich auf eine weitere Führung mit dem Verein und empfehle sie mit Nachdruck weiter.

DIE AUTOREN

Carola Christiansen arbeitete lange in der Personaldisposition einer deutschen Fluggesellschaft, sie hat unter anderem in Dänemark, Luxemburg und Hongkong gelebt. Vor einigen Jahren verlegte sie ihren Lebensmittelpunkt nach Hamburg Altona, begann unter dem Motto: »Spannung made in Altona« Kriminalromane zu schreiben und ist seit 2018 hauptberuflich Schriftstellerin. Sie ist Präsidentin des Netzwerks »Mörderische Schwestern e.V.«.
www.christiansen-KRIMI.com

Jürgen Ehlers ist Geowissenschaftler und Krimiautor. Seine Story »Weltspartag in Hamminkeln« wurde mit dem Friedrich Glauser-Preis als bester deutschsprachiger Kurzkrimi ausgezeichnet. Jürgen Ehlers ist Mitglied im »Syndikat« und in der »Crime Writers' Association«. Er lebt mit seiner Familie in einem kleinen Dorf unweit von Hamburg.
www.juergen-ehlers-krimi.de

Reimer Boy Eilers stammt von den Hummerklippen und lebt in Hamburg. Er schreibt Lyrik, Krimis, Romane und Reiseliteratur. Jüngste Veröffentlichung: »Das Helgoland, der Höllensturz« (historischer Roman).
www.reimereilers.de

Christoph Ernst, Studium der Geschichte in Hamburg und New York City, liebt rollendes Alteisen mit Knickscheibe, Film noir und den Malecón in Havanna, verehrt Elmore Leonard und Donald Westlake, schreibt hartgesottene Heimatromane und kriminelle Gebrauchsliteratur.
www.blutiger-ernst.com

Uwe Gardein wurde 1945 in Berlin geboren und lebt in der Nähe von München. Er schreibt Kriminalromane sowie historische Romane und erhielt das Förderstipendium für Literatur der Landeshauptstadt München.
www.gmeiner-verlag.de/autoren/autor/51-uwe-gardein.html

René Junge, Jahrgang 1973, veröffentlicht seit 2015 sehr erfolgreich Thriller im Selbstverlag. Von seiner Simon-Stark-Reihe und der Reihe »Die Aufdecker« wurden bis heute weit über 200.000 Exemplare verkauft. Er lebt als unabhängiger Autor mit seiner Frau und zwei Katzen in Hamburg und schreibt neben seinen Romanen für die englischsprachige Blogging-Plattform »Medium.com.«
www.rene-junge.de

Lutz Kreutzer, im Rheinland geboren und aufgewachsen, ist promovierter Naturwissenschaftler. Seine beruflichen Reisen und Alpinabenteuer verwandelt er in spannende Literatur. Sein Thriller »Schröders Verdacht« schaffte es auf Platz 1 im kindle-Shop. Er lebt in München und findet, dass Hamburg eine der spannendsten Städte ist, die er kennt, weshalb er dort schon einen großen Autorenkongress veranstaltet hat.
www.lutzkreutzer.de

Die gebürtige Hamburgerin und Journalistin **Anja Marschall** schreibt seit fast zehn Jahren zumeist Kriminalromane, die in ihrer Heimatstadt und Schleswig-Holstein spielen. Mit ihrer erfolgreichen historischen Reihe um Kommissar Hauke Sötje verbindet sie Spannung und geschichtliche Authentizität. Dass die Autorin zudem noch Humor hat, beweist sie mit einigen anderen Romanen. In ihrer Freizeit übersetzt sie manchmal vergessene original-viktorianische Krimis aus dem 19. Jahrhundert oder spielt in einer Blues- und Jazz-Band.
www.anja-marschall.de

Die gebürtige Hamburgerin **Kirsten Püttjer** und der Niederrheiner **Volker Bleeck** schreiben gemeinsam und auch mal getrennt Krimis und andere Bücher, Kurz-, Sach- und Lachgeschichten. Sie leben schon erstaunlich lange auf St. Pauli, unweit des Handlungsortes ihrer Schauergeschichte. Für Sülze können sie sich eher nicht begeistern.
www.zweischreiber.de

Alexa Stein wurde in Nürnberg geboren und zog 1990 der Liebe wegen in den Norden. Sie ist Mitglied bei den »Mörderischen Schwestern« und im »Syndikat«. Neben dem Schreiben von Romanen und Kurzgeschichten unterrichtet sie kreatives Schreiben an der Universität und an Schulen. »Eine Autorin, die erzählen kann.« (Klaus-Peter Wolf)
www.alexa-stein.de

Regula Venske lebt als freie Schriftstellerin in Hamburg. Für ihr Werk, das Romane, Erzählungen, Essays und Kurzgeschichten umfasst, wurde sie unter anderem

mit dem Oldenburger Jugendbuchpreis, dem Deutschen Krimipreis und dem Lessing-Stipendium des Hamburger Senats ausgezeichnet und für den Frauenkrimipreis der Stadt Wiesbaden nominiert. Seit 2017 ist sie Präsidentin des PEN-Zentrums Deutschland, dessen Generalsekretärin sie zuvor vier Jahre lang war.
www.regulavenske.de

Roman Voosen, Jahrgang 1973, stammt aus dem emsländischen Papenburg. Er lebt in Schweden als Autor und schreibt mit seiner Frau Kerstin S. Danielsson die bekannte Krimireihe um die Kommissarinnen Nyström & Forss.
www.voosen-danielsson.de